D1694162

Nicht nur Glockenläuten!

Anneliese Hück

Nicht nur Glockenläuten!

Handbuch für den Dienst in
Sakristei und Kirchenraum

Matthias-Grünewald-Verlag • Mainz

Meinen Eltern
zur Goldenen Hochzeit

Zeichnungen Josefa Oehm

 Der Matthias-Grünewald-Verlag ist Mitglied
der Verlagsgruppe engagement

4. Auflage 2004

Umschlag: Harun Kloppe, Mainz
Umschlagfoto: Karl Lipecki (St. Bonifatius, Hochheim)
Satz: Textservice Zink, Schwarzach
Druck und Bindung: Pustet, Regensburg
ISBN 3-7867-1937-3

Inhalt

Wortgottesdienste, Andachten und gemeinsame Gebete

Vorwort

Liebe Leserinnen und Leser,
Halt! Vielleicht sollte ich Sie ja besser mit lieber Küster bzw. liebe Küsterin anreden – oder vielleicht: liebe Mesnerin, lieber Mesner, falls dieser Titel in Ihrer Gegend gebräuchlicher ist, oder aber: lieber Sakristan, liebe Sakristanin – so ja seit 1965 die offizielle Bezeichnung. Und in der Schweiz wird der Sakristan Sigrist genannt.

Hier fangen also schon die Schwierigkeiten an. Zunächst bleibe ich deshalb besser einmal bei der unverfänglicheren Anrede. Im Verlauf dieses Buches werde ich dann – um einer ständigen Wiederholung der verschiedenen Namen aus dem Weg zu gehen – den in meiner Gegend gebräuchlichen Ausdruck, nämlich Küster bzw. Küsterin, übernehmen – und hoffe, daß Sie mir diese „Heimatverbundenheit" verzeihen. Es ist für Sie sicher einfacher zu lesen.

Von Ursprung und Entstehung der unterschiedlichen Namen wird dann im folgenden Kapitel die Rede sein. Jede dieser Bezeichnungen sagt etwas über einen besonderen Arbeitsschwerpunkt aus, und das scheint mir ein guter Einstieg zu sein.

Die verschiedenen Tätigkeiten des Küsters/der Küsterin sind natürlich vom konkreten Arbeitsplatz und dessen spezifischer Arbeitsplatzbeschreibung abhängig. Von daher wird ein solches Buch niemals alle Bereiche abdecken können, die in der jeweiligen Gemeinde notwendig sind. Hinzu kommen regionale Besonderheiten, die der/die KüsterIn erfragen muß, wenn er/sie in einer Gemeinde neu mit dem Dienst beginnt.

Als ich mich mit dem Gedanken zu beschäftigen begann, ein solches Buch zu schreiben, besorgte ich mir selbstverständlich, soweit noch greifbar, die früher zu diesem Thema erschienenen Bücher – und hätte mein Vorhaben am liebsten gleich wieder begraben. Zwar hatte ich einige Jahre u.a. auch Küsterdienste in zwei Gemeinden übernommen und helfe auch heute noch zeitweise aus. Ich bin auch, so hoffe ich, liturgisch ganz gut bewandert, aber hier ging es nicht nur um Küster/Mesner/Sakistane, nein, hier beschrieb man den perfekten Mann, die perfekte Frau, der oder die gleichzeitig HausmeisterIn, SekretärIn, FloristIn, ElektrikerIn, KlempnerIn und vielen andere sein mußte. Ich wollte bereits das Handtuch werfen – bis ich mir vorstellte, daß es dazu wohl auch eine ähnliche Lösung gab wie im „normalen Leben": Je nach Neigung und Begabung wird der/die KüsterIn oder MesnerIn die eine oder andere Arbeit erledigen können oder – falls nicht – die Arbeiten delegieren bzw. den Schaden melden und die entsprechenden Fachleute mit der Reparatur o.ä. beauftragen.

Natürlich stand hinter der Bündelung der verschiedenen oben beschriebenen Aufgabenbereiche in früheren Handbüchern noch ein anderer Gesichtspunkt: Ein hauptamtlich eingesetzter Küster oder eine hauptamtlich eingesetzte Küsterin wird ein umfangreicheres Aufgabengebiet erhalten, als dies bei einer nebenamtlichen Stelle der Fall sein kann. In vielen deutschsprachigen Diözesen sind hauptamtliche KüsterInnen – vor allem aus Kostengründen – mittlerweile die Ausnahme. In den meisten Fällen sind es Frauen und Männer aus der Gemeinde, die diesen Dienst nebenamtlich oder ehrenamtlich über längere Zeit oder auch „nur" aushilfsweise leisten. In meiner Gemeinde gab es zum Beispiel in den letzten Jahren bereits drei oder vier Küsterinnen und Küster – Jugendliche, die diese Arbeit bis zum Studium übernahmen.

Vor allem für Frauen, Männer und Jugendliche, die diesen Dienst ehrenamtlich ausüben oder ausüben wollen, soll dieses Buch eine Hilfe sein – und zwar sowohl bei den ganz praktischen Fragen, wie z.B: Was muß ich beim Sonntagsgottesdienst vorbereiten? Welche liturgische Farbe wird wann verwendet? Was muß ich bei einer Taufe bereitstellen? – bis hin zu kurzen Einblicken in Liturgie und Liturgiegeschichte. Ich denke, ein klein wenig soll der/die KüsterIn/MesnerIn/SakristanIn auch über das „Metier" wissen, das seine/ihre Tätigkeit bestimmt. So hoffe ich, daß das Buch für die „AnfängerInnen" eine echte Hilfe ist, aber auch der langjährige und routinierte Küster noch Neues in ihm entdecken kann.

Viele Küsterinnen und Küster sind erfahrungsgemäß auch mit der Ministrantenausbildung betraut. Auf jeden Fall aber sind Sie in der Regel für die jungen MinistrantInnen der erste Ansprechpartner in der Sakristei, wenn sie Fragen haben, wenn sie nicht mehr genau wissen, in welcher Reihenfolge der Einzug erfolgt, wann die Kerzen wieder in die Sakristei getragen werden oder wie das mit dem Weihrauch geht und vieles andere. So sollte der/die KüsterIn auch über die wichtigsten Ministrantenaufgaben Bescheid wissen. Aus diesem Grunde sind – eigens gekennzeichnet – bei einigen Kapiteln (z.B. bei der Messe und bei der Sakramentenspendung) auch jeweils Hinweise zum Ministrantendienst gegeben. Es gibt Ihnen einfach mehr Sicherheit in der Sakristei. Und am „eigenen Arbeitsplatz" kann man sich nicht sicher genug fühlen!

Sofern Sie Ihren Dienst neu antreten, sollten Sie sich deshalb zunächst einmal über ortsübliche Besonderheiten informieren; über bestimmte örtliche Feste (z.B. Kirchweih) und wie sie gefeiert werden, über Brauchtum und Prozessionen, aber auch: Wann und mit welchen Glocken wird geläutet, zum Beginn der Messe, bei der Wandlung, bei Andachten? Diese Informationen kann Ihnen kein Buch liefern – auch dieses nicht.

So wünsche ich Ihnen hier am Beginn Ihrer Lektüre viel Freude beim Lesen, aber auch bei Ihrer Tätigkeit als KüsterIn, MesnerIn, SigristIn oder SakristanIn – ganz gleich, ob Sie neu anfangen oder bereits viele Jahre Ihren Dienst versehen.

Viele haben zum Zustandekommen des Buches beigetragen. Besonders danken möchte ich an dieser Stelle Herrn Pfarrer Dr. Helmut Hinkel, Mainz, und Herrn Pfarrer Albert Schmitt, Hüttenberg, für vielfältige Anregungen und für die kritische Durchsicht des Manuskripts.

Anneliese Hück

Viele Namen für einen vielfältigen Dienst

KüsterIn, MesnerIn, SakristanIn, SigristIn – Woher kommen die vielen Namen?

Ganz allgemein könnte man sagen: Im Grunde ist der Küsterdienst so alt wie der Vollzug von liturgischen Handlungen selbst. Schon immer gab es Helfer, die die Geräte und Gewänder vorbereiteten und denen, die religiöse Handlungen und Riten vollzogen, beistanden. Im Neuen Testament lesen wir im Vorfeld des Einsetzungsberichtes, wie Jesus zwei Jünger nach Jerusalem schickt, damit sie das Paschamahl vorbereiten (vgl. Mk 14,12 ff; Mt 26,17 ff; Lk 22,7 ff). – Küsterdienst in neutestamentlicher Zeit?

Eine seiner Wurzeln findet man im Amt des Ostiariers (lat. = Pförtner, Türhüter), in der frühen Kirche die unterste der vier niederen Weihen. Erstmals findet der Ostiarier 251 im Brief des Papstes Cornelius an Fabios von Antiochien Erwähnung, wo er unter den Amtsträgern der röm. Kirche genannt wird.

Im 4. Jahrhundert wird der Ostiariat Durchgangsstufe zu den höheren Weihen, ohne aufzuhören, wirklich Amt zu sein. Allmählich tritt aber an die Stelle des Ostiariers der (Laien-)Mansionarius, von denen es an den Basiliken des frühen Mittelalters viele gab, z.B. an der Hagia-Sophia in Konstantinopel mehrere hundert. Die Aufgaben dieses Laienamtes sind mit denen des heutigen Mesners oder Küsters vergleichbar.

Daneben haben sich im Laufe der Zeit noch andere Bezeichnungen durchgesetzt, die von ihrem sprachlichen Ursprung her für die noch heute regional unterschiedlichen Bezeichnungen des Sakristans – wie das Amt im deutschen Sprachgebiet offiziell heißt – verantwortlich sind.

Eher in den nördlichen Regionen ist bis heute der Name Küster (Küsterin) gebräuchlich. Das Wort kommt von custos = Wächter. Im Süden dagegen finden wir den Mesner (Mesnerin), der sich von dem lateinischen mansionarius (= Wohnung neben dem Gotteshaus, Haushüter) ableitet.

Die seit 1965 im deutschen Sprachgebiet offiziell eingeführte (Berufs-)Bezeichnung „Sakristan" leitet sich wie das in der Schweiz verwendete „Sigrist" von den älteren Bezeichnungen Sacristia und Sacristanus (lat. sacrista: Sakristei; vgl. sacrum = heilig) ab. Weitere, eher seltenere Namen sind Kirchner (= der die Kirche pflegt) oder Glöckner.

Man sieht, daß bereits die unterschiedlichen Bezeichnungen einen ersten Hinweis auf die verschiedenen Arbeitsfelder geben können.

Die verschiedenen Aufgaben

Die sich in den verschiedenen Namen widerspiegelnden Tätigkeiten gehören auch heute noch zu den Aufgaben eines Küsters/einer Küsterin: Allgemein ist er/sie für die Kirche, den Gottesdienstraum, zuständig und natürlich auch für die Sakristei, die sein oder ihr ureigenster Arbeitsplatz, das „eigene Reich" ist.

Das bedeutet zunächst die *Vorbereitung der liturgischen Feiern* (Meßfeiern, Wortgottesdienste, die Feier der Sakramente, Prozessionen, Segnungen usw.) – vom Aufschließen der Kirche, dem Läuten, Anzünden der Kerzen, Bereitstellen der Geräte, Bereitlegen der Gewänder und Bücher bis zum *Wegräumen* und dem Ausschalten von Mikrofon und Lampen.

Darüber hinaus gehört zu den engeren Aufgaben des Küsterdienstes normalerweise auch die *Pflege des Kirchenraums,* das *Schmücken* mit Blumen und Kerzen, die *Reinigung der Geräte und der Gewänder,* die *Sorge für Wein, Hostien, Kerzen, Weihrauch* usw., ebenso wie *einfache Reparaturen.*

Hier bereits wird es schwierig, Grundsätzliches zu sagen. Immer weniger KüsterInnen oder MesnerInnen werden – sicher auch aus Kostengründen – von den Personalabteilungen der einzelnen Diözesanverwaltungen hauptamtlich angestellt. Die meisten versehen diesen Dienst ehrenamtlich oder nebenamtlich. Je nach zeitlichen Möglichkeiten werden diese Frauen und Männer neben der Vorbereitung der Messe oder anderer liturgischer Feiern nur noch beschränkt weitere Aufgaben übernehmen können, die früher fast selbstverständlich zum Beruf des Küsters gehörten.

Während der hauptamtliche Küster, die hauptamtliche Küsterin mit dem Arbeitsvertrag auch eine Beschreibung der Aufgabenfelder erhält, ist dies bei den nebenamtlichen oder ehrenamtlichen Küstern nicht so selbstverständlich.

Man wird im Einzelfall überlegen müssen, was machbar und leistbar ist und wo es Hilfen gibt: z.B. bei der Kirchen- und Kirchplatzreinigung, beim Blumenschmuck, bei kleineren handwerklichen Aufgaben sowie für die Paramentenpflege und Kirchenwäsche. Natürlich wird es auch von Ihren Vorlieben abhängen, welche Aufgaben Sie noch zusätzlich übernehmen: Wenn Sie etwa große Freude an Blumenschmuck haben, werden Sie unter Umständen diese Aufgabe ebenfalls wahrnehmen, dasselbe gilt für den handwerklichen Bereich. Daß ehrenamtliche KüsterInnen jedoch alle anfallenden Aufgaben selbst übernehmen, ist wohl eher die Ausnahme. Jedoch sollten sie nach Möglichkeit „weisungsbefugt" und Bezugsperson für HelferInnen sein.

Früher war der/die KüsterIn fast „automatisch" für die *Ministrantenausbildung* zuständig. Auch das ist heute durchaus nicht selbstverständlich. Aber ganz gleich, ob Sie als KüsterIn diesen Dienst ebenfalls übernommen haben oder nicht, häufig werden Sie mit Fragen der MinistrantInnen konfrontiert. Hier liegt auch eine große Chance für Sie, Kindern und Jugendlichen die Liturgie nahezubringen. Ich hoffe, daß Ihnen auch dabei dieses Handbuch ein wenig weiterhelfen kann.

Gerade wenn KüsterInnen ihre Tätigkeit nicht im Hauptberuf ausüben, ist es wichtig, daß die Kompetenzen klar geregelt sind und auch von allen anerkannt werden. Eine *Arbeitsplatzbeschreibung* mit den zuvor gemeinsam abgesprochenen Aufgaben sowie die Klärung der Weisungsbefugnis in den einzelnen Bereichen schafft bereits zu Beginn der Tätigkeit Klarheit und bedeutet auch eine gewisse Sicherheit, sowohl für Sie als KüsterIn als auch bei den anderen MitarbeiterInnen. Es ist wichtig für ein gesundes Klima, wenn jeder weiß, wofür er zuständig oder eben auch nicht zuständig ist und wer ihm etwas zu sagen hat. Solche grundsätzlichen Klärungen können unnötige Unsicherheiten oder sogar Streitigkeiten zwischen den MitarbeiterInnen – ganz gleich ob haupt- oder ehrenamtlich – vermeiden helfen. Nur eine Vereinbarung über die finanzielle Vergütung ist in der Regel zu wenig!

Ein ehrenamtlicher Küster wird nicht die *Fort- und Weiterbildungsmöglichkeiten* haben bzw. nutzen können, wie es in einem festen Arbeitsverhältnis möglich ist. Dennoch: Wenn Sie Freude an Ihrem Dienst und an der Liturgie haben, werden Sie auch die eine oder andere Möglichkeit zur Weiterbildung nutzen. Dies kann neben Fort- und Weiterbildungskursen im engeren Sinn auch die Teilnahme an Besinnungstagen sein. Das Lesen von interessanten Büchern zur Erschließung der Liturgie, zur persönlichen Meditation oder das Lesen der Bibel gehört ebenfalls dazu.

Sehr sinnvoll und für alle Seiten gewinnbringend ist es, wenn Sie als KüsterIn auch Mitglied des *Liturgieausschusses* sein können. Zum einen bekommen Sie an Ort und Stelle die Planung mit und können entsprechend früh mit den jeweiligen Vorbereitungen beginnen. (Wieviel Ärger gab es schon, weil wichtige Informationen nicht oder zu spät an den Küster/die Küsterin weitergegeben wurden!) Zum anderen können Sie Ihre Erfahrung und Ihre Vorschläge einbringen – oder auch Ihre Bedenken. Außerdem: ein gegenseitiger Austausch macht fast immer Spaß und gibt neue Anregungen.

Ein erster Blick in Sakristei und Kirchenraum

Dieses Kapitel ist vor allem für all jene gedacht, die noch nicht lange diesen Dienst versehen, aber auch für Aushilfen, die kurzfristig „einspringen" müssen.

Hier finden sie sozusagen einen „Crashkurs", einen Schnellkurs, der es ermöglichen soll, sich ohne lange Vorbereitung in Kirchenraum und Sakristei zurechtzufinden und die nötigen Meßvorbereitungen zu treffen. Natürlich können hier nur allgemeine Angaben gemacht werden, die dem „Häufigkeitsprinzip" folgen und auch Feste usw. nicht berücksichtigen. In jeder Gemeinde wird es darüber hinaus Abweichungen geben, die bedingt sind durch Traditionen, durch Vorlieben des Zelebranten oder auch einfach durch die Räumlichkeiten.

Der Gottesdienstraum

Als KüsterIn gehört es zu Ihren Aufgaben, die *Kirche aufzuschließen*.
Welcher Stilrichtung „Ihre" Kirche auch angehört, ganz gleich also, ob sie eher traditionell oder modern gestaltet ist, werden Sie folgendes finden können:

Eingangsbereich
Im Winter sollte man schon beim Eintreten ein *Eingangslicht* einschalten.
In vielen Gemeinden gibt es einen Wagen oder eine Ablage für eine größere Anzahl des „*Gotteslob*", der/die möglicherweise aufzuschließen ist.
Eventuell befindet sich hier ein kleiner Tisch, der dem Einlegen der Hostien dient. *(Vorbereiten: Korb mit genügend Hostien, Hostienschale und Löffel oder Zange.)*

Altarraum
Häufig auch in ihrer Gestaltung einheitlich, bilden Ambo (Wortgottesdienst) und Altar (Eucharistiefeier) das Zentrum des Altarraums.
Auf den *Ambo* wird das *Lektionar* gelegt und, sofern es in der Gemeinde üblich ist, das *Fürbittbuch*.
Auf dem *Altar* kann des *Meßbuch*, eventuell auf einem Pult, abgelegt werden, falls es nicht zuvor für den Wortgottesdienst benötigt wird. (Für den ersten Teil der Messe wird oft die grüne Kapellenausgabe verwendet.)

Die *Kerzen* auf dem Altar müssen entzündet werden (ca. eine Viertelstunde vor Gottesdienstbeginn); ebenso die Kerzen am Marienaltar und – sofern vorhanden und üblich – am Hochaltar.

Zu den Aufgaben des Küsters gehört es auch, den *Tabernakelschlüssel einzuführen.*

Die *Sedilien*, die Sitze für Priester, Diakon, MinistrantInnen, befinden sich ebenfalls im Altarraum. An den Priestersitz kann, wie gesagt, eine Kleinausgabe des Meßbuchs für den Wortgottesdienst gelegt werden. Außerdem sollte bei jedem Sitz ein Exemplar des „*Gotteslob*" liegen.

Der *Kredenztisch*, der sich in der Nähe des Altars befindet, ist bei der Gottesdienstvorbereitung besonders wichtig: Hier haben *Kelch und Hostienschale mit den dazugehörigen Paramenten (Tüchern)* ihren Platz, ebenso die *Kännchen für Wein und Wasser* (die genaue Anordnung: s. unter „Vorbereitungen" mit Abbildung).

Je nachdem, ob Sie die Sakristei durch den Gottesdienstraum erreichen oder über einen getrennten Eingang, werden Sie dann zu „Ihrem" Reich, die Sakristei, gelangen.

Die Sakristei

Am einfachsten finden Sie sich natürlich zurecht, wenn eine Inventarliste greifbar ist, das heißt, wenn eine Aufstellung vorhanden ist, der Sie entnehmen können, wo Sie was finden. (Eine Inventarliste sollte eigentlich in jeder Sakristei vorhanden sein. Wenn Sie als KüsterIn neu anfangen und eine solche Aufstellung nicht vorfinden, sollten Sie eine anlegen.)

In jeder Sakristei finden Sie in der Regel:
- die *elektrischen Anlagen*
  für das Licht im Kirchenraum
  für das Geläut
  für die Mikrofonanlage
  für die Heizung;
- einen *Tresor* oder zumindest einen abschließbaren Bereich, in dem die *wertvollen liturgischen Geräte* wie *Kelche, Hostienschalen,* eine *Monstranz,* aber auch der *Tabernakelschlüssel* aufbewahrt werden;
- einen *Ankleidetisch* mit Schubladen, der – bei kleineren Sakristeien – alle *liturgischen Gewänder* aufnehmen kann, auf jeden Fall aber *Stolen, Kelchvelen* usw. in den entsprechenden liturgischen Farben enthält;

- weitere kleine Fächer, in denen sich die für die Gabenbereitung benötigten Tücher (Paramente) befinden:
  1. *das Kelchtuch*: ein kleines weißes Tuch. In seiner Mitte ist häufig ein Kreuz eingestickt. Es hat eine schmale Streifenform (zweimal gefaltet).
  2. *das Korporale*: ist ein quadratisches weißes Tuch. Es ist so gefaltet, daß neun Felder entstehen; auf einem ist ebenfalls meist ein Kreuz eingestickt.
  3. *das Lavabotuch*: ist ein kleines Handtuch und sieht dem Kelchtuch sehr ähnlich, hat aber kein Kreuz!
  4. *das Schultertuch*: wird vielfach unter der Albe getragen = weißes Tuch mit Schnüren zum Zusammenbinden.
- *Meßgewänder, Chormäntel, Alben auf Bügeln* in eigenen Paramentenschränken;
- *die Ministrantengewänder* (die Ministranten wissen meist selbst gut Bescheid!);
- *Ständer* für Vortragekreuz, Weihrauchfaß und Flambeaus;
- in einem Schrankfach befindet sich ein *Tablett* (aus Glas oder Metall) und die *Kännchen für Wasser und Wein*; mindestens eine Flasche *Wein* für den augenblicklichen Gebrauch und ein verschließbares Gefäß (Metall, Porzellan) mit *Hostien*.

Ⓥ *Vorbereitungen für die Meßfeier*

Frühzeitige Vorbereitungen

Nach Möglichkeit sollte der/die Küsterln ca. 30 Minuten vor Gottesdienstbeginn (erstes Läuten) in der Kirche sein.
(Die Kirche aufschließen.)
Falls vorhanden: ein Licht am Opferkerzenständer *entzünden.*
Wo üblich: rechtzeitig Hostien, Hostienschale und Löffel oder Zange zum Einlegen *der Hostien auf den vorgesehenen Tisch im Kirchenraum stellen.*
Die Glocken *nach dem ortsüblichen Läuteplan einschalten (Schalter in der Sakristei), sofern kein elektrisches Läuteprogramm installiert ist. Die Glocken sind einzeln in kurzen Abständen einzuschalten, damit sie sich einschwingen können, nicht gleichzeitig.*
(Ein mögliches Läuten: z.B. eine halbe Stunde vor Gottesdienstbeginn ca. 5 Minuten lang eine Glocke; 15 Minuten vor Gottesdienstbeginn alle [drei] Glocken; kurz vor der Messe alle [drei] Glocken läuten.)
Nach Möglichkeit rechtzeitig erkundigen, wie in der Pfarrei geläutet wird!
Vor allem im Winter sind einige Lampen als „Notbeleuchtung" für Gottes-

dienstteilnehmerInnen einzuschalten, *die sehr früh zum Gottesdienst kommen.*

Vorbereitungen in der Sakristei

Zunächst nach dem Direktorium *schauen: ein kleines Buch, in dem beim entsprechenden Datum die liturgische Tagesfarbe zu finden ist, auch: welcher Sonntag oder welches Fest im Kirchenjahr gefeiert wird und welche Lesungen vorgesehen sind.*

Das entsprechende Lektionar *heraussuchen und mit einem Bändchen die Tageslesungen kennzeichnen. Das Lektionar auf den Ambo legen.*

Das Evangeliar (Evangelienbuch) *ebenfalls vorbereiten und für den Einzug zurechtlegen oder an die vorgesehene Stelle, z.B. Pult, im Altarraum bringen.*

Auf dem Ankleidetisch *ist für den Priester in folgender Reihenfolge auszulegen:*

1. *das* Meßgewand;
2. *die* Stola;
3. *die* Albe;
4. *daneben das* Zingulum *(Strick);*
5. *(wo verwendet:) das* Schultertuch.

Vorbereitungen im Altarraum

- Lektionar und Evangeliar *auflegen (s.o.);*
- *die* Kerzen *(falls üblich, auch auf den Seitenaltären) ca. eine Viertelstunde vor Gottesdienstbeginn anzünden;*
- Tabernakelschlüssel *einführen;*
- *die übrigen* Lichter *einschalten; ebenso die* Lautsprecheranlage *(eventuell Mikrofon anschrauben oder einstecken). Kurz überprüfen!*

Auf der Kredenz
Für die Bereitung der Gaben gibt es einige traditionelle Gegenstände, die heute nicht mehr vorgeschrieben sind und in vielen Gemeinden nicht mehr verwendet werden: z.B. Patene für die Priesterhostie, Palla.

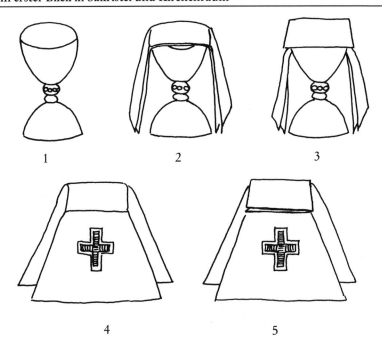

1   2   3

4   5

Wo alle diese Gegenstände verwendet werden, sind sie folgendermaßen herzurichten:

Über den Kelch *(1) wird das gefaltete* Kelchtuch *gelegt (2), so daß beide Seiten gleichmäßig herabhängen. Darüber (eventuell) die Patene mit der Priesterhostie. Darauf wird die noch häufig verwendete* Palla *(3) gelegt. Es folgt das* Kelchvelum *(meist passend zum Meßgewand und in der liturgischen Farbe, oder weiß, 4); zuletzt das* Korporale *(5), häufig in einer Burse (Stofftasche), diese ebenfalls passend in Farbe und Stoff.*

Die Hostienschale *vorsichtig mit einer angemessenen Anzahl von Hostien aus der Hostienbüchse füllen. Wo keine Patene verwendet wird, noch eine große Hostie (Priesterhostie) hinzulegen.*

Außerdem ist auf die Kredenz zu stellen: das Tablett mit Wasser- *und* Weinkännchen. *Falls die Kännchen nicht aus Glas sind, tragen sie zur Unterscheidung ein A (Aqua = Wasser) und V (Vinum = Wein). Beim Einfüllen ist unbedingt darauf zu achten!*

Meist wird das Wasserkännchen auch für die Händewaschung verwendet; andernfalls ein eigenes Wasserkännchen mit Schale bereitstellen. Das kleine Lavabotuch *(Handtuch) ist dazuzulegen.*

Tätigkeiten während und nach der Meßfeier

Während der Meßfeier

In vielen Gemeinden wird (beim Evangelium und) bei der Wandlung eine *Glocke* (häufig die tiefste) geläutet.

Zur Gabenbereitung hat der/die KüsterIn die Kollektenkörbchen bereitzuhalten; wo üblich, übernimmt er/sie es, die *Kollekte* einzusammeln. Die Körbchen werden anschließend in der Nähe des Altars (nicht auf ihm!) abgestellt.

Nach der Meßfeier

Kerzen löschen; Mikrofone abnehmen;

Bücher, Geräte (Kännchen und Tablett zur Händewaschung ausleeren und abtrocken) und Gewänder wieder an ihren Platz zurückbringen; Lavabotuch zum Trocknen aufhängen; Tabernakelschlüssel abziehen; Kollekte weitergeben; elektrische Anlagen und Lichter ausschalten; gegebenenfalls Kirche wieder verschließen.

Die liturgischen Geräte und die dazugehörigen Paramente

Im folgenden Kapitel finden Sie die wichtigsten liturgischen Geräte für die Feier der heiligen Messe, die Feier der Sakramente und für besondere Anlässe, wie zum Beispiel eucharistische Andachten, Prozessionen usw. Um den Zusammenhang mit den jeweiligen Geräten zu wahren, finden Sie auch die dazugehörigen Textilien, die Paramente, in diesem Kapitel behandelt.

Kelch und Hostienschale

Kelch und Hostienschale sind aus kostbarem Material hergestellt. Das muß nicht – wie in unserem Kulturkreis zumeist – Gold oder Silber bedeuten, sondern es können, je nach kulturellem Umfeld und dem, was als wertvoll erachtet wird und wurde, auch völlig andere Materialien verwendet werden.

Vor allem ältere *Kelche* bestehen aus Kelchschale, Fuß und Knauf (ähnlich einem Weinglas), neuere Gefäße sind eher in Form eines Bechers gearbeitet. Hier kann es also, je nach Alter und Wert, verschiedene Formen aus verschiedenem Material geben. Das gleiche gilt für die *Hostienschalen* (früher auch Patene = griech.: Teller, Schüssel). Eine eigene Patene für die Priesterhostie wird heute nicht mehr sehr oft verwendet, um diese nicht von den anderen zu unterscheiden (vgl. dazu „Gottesdienst" 3/96, 19).

Verwendung: Eucharistiefeier.

R ***Hinweise zur Reinigung:*** *Oberstes Gebot ist: Fett und Hautschweiß (säurehaltig!) sind ein Feind jeglicher Vergoldung und Versilberung und sind somit so bald wie möglich zu entfernen.*

Deshalb ist es sinnvoll, Kelche nach Gebrauch mit einem Ledertuch oder einem weichen Wollappen zu behandeln.

Dies geschieht aber auch durch Abwaschen in milder (Rei-)Lauge (= Feinwaschmittel, Pulver auflösen in warmem Wasser – nicht aus der Tube). Anschließend Nachspülen mit klarem Wasser, gut trocknen lassen, dann mit weichem Leder nachreiben. Dies kann nach Bedarf wöchentlich einmal ge-

schehen. Zu beachten ist, daß man einen Kelch mit seinen Verschraubungen nicht im Wasserbad „ertränkt" und „spült", damit kein Wasser eindringen kann. Durch das später herausrinnende Wasser besteht beim Abstellen die Gefahr von Wasserflecken.

Hin und wieder kann man bei angelaufenen, dunklen Stellen flüssiges Silberputzmittel (Silbertauchbad mit Anlaufschutz) verwenden, keine Emulsion; auch hier gut nachspülen und trocknen. Bei Steinfassungen und filigranen Verzierungen kann man eine sehr weiche Zahnbürste verwenden oder einen mit Silberputzmittel getränkten Wattebausch. Vorsicht bei weichen Steinen, wie Lapis (blau), Malachit (grün), Perlen, Korallen usw. (auch bei Reliquiaren). Sie sollten auch nicht mit Lauge in Verbindung kommen. Sie werden stumpf, die Perlen fleckig! Heutzutage sind die meisten Geräte lackiert; dies erleichtert die Reinhaltung und beugt dem Anlaufen vor. Der Lack wird meist eingebrannt und ist somit haltbarer als der frühere aufgepinselte Zaponlack. Sollten hier dunkle Stellen auftauchen, so weisen sie auf einen schadhaften Überzug hin. Nach Möglichkeit neu lackieren lassen.

In Gemeinden, in denen es üblich ist, daß die Gläubigen, die zur Kommunion gehen möchten, vor dem Gottesdienst eine Hostie in die Hostienschale einlegen, ist folgendes vorzubereiten:
Am Eingang des Gottesdienstraumes ein *Tischchen mit weißer Decke.*
Darauf die leere Hostienschale mit einer Hostienzange oder einem Hostienlöffel. Daneben eine Schale oder ein Korb (ausgeschlagen mit einem weißen Tuch) mit Hostien.

Hinweise zur Reinigung: Es sollte nicht vergessen werden, auch diese Tischdecke in regelmäßigen Abständen zu wechseln. Reinigung der Geräte: s.o. **R**

Ziborium und Pyxis

Ziborium nennt man einen großen Speisekelch mit Deckel; unter einer *Pyxis* versteht man einen kleineren, niedrigen Speisekelch ohne Schaft, ebenfalls mit Deckel. Beide dienen der Aufbewahrung von konsekrierten Hostien im Tabernakel. Eine kleinere Pyxis wird auch für die Krankenkommunion verwendet (s.u.).
Zwar werden während der Meßfeier meist etwa so viele Hostien konsekriert wie benötigt werden, dennoch befindet sich immer – je nach Größe der Gottesdienstgemeinde und dem konkreten Anlaß – auch eine gewisse Zahl konsekrierter Hostien im Tabernakel:

- falls von den Gläubigen vor dem Gottesdienst nicht genügend Hostien eingelegt werden
- für sonntägliche Wortgottesdienste mit Kommunionausteilung
- für die Krankenkommunion und den „Versehgang".

Der/die KüsterIn sollte mit darauf achten, daß der Speisekelch in regelmäßigen Abständen geleert wird, so daß die Hostien nicht zu alt werden und eine Reinigung des Speisekelches und der Pyxis möglich ist.

Verwendung: Messe, sonntägliche Wortgottesdienste mit Kommunionausteilung.

R **Hinweise zur Reinigung:** *s. Kelch und Hostienschale.*

Die dazugehörigen Paramente

Beim Gottesdienst werden zu Kelch- und Hostienschale eine Reihe von Paramenten benötigt:

Das Kelchtuch
Zunächst ist über den Kelch das *Kelchtuch*, auch *Purifikatorium* genannt, zu legen. Es ist ein kleines weißes, ca. 30 × 30 cm oder 30 × 40 cm großes Tuch. In seiner Mitte ist häufig ein kleines Kreuz eingestickt. Es wird zweimal in der gleichen Richtung gefaltet und gebügelt, so daß es eine schmale Streifenform bekommt.
Das Kelchtuch dient zum Abwischen des Mundes nach der Kommunion und zum Säubern der Hostienschale und des Kelches. Bei der Eucharistie unter beiden Gestalten wird jeweils nach Gebrauch des Kelches der Kelchrand damit gesäubert.
Nach Gebrauch ist es zunächst auseinandergefaltet zu trocknen.
Bei Konzelebration wird für jeden Priester ein Kelchtuch benötigt. Wenn mehrere Priester in einer Kirche zelebrieren, müssen gebrauchte Kelchtücher auf jeden Fall getrennt aufbewahrt werden.

R **Hinweise zur Reinigung:** *Das Kelchtuch sollte häufig gewechselt werden. Es ist meist aus Leinen und ohne große Probleme zu waschen.*

Die Palla
Die Palla ist ein quadratischer, durch Karton oder Resopaleinlage verstärkter Leinendeckel. Sie ist nicht mehr vorgeschrieben, wird aber noch sehr häufig verwendet und ist vor allem bei Gottesdiensten im Freien und im Sommer (Fliegen) sehr sinnvoll.
Außerdem läßt sich so das Kelchvelum besser auflegen.

Hinweise zur Reinigung: Beim Waschen (mindestens einmal im Jahr) muß die Kartoneinlage herausgenommen werden, bei Verwendung von Resopal ist dies nicht notwendig.   R

Das Kelchvelum

Das Kelchvelum ist ein Tuch von ca. 50 × 60 cm Größe, das zum Abdecken des Kelches dient und dann zur Gabenbereitung abgenommen wird. Es wird meist aus dem Stoff des Meßgewandes angefertigt und deshalb auch heute noch den liturgischen Farben des Tages gemäß verwendet. Es kann jedoch nach der „Allgemeinen Einführung in das Meßbuch" auch immer weiß sein.

Hinweise zur Reinigung: siehe Meßgewand.   R

Das Korporale

Das Korporale (lat.: corpus = Leib) ist ein quadratisches kleines Altartuch, auf das zu Beginn der Gabenbereitung Kelch und Hostienschale abgestellt werden. Es *kann* in einer Burse (lat.: bursa = Beutel, Börse) aufbewahrt werden, die ebenfalls oft mit dem Stoff des Meßgewandes überzogen ist.

Das Korporale selbst ist weiß und meist aus Leinen hergestellt. Beim Auseinanderfalten sind neun Felder erkennbar (s.u. „Reinigung"), eines ist mit einem Kreuz gekennzeichnet. Das Korporale wird so auf dem Altar ausgebreitet, daß die Markierung am Altarrand, also direkt vor dem Priester liegt.

Weitere Verwendung: Neben der Verwendung bei der Eucharistiefeier dient das Korporale auch bei der Aussetzung des Allerheiligsten als Unterlage.

Der Boden des Tabernakels ist ebenfalls mit einem Korporale ausgelegt.

Hinweise zur Reinigung: Das Korporale sollte nach der Wäsche besonders gut gestärkt werden, um ein besseres Auseinander- und Zusammenfalten zu ermöglichen. Beim Bügeln schlägt man zuerst das vordere Drittel (mit dem Kreuz) ein, dann das hintere, dann die rechte und zuletzt die linke Seite, so daß neun verschiedene Felder entstehen.   R

Hinweis: *Wie man die Opfergaben herrichtet, siehe Kapitel „Ein erster Blick in Sakristei und Kirchenraum", dort: ein „Schnellkurs für Anfänger und Aushilfen", S. 23 f.*

Die Kännchen für Wein und Wasser

Die beiden Meßkännchen für Wein und Wasser sind entweder aus Glas gefertigt – dann kann man ohne Mühe erkennen, welches den Wein und welches das Wasser enthält; sind sie jedoch aus Keramik oder Metall hergestellt, müssen sie zur Unterscheidung gekennzeichnet werden: *A* (Aqua) für *Wasser* und *V* (Vinum) für *Wein*.

Sie stehen auf einem Tablett, das ebenfalls entweder aus Glas oder Metall sein kann.

Oft wird das Wasserkännchen auch für die Händewaschung bei der Gabenbereitung verwendet. Häufig benutzt man dazu aber auch ein eigenes Kännchen mit Schale.

Bitte beachten: Normalerweise kann man Wasserkännchen mit Leitungswasser füllen. Wenn jedoch die Wasserqualität zu schlecht ist (kein Trinkwasser!), sollte natürliches Mineralwasser verwendet werden.

Dazugehörige Paramente

Das Lavabotuch

Das kleine Handtuch, das der Priester für die Händewaschung nach der Gabenbereitung benötigt, trägt den Namen Lavabotuch. Es ist benannt nach dem lateinischen Anfang des Psalmverses 26,6: „Ich wasche meine Hände in Unschuld ...“

Das Tuch ist dem Kelchtuch sehr ähnlich und wird auch so gefaltet. Im Unterschied zu ihm ist es jedoch nicht mit einem Kreuz gezeichnet. Es liegt auf der Kredenz bei den Gefäßen für die Händewaschung.

Verwendung: Meßfeier.

R *Hinweise zur Reinigung: Die Meßkännchen müssen nach Gebrauch gut ausgespült und abgetrocknet werden. Je nach Wasserqualität muß in Abständen mit Essig von Wasserstein gereinigt werden.*
Das Lavabotuch sollte nach jeder Benutzung zum Trocknen auseinandergefaltet und natürlich häufig zur Wäsche gegeben werden.

Monstranz, Lunula, Custodia

Im 12./13. Jahrhundert entwickelten sich besondere Formen der eucharistischen Anbetung (vgl. S. 110). Zu dieser Zeit entstand auch die *Mon-*

stranz, ein kunstvoll gestaltetes Zeigegefäß (lat. „monstrare" = zeigen), in dem eine Hostie zur Verehrung „ausgesetzt" wird.

Die Monstranz wird normalerweise in einem Futteral, das sie vor Staub schützt, im Tresor der Sakristei aufbewahrt.

Lunula nennt man den kleinen, halbmondförmigen Halter (Lunula = Möndchen), den man in die Monstranz einfügen kann. Nach der Aussetzung wird die Lunula mit der Hostie in einem eigenen Gefäß, der *Custodia*, im Tabernakel aufbewahrt.

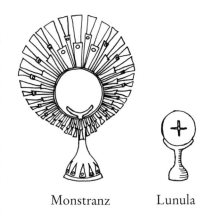

Monstranz   Lunula

Verwendung: Eucharistische Andachten (auch: Ewiges oder Immerwährendes Gebet), Fronleichnam.

Reinigung: *s.o., unter „Kelche".*   R

Weihwasserkessel und Aspergill

Ein Borstenwedel oder auch das neuere Aspergill mit einer durchlöcherten Metallkapsel dienen zum Versprengen von Weihwasser. Dieses wird in einem Weihwasserkessel – häufig aus Edelstahl – bereitgehalten.

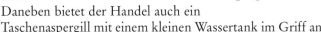

Weihwasserkessel

Aspergill

Daneben bietet der Handel auch ein Taschenaspergill mit einem kleinen Wassertank im Griff an.

Verwendung: Segnungen und Weihen, Begräbnis, Bußakt im Gottesdienst, Osternacht.

Hinweise zur Reinigung: *Beim Aspergill (Metall) ist öfter der Schwamm zu wechseln. Außerdem müssen je nach der Häufigkeit des Gebrauchs und der Wasserqualität die Austrittlöcher freigestochen werden. Vorsicht vor Grünspan!*   R

Weihwasserkessel können mit den entsprechenden Metallputzmitteln gereinigt werden. Sie sind heute meist lackiert.

Weihwassergefäße hin und wieder mit verdünnter Salzsäure (Vorsicht!) auswi-

schen und sehr gründlich mit klarem Wasser nachwaschen. Eine Beschichtung verzögert die Kalkablagerungen, auch die Benutzung von destilliertem Wasser statt kalkhaltigem Leitungswasser.
Bitte beachten: *Weihwasser nie länger im Kessel stehen lassen (Wasserstein!).*

Weihrauchfaß und Schiffchen

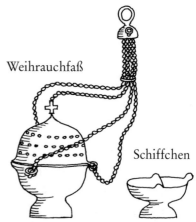

Weihrauchfaß

Schiffchen

Weihrauch ist ein Zeichen der Verehrung und der Anbetung.
Die Juden brachten Gott auf einem Räucheraltar Weihrauch dar und huldigten ihm durch dieses Opfer. Sie glaubten, daß Gott an diesem Wohlgeruch Gefallen findet. Weihrauch war eine Gabe der Weisen, die nach Betlehem zogen, und schon in einem alttestamentlichen Psalm heißt es: „Wie Weihrauch steige mein Gebet zu dir empor" (Ps 141,2). Auch in der Offenbarung des Johannes werden die Gebete der Heiligen mit Weihrauch verglichen (Offb 5,8 und 8,1–4). Bei der Beweihräucherung des Altars bitten wir Gott, daß er unser Opfer annehmen möge. Wenn das Kreuz, der Leib und das Blut Christi bei der Wandlung oder in Andachten beweihräuchert werden, trägt dies die Bedeutung in sich: Das ist der geliebte Sohn, der Gott wohlgefällt. Wenn der Priester durch eine/n MeßdienerIn beweihräuchert wird, will das hervorheben, daß er hier als Stellvertreter Christi handelt. Und wenn den Gläubigen Weihrauch gespendet wird, bedeutet dies: Ihr gehört als Getaufte zum priesterlichen Volk Gottes.

Das Weihrauchfaß

Im Rauchfaß (lat.: Thuribulum, verwandt auch der Name des Weihrauchfaßträgers: Thuriferar) befindet sich eine herausnehmbare Glutpfanne. In sie werden glühend gemachte Preßkohletabletten gelegt, die man über einer Kerze oder auf einem elektrischen Kohleanzünder glühend machen kann.
Bitte vor Gebrauch überlegen, wie lange das Rauchfaß benutzt werden soll: Es gibt zwei unterschiedliche Größen von Kohletabletten! (s. S. 179).

R *Hinweise zur Reinigung: Rauchfaß und Schiffchen können aus Messing oder Nickel gefertigt oder auch versilbert sein. Das Äußere des Rauchfasses läßt sich mit entsprechendem Metallputzmittel reinigen.*

Schwierig ist die Innenreinigung, da das Rauchfaß leicht verrußen und der Deckel verharzen kann. Der Ruß läßt sich mit einem Teerentferner (z.B. von der Autopflege) beseitigen, eventuell kann auch Petroleum hilfreich sein, oder: in Abständen mit Schmierseife in einem Kocher auskochen. Restweihrauch läßt sich mit Trichloräthylen (Apotheke) entfernen. Aber Vorsicht: nicht einatmen.
Nach Möglichkeit sollte man die Kohle nach dem Gottesdienst ausrauchen lassen. Danach läßt sich die Glutpfanne dann leicht entleeren und besser reinigen.

Das Schiffchen
Das Schiffchen (lat. Navicula; Navicular nennt man den/die MeßdienerIn, die das Schiffchen trägt) ist der Weihrauchbehälter, in dem sich auch ein Löffelchen zum Einlegen des Weihrauchs befindet.
Der/die KüsterIn sollte darauf achten, daß eine gute Weihrauchqualität eingekauft wird und so der Weihrauch wirklich als ein „Wohlgeruch" empfunden wird (s. S. 179).

Verwendung: Möglich ist die Verwendung von Weihrauch bei jeder Meßfeier, in der Praxis wird dies bei Festen und Hochfesten der Fall sein; außerdem: Vesper, (eucharistische) Andachten; Beerdigung.
Hinweise zur Reinigung: *s. „Weihrauchfaß".*   R

Gefäße für die heiligen Öle

Am Gründonnerstag werden vom Bischof in der Bischofskirche während der sog. Chrisam-Messe die heiligen Öle geweiht, die anschließend in die Pfarreien mitgenommen oder später abgeholt werden.
Für die verschiedenen Öle gibt es eigene kleine Behälter, die gut verschließbar sein müssen und innen meistens vergoldet oder aus Zinn gearbeitet sind.
Um die verschiedenen Öle nicht zu verwechseln, sind die Behälter bezeichnet:

Katechumenenöl (Oleum Catechumenorum, Oleum Salutis): *O.C.* oder *O.S., Sal.* oder *Cat.*
Das Katechumenenöl wird vor der Taufe gespendet: Bei der Kleinkindtaufe kann die Salbung während der Tauffeier nach dem Wortgottesdienst und vor der Taufspendung erfolgen; bei der Erwachsenentaufe geschieht dies in einer eigenen Feier.

Chrisam (Sanctum Chrisma): *S.C.* oder *C., Chr.* oder *S.Chr.*
Chrisam wird bei Taufe und Firmung verwendet, ebenso beim Sakrament
der Weihe sowie bei einer Altar-, Kirch- und Glockenweihe.

Krankenöl (Oleum Infirmorum): *O.I., I.* oder *Inf.*
Das Krankenöl wird für die Spendung der Krankensalbung benötigt.
Die Öle werden in vielen Gemeinden im Tresor der Sakristei aufbewahrt.

Neben den Gefäßen zur Aufbewahrung der Öle gibt es noch ein kleines
Gefäß für die Aufnahme des Krankenöls zur Verwendung im Krankenzimmer und meist auch ein Doppelgefäß mit Katechumenenöl und Chrisam für die Krankensalbung (häufig außen versilbert und innen vergoldet); beide sind innen mit Watte ausgelegt.
Bei all den Gefäßen ist darauf zu achten, daß sie nach Gebrauch fest
verschlossen werden.

R *Hinweise zur Reinigung: Gerade bei diesen Behältern ist besondere Sorgfalt geboten, da sie durch alte Watte und ölverschmiert leicht unästhetisch
wirken können und dadurch wirklich nicht mehr den Eindruck einer „königlichen
Salbung" vermitteln.*
*So sollten die Geräte (je nach Verwendungshäufigkeit) mehrmals im Jahr
gereinigt und anschließend mit frischer und neu mit dem jeweiligen Öl getränkter Watte versehen werden. Die Restöle und die Reste getränkter Watte
können (z.B. in einer Eierschale = Zeichen der Auferstehung) im Osterfeuer
verbrannt werden.*

Die Krankenpatene/Pyxis
Krankenpatene, Versehpatene oder auch Versehpyxis nennt man einen
kleinen dosenartigen Behälter, in dem Priester („Versehgang"), Diakone
oder KommunionhelferInnen die Krankenkommunion überbringen. Sie
ist innen vergoldet und kann in der Regel mehrere Hostien aufnehmen.

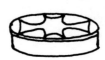

Die Krankenpatene oder Pyxis wird meist in einer
kleinen, häufig aus Leder gefertigten Tasche, der (Ver-
seh-)Burse, aufbewahrt.

R *Hinweise zur Reinigung: Aufgrund des häufigen Gebrauchs (Fingerabdrük-
ke) sollte die Krankenpatene oft gereinigt werden.*

Das Vortragekreuz

Das Vortragekreuz wird bei Prozessionen (z.B. an Fronleichnam), bei
Beerdigungen und beim feierlichen Einzug verwendet (Festgottesdien-

ste). Sofern das Vortragekreuz in einem Ständer im Altarraum aufgestellt wird, kann es auch als Altarkreuz dienen.

Trageleuchter und Flambeaus

Trageleuchter
Trageleuchter sind häufig aus Messing und werden in der Liturgie oft verwendet, etwa regelmäßig beim Verlesen des Evangeliums. Gerade an den Stellen, an denen sie von den MinistrantInnen angefaßt werden, entstehen oft unschöne Flecken.

Hinweise zur Reinigung: Die Leuchter sollten häufig mit dem entsprechenden Metallputzmittel gereinigt und poliert werden. Auch Wachsreste sollten öfter entfernt werden.   Ⓡ

Flambeaus
Die Flambeaus, die von mindestens zwei MinistrantInnen oder mehreren Zweiergruppen (je nach Größe und Anlaß) verwendet werden, bestehen meist aus einem ca. 80 cm langen Metallschaft, der innen mit einer Feder versehen ist, die die Kerze nach oben drückt.
Die Glasverkleidung am Docht schützt die Flamme vor Luftzug.
Vor Gebrauch hat der/die KüsterIn die Kerzenlänge zu überprüfen.

Verwendung: Messe (beim feierlichen Einzug, zum Evangelium, zu Beginn des Hochgebets bis nach dem Vaterunser); Prozessionen; Vesper.

Hinweise zur Reinigung: Die Gläser sind in Abständen mit Wasser und handelsüblichem Spülmittel zu reinigen.   Ⓡ

Andere Hilfsgeräte

Anzündstange mit Löschhorn
Für höherstehende Kerzen, z.B. Kerzen auf den Apostelleuchtern oder bei älteren Kirchenräumen auf dem Hochaltar, benutzt der/die KüsterIn am besten eine Anzündstange. Dazu verwendet er/sie ein etwa 5 cm langes Stück des gerollten Anzünddochtes und klemmt es an der vorgesehenen Stelle am Stangenanfang fest. Statt der Wachsanzünddochte sind heute auch Gaspatronen erhältlich.
Beim Löschen der Kerze verwendet man das Löschhorn und legt es dazu leicht auf die Kerze auf, die dann wegen Sauerstoffmangels ausgeht. Es

erfordert etwas Fingerspitzengefühl, das Löschhorn nicht zu fest aufzu-
drücken und so eine Verformung der Kerze zu verhindern.

R ***Hinweise zur Reinigung:*** *Das Löschhorn ist mit dem entsprechenden Metall-*
putzmittel zu säubern. Im Inneren setzen sich Wachs und Ruß fest, die häufig
entfernt werden müssen, da sonst leicht schwarze Wachsflecken auf den
Boden oder die Altardecken tropfen können.

Kollektengefäße – Kollektenkörbchen

Die Kollekte gehört zum festen Bestandteil der Messe. Leider hat sie viel
von ihrem urspünglichen Anliegen, unsere Gaben (d.h. solche, die diesen
Namen verdienen) in Verbundenheit mit den Armen und Notleidenden
in unserer Umgebung und auf der ganzen Welt zu bringen, verloren.
Die ehemaligen „Klingelbeutel" aus Samt und/oder Messing werden heute nur noch selten benutzt. Zunehmend verwendet man Kollektenkörbchen. Diese werden zu Beginn der Gabenbereitung vom Küster/von der
Küsterin und/oder mehreren MinistrantInnen von Reihe zu Reihe wei-
tergereicht. Die Kollekte sollte möglichst vor Beginn des Gabengebets
abgeschlossen sein; die Körbchen oder sonstigen Gefäße werden an einem
geeigneten Platz im Altarraum (nie auf dem Altar!) abgestellt (s. Meßbuch
I, S. 121).
Die Kollekte darf nach der Messe nicht unbeaufsichtigt „herumstehen".
Wenn Sie neu in diesem Amt sind, ist mit dem Pfarrer oder dem Verwaltungsrat abzuklären, wem das Geld – möglichst direkt im Anschluß an
den Gottesdienst – zu übergeben ist.

Die liturgischen Gewänder

„Die Vielfalt der Dienste wird im Gottesdienst durch eine unterschiedliche liturgische Gewandung verdeutlicht. Sie soll auf die verschiedenen Funktionen derer, die einen besonderen Dienst versehen, hinweisen und zugleich den festlichen Charakter der liturgischen Feier hervorheben", so heißt es in der Allgemeinen Einführung in das Meßbuch (= AEM Nr. 297). Das bedeutet: Die Gewänder unterstreichen die unterschiedlichen Dienste und amtlichen Funktionen während der Liturgie, sie sind sozusagen die „Amtskleidung" der Priester, Diakone, MinistrantInnen usw. Und sie sollen die Feierlichkeit und die Würde der Liturgie zum Ausdruck bringen. Die liturgische Kleidung wird also zum Beispiel in Afrika oder Asien anders aussehen als bei uns, weil die dortige Vorstellung von festlicher Kleidung und die gesamte Tradition anders ist. Aber auch in Europa haben sich Form, Art und Stoffe der liturgischen Gewänder im Laufe der Jahrhunderte immer wieder verändert – heute sind sie schlichter als noch vor einigen Jahrzehnten. Und denken wir etwa an die alten, goldbestickten Kaseln, wie wir sie in alten Kirchenbeständen finden oder in den Diözesanmuseen.

Die „Arbeitsgruppe Kirchliche Architektur und Sakrale Kunst" erarbeitet im Auftrag der Liturgiekommission der Deutschen Bischofskonferenz Vorschläge für eine zeitgemäße Gewandung; als Beispiel sei der *Gebets- bzw. Taufschal* genannt, der z.B. bei den Feiern der Eingliederung, als Grundgewand für „besondere Dienste" oder bei Gruppenmessen und Hausgottesdiensten Verwendung finden kann (vgl. „Gottes Volk – neu gekleidet").

Die Gewänder des Priesters bei der Messe

Bei der Meßfeier trägt der Priester Albe, Stola und Meßgewand.
Die Gewänder haben sich aus der zur Römerzeit getragenen Kleidung entwickelt.

Die Albe
Die Albe (lat. albus = weiß) zum Beispiel hat sich aus der bis zu den Knöcheln reichenden antiken Tunika entwickelt.
Man verwendet heute verschiedene Formen von Alben:
Die *Gewand-* oder *Mantelalbe*, über die nur noch eine Stola in der

liturgischen Tagesfarbe getragen wird, oder die traditionelle Form, die in der Hüfte mit einem Gürtel oder Strick zusammengerafft wird, dem sogenannten Zingulum. Diese Form setzt das Tragen eines Meßgewandes voraus.

Wenn die Albe am Hals nicht gut abschließt und auch zum Schutz vor Schweiß, kann es sinnvoll sein, ein Schultertuch zu benutzen.

R **Hinweise zu Aufbewahrung und Reinigung:** *Alben sollten nach Möglichkeit auf Bügel gehängt und im Paramentenschrank aufbewahrt werden. Das vermeidet unnötiges Knittern. Allerdings ist dabei darauf zu achten: nicht zu eng aufhängen, Reißverschlüsse und Knöpfe schließen (beim Auflegen auf den Ankleidetisch öffnen). Wo dies aus Platzgründen nicht möglich ist, können sie auch gut zusammengelegt in den Schubfächern des Ankleidetisches aufbewahrt werden.*

Neuere Alben sind in der Regel pflegeleicht, das heißt waschbar bei 30 oder 40 Grad, ansonsten in die Reinigung geben. (Waschanleitung beachten!) Leinenalben fallen besser, wenn man sie leicht stärkt. Treviraalben brauchen nur leicht gebügelt zu werden.

Die Sauberkeit der Alben sollte regelmäßig überprüft werden. Hier ist häufiges Waschen notwendig. Problemstellen: Kragen, Saum (Schuhcreme).

Das Schultertuch

Das Schultertuch kann zum Schutz unter der Albe getragen werden. Es ist meist ein Leinentuch mit zwei an den Seiten befestigten Stoffbändern zum Zusammenbinden. Es soll das Meßgewand vor Schweiß schonen und muß deshalb regelmäßig gewechselt werden.

Das Zingulum

Das Zingulum ist ein Gürtel, der bei den traditionellen *Priesteralben* zum Raffen des Gewandes dient.

Auch bei den albenartigen *Gewändern der MinistrantInnen* ist ein Zingulum vorgesehen, das neben der weißen Grundfarbe auf die weißen Alben auch in den liturgischen Tagesfarben getragen werden kann.

Die Stola

Die Stola hat die Form einer schmalen Schärpe oder eines Schals. Sie ist das Amtszeichen der Bischöfe, Priester und Diakone und wird auch bei allen Amtshandlungen angelegt, also z.B. bei der Eucharistiefeier, bei der Sakramentenspendung, bei Segnungen, Beerdigungen usw., aber auch bei Handlungen, bei denen sonst keine anderen liturgischen Gewänder getragen werden, wie z.B. bei der Feier der Buße. Bischöfe und Priester tragen die Stola so, daß sie über beide Schultern nach vorne herabhängt, der Diakon trägt sie wie eine Schärpe, also von der linken Schulter zur rechten Körperseite.

Die Stola wird über dem Chorrock bzw. über der Albe getragen; bei neueren Gewändern auch über dem Meßgewand oder über der Mantelalbe; häufig dann in einer etwas breiteren Form. Bei neueren Meßgewändern wird die Stola meist im passenden Stoff und mit passender Ornamentik angeboten.

Vielfach werden zum Schutz von Albe und Stola sogenannte „*Stolakrägelchen*" verwendet, dies sind weiße schmale Kragen, die man mit einer Spezialklammer an der Stola befestigt.

Meßgewänder und Stolen sind von dem/der KüsterIn in der entsprechenden Tagesfarbe auszulegen (s. Direktorium).

Das Meßgewand

Das Meßgewand ist das Haupt- und Obergewand des Priesters bei der Messe. Es entstand aus einem altrömischen Schutzmantel, der den Körper von allen Seiten einschloß und nur Raum für den Kopf ließ. Daher stammt auch sein zweiter Name „Kasel" (aus dem Lateinischen von casula = Häuschen). Als dann die Stoffe immer wertvoller und schwerer wurden, entwarf man immer kürzere Gewänder. Die hatten dann mit der ursprünglichen Form und Funktion nicht mehr viel gemeinsam. Ihrem Aussehen entsprechend, gab man ihnen den Namen „Baßgeigen". Heute wird die schlichtere und ursprüngliche Art bevorzugt, die wiederum Gewand-Charakter hat.

Hinweise zu Aufbewahrung und Reinigung: Nach Möglichkeit sollten Paramente in eigens dafür konstruierten Paramentenschränken aufbewahrt werden. Wichtig dabei ist:

- *Die Gewänder müssen absolut trocken gelagert werden (bei Gebrauch im Regen, etwa bei Prozessionen, müssen sie unbedingt vor dem Weghängen oder gar Zusammenfalten trocknen können),*
- *der Schrank, wie die gesamte Sakristei, sollte möglichst oft gelüftet werden,*
- *passende Bügel verwenden, die der Form des Gewandes entsprechen, und*
- *Schutzhüllen gegen Staub (möglichst nicht aus Plastik).*

Bei alten wertvollen Barockkaseln sollte man sich grundsätzlich bei Paramentenwerkstätten, Dommuseen (die meist wertvolle Gewänder aufbewahren) o.ä. erkundigen, wie solche Gewänder
a) aufzubewahren sind,

R

Mantelalbe   Albe

Meßgewand   Kasel („Baßgeige")

Talar und Chorrock

Dalmatik

Schultervelum

Chormantel

b) zu pflegen und gegebenenfalls zu reinigen sind,
c) bei Beschädigungen: wo man sie am besten ausbessern läßt.

Die Gewänder des Priesters bei anderen Gottesdiensten

Chorrock und Talar

Der weiße kurze, meist aus Leinen oder Trevira gefertigte Chorrock wird über dem schwarzen Talar getragen. (Man bezeichnet ihn häufig auch als Rochett, obwohl er sich vom Rochett durch seine weiteren Ärmel unterscheidet und dieses im engeren Sinne eigentlich nur von Bischöfen und Prälaten getragen wird.)

Die Bezeichnung Chorrock kennen wir auch von der Ministrantenkleidung, sofern „Minis" nicht ebenfalls ein albenartiges Gewand tragen. Früher trug auch, vor allem der hauptamtliche Küster häufig diese beiden Kleidungsstücke als „Amtskleidung".

Verwendung: Talar und Chorrock können alternativ zur Albe bei der Sakramentenspendung und anderen gottesdienstlichen Handlungen verwendet werden.

Der Chormantel

Der Chormantel, man nennt ihn auch Rauchmantel, Vespermantel oder Pluviale, ist ein wertvoll gearbeiteter fußlanger Festmantel, der vom Priester oder vom Diakon in der jeweiligen liturgischen Farbe getragen wird.

Verwendung: Bei Prozessionen, z.B. an Fronleichnam, feierlichen Vespern, eucharistischen Andachten, beim Erteilen des eucharistischen Segens und bei verschiedenen Weihen; nur noch selten: bei Beerdigungen.

R *Hinweise zu Aufbewahrung und Reinigung: Chormäntel sollten ebenfalls auf passenden Bügeln und mit Schutzhüllen versehen aufbewahrt werden. Falls der Chormantel, etwa nach einer Prozession, feucht geworden ist, muß er erst gut trocknen, bevor er wieder in den Paramentenschrank gehängt wird. Falls eine Säuberung notwendig sein sollte, bitte in den entsprechenden Fachgeschäften oder eventuell bei Museen mit liturgischen Gewändern nachfragen. Gerade bei Misch-Materialien kann man leicht etwas falsch machen!*

Das Schultervelum

Das Schultervelum ist ein ca. zweieinhalb bis drei Meter langes, ca. 60 cm breites und meist aus wertvollem Material gearbeitetes Tuch. Der/die KüsterIn oder ein/eine MinistrantIn legt es dem Priester oder Diakon über den Chormantel. Anschließend wird es mit einer Schließe vor der Brust befestigt. Mit den beiden Enden des Velums (durch eine Tasche hindurch) werden dann die heiligen Gefäße angefaßt. Auch hier gibt es, dem liturgischen Jahr entsprechend, verschiedenfarbige Velen.

Verwendung: Eucharistischer Segen, Prozessionen mit der Monstranz oder dem Ziborium; Übertragung des Allerheiligsten mit dem Ziborium an Gründonnerstag.

Hinweise zu Aufbewahrung und Reinigung: *Die Velen sollten vorsichtig* R *(nach innen) liegend oder hängend aufbewahrt werden.*
Zur Reinigung: vor allem bei älteren Arbeiten s.u. „Chormäntel".

Die Gewänder des Diakons

Der Diakon trägt, wie der Priester, für seine liturgischen Handlungen *Albe* und *Stola*, wobei er die Stola wie eine Schärpe trägt, also von der linken Schulter zur rechten Körperseite.
Daneben kann er wahlweise auch die *Dalmatik* tragen. Dieses dem Diakon vorbehaltene Gewand gibt es ebenfalls in den verschiedenen liturgischen Farben.

Hinweise zu Aufbewahrung und Reinigung: *s.o.* R

Die Gewänder der MeßdienerInnen

Es gibt mehrere Arten von Meßdienergewändern.
Immer häufiger sind es *einfarbige, albenähnliche Kutten*, die mit einem Zingulum getragen werden, das entweder weiß sein kann oder in der entsprechenden liturgischen Farbe. Es gibt hier verschiedene Formen, mit oder ohne Kapuze und mit verschiedenen Schnitten und Halsabschlüssen, sozusagen für jeden Geschmack etwas.
Dazu wird oft noch ein Kreuz oder ein Anhänger getragen, die in genügend großer Zahl bei den Ministrantengewändern aufbewahrt werden sollten.
Oft findet man auch *Kragen, Rock und Chorhemd.* Rock und Kragen haben dabei die Farben des Kirchenjahrs.
Vielerorts tragen die MinistrantInnen auch einen *schwarzen oder roten Talar,* darüber einen *Chorrock.* Hier findet die liturgische Tagesfarbe keine Berücksichtigung.

R *Hinweise zu Aufbewahrung und Reinigung: Obwohl es vielleicht nicht ganz leicht ist, versuchen Sie, die MinistrantInnen anzuleiten, mit ihrer Kleidung sorgfältig umzugehen und sie auch nach Gebrauch wieder gerade auf die Bügel zu hängen.*
Zumindest die modernen albenartigen Kutten sind meist aus knitterarmen und leicht waschbaren Geweben, die oft sogar bügelfrei sind, so daß ein häufiges Waschen ohne große Probleme möglich ist.
Deshalb: Bei der Anschaffung von neuen Ministrantengewändern sollte man auf jeden Fall darauf achten, daß sie pflegeleicht zu behandeln, das heißt einfach zu reinigen bzw. zu waschen und zu bügeln sind, da gerade diese Gewänder doch sehr häufig zur Wäsche gegeben werden müssen.

Weitere für den liturgischen Gebrauch bestimmte Stoffarbeiten

Der Traghimmel oder Baldachin

Der Traghimmel oder Baldachin ist ein meist reich verziertes Schirmdach aus Stoff, mit vier Tragstangen versehen.
Er wird bei Prozessionen (Fronleichnamsprozession) über dem Allerheiligsten oder mancherorts auch über Reliquien getragen.

R *Hinweise zu Aufbewahrung und Reinigung: Da der Traghimmel in vielen Gemeinden nur einmal im Jahr – eben an Fronleichnam – benutzt wird, muß er nach Gebrauch sorgfältig zusammengefaltet und staubgeschützt verpackt werden. Dabei ist bei feuchtem Wetter darauf zu achten, daß er vorher gut abgetrocknet ist. Auf keinem Fall darf er feucht verpackt werden!*
Sollten sich bei alten, wertvollen Stücken Beschädigungen zeigen oder starke Verschmutzungen, sollte man ein Fachgeschäft, eventuell auch Restauratoren für alte Gewebe zu Rate ziehen.

Fahnen und Banner

Vor allem in traditionsreichen Kirchengemeinden finden sich noch alte Banner oder Kirchenfahnen von kirchlichen Vereinen, zu Ehren besonders verehrter Heiliger usw.
In allen Gemeinden gibt es große gelb-weiße Kirchenfahnen, eventuell auch kleine Wimpel für den Kirchplatz.

R *Hinweise zu Aufbewahrung und Reinigung: Auch hier gilt: Wenn Fahnen und Banner bei Gebrauch feucht geworden sind, müssen sie unbedingt völlig*

trocken sein, bevor sie sorgfältig zusammengelegt oder auch -gerollt verpackt werden. Da auch sie relativ selten benutzt werden, kann es sinnvoll sein, sie in Schutzhüllen aufzubewahren. Auch die Stangen sollten nicht irgendwo in der Ecke verstauben.
Besonders alte Fahnen sind gegen Motten zu schützen.
Und auch hier gilt: Vor allem bei älteren Fahnen Fachgeschäfte bzw. Fachleute wegen Reinigung oder Ausbesserung fragen, da die Möglichkeiten von Material und Alter abhängen und man sehr leicht Fehler machen kann.

Tücher zur Kreuzverhüllung

Die Verhüllung der Kreuze vor dem fünften Fastensonntag bis Karfreitag ist nicht mehr vorgeschrieben, jedoch zumindest bei jenen Kreuzesdarstellungen sinnvoll, die Christus als Sieger zeigen. Die Tücher zur Kreuzverhüllung sind aus violetten Stoffen.
Falls auch weiße Tücher (oder sog. Wendetücher) vorhanden sind, dienen sie zur Verhüllung beim Abendmahlsgottesdienst am Gründonnerstag.

Wer hilft mit? – die Paramentengruppe

Schön ist es, wenn der/die KüsterIn bei der Pflege von Kirchenwäsche und Paramenten einige HelferInnen hat. Eine solche Paramentengruppe kann sich zum Beispiel kümmern um:
a) *die Reinigung der Kirchenwäsche* – Waschen (je nach Stoffarten trennen), teilweises Stärken und Bügeln –,
b) *das Reparieren von beschädigten Teilen der Kirchenwäsche* und
c) *das Reinigen der Paramente veranlassen.*
Vor allem die Alben und neueren Gewänder aus modernen Geweben lassen sich relativ einfach waschen oder reinigen.
Bei wertvolleren, alten Gewändern sollte man, wie gesagt, auf jeden Fall immer zunächst einmal Spezialisten fragen, auch wenn es um Ausbesserungen geht.

Die liturgischen Farben

Die Farbensymbolik hat eigentlich in allen Völkern und Kulturen eine besondere Bedeutung. Auch in der Liturgie wechselt die Farbe der liturgischen Kleidung: Je nach der Zeit im Kirchenjahr und dem jeweiligen Fest oder Gedenktag können die Gewänder des Priesters weiß, rot, grün, violett oder schwarz sein. In manchen Gemeinden gibt es auch noch rosa

Gewänder. Und zu besonders festlichen Anlässen können auch vorhandene wertvollere Paramente verwendet werden, auch wenn sie nicht der Tagesfarbe entsprechen (vgl. AEM 309). Dies sind dann meist goldfarbene oder wertvoll bestickte Kaseln.

Die jeweilige Tagesfarbe kann man dem Direktorium entnehmen. Die folgenden Angaben geben nur einen Überblick über die Bedeutung der Farben und entsprechende Anlässe.

Weiß ist die Farbe der Freude und Festlichkeit, der Klarheit, Reinheit und des Lichtes.

Sie wird verwendet in der Oster- und Weihnachtszeit, an den Festen des Herrn, an Muttergottesfesten, bei Festen der Engel und Gedenktagen der Heiligen (außer Märtyrer).

Rot ist die Farbe des Feuers (des Geistes Gottes) und der Liebe, aber auch die Farbe des Blutes.

Sie wird verwendet am Palmsonntag, an Karfreitag und Pfingsten; außerdem an Märtyrer- und Apostelfesten.

Grün ist die Farbe der Hoffnung.

Sie wird an den Sonn- und Wochentagen im Jahreskreis verwendet.

Violett ist die Farbe der Umkehr und der Buße.

Sie wird im Advent und in der österlichen Bußzeit (Fastenzeit) verwendet. Daneben kann sie auch wahlweise bei Trauergottesdiensten und beim Begräbnis benutzt werden.

Schwarz ist die Farbe der Trauer.

Sie kann beim Begräbnis und bei der Messe für Verstorbene benutzt werden.

Statt der Bußfarbe Violett wird in manchen Gemeinden am 3. Advent und am 4. Fastensonntag auch ein *rosafarbenes* Meßgewand getragen. So drückt sich, in der Mitte der jeweiligen Bußzeit, die erwartungsvolle Freude der Lesungen auch in der Farbe aus.

Die liturgischen Bücher

Für die liturgischen Feiern gibt es eine Vielzahl von verschiedenen Büchern. Schauen Sie sich die in Ihrer Sakristei vorhandenen Ausgaben an. Der/die KüsterIn sollte wenigstens die wichtigsten und gebräuchlichsten kennen und über ihre Verwendung Bescheid wissen.

Vor den eigentlichen liturgischen Büchern sei ein für den Zelebranten, aber auch für den/die KüsterIn und für alle, die während der Messe ein liturgisches Amt bekleiden, unentbehrliches Hilfsmittel genannt:

Das Direktorium

Das Direktorium wird jährlich von den einzelnen Diözesen herausgegeben und gibt Aufschluß über die „Richtlinien für Eucharistiefeier und Stundengebet" im jeweiligen Kirchenjahr.

Sie finden darin neben allgemeinen Richtlinien ein Kalendarium, beginnend mit dem 1. Adventssonntag, u.a. mit folgenden Hinweisen: Wird an diesem Tag ein Hochfest/Fest, ein gebotener oder nichtgebotener Gedenktag (mit welchem Rang) gefeiert, bzw. welcher Tag im Kirchenjahr wird begangen? Welche liturgische Tagesfarbe ist vorgesehen? Und welche Lesungen?

Anhand dieser Angaben kann man:
- die entsprechenden liturgischen Gewänder, gegebenenfalls das Kelchvelum und andere Tücher in der richtigen Tagesfarbe vorbereiten,
- das (entsprechende) Lektionar,
- das Evangelienbuch
- und das Meßbuch an den vorgesehenen Stellen mit Bändern markieren.

Gerade wenn Gedenktage und Feste auf bestimmte Sonntage oder in geprägte Zeiten des Kirchenjahrs fallen, ist das Direktorium eine schnelle Hilfe, um zu überprüfen, welcher Festinhalt an diesem Tag vorrangig behandelt wird.

Das Direktorium darf in keiner Sakristei fehlen. Nach Möglichkeit sollten Sie darüber hinaus ein eigenes Exemplar besitzen.

Die Feier der heiligen Messe

Das Meßbuch für die Bistümer des deutschen Sprachgebiets

Authentische Ausgabe für den liturgischen Gebrauch, herausgegeben im Auftrag der Bischofskonferenzen Deutschlands, Österreichs und der Schweiz und der Bischöfe von Luxemburg, Bozen-Brixen und Lüttich

In ihm sind die Gebete des Priesters: Tages-, Gaben- und Schlußgebete, die Präfationen für die verschiedenen Zeiten und die vier Hochgebete abgedruckt. Es besteht aus zwei Teilen.

Teil I: (rot)
Die Sonn- und Feiertage deutsch und lateinisch. Die Karwoche deutsch
Darin ist u.a. enthalten:

Dokumente, u.a. mit: „Allgemeine Einführung in das Römische Meß-buch" (AEM)

Die Meßfeier in deutscher Sprache
- Das Herrenjahr (Advent, Weihnachtszeit, Fastenzeit, Osterzeit, Zeit im Jahreskreis, Herrenfeste im Kirchenjahr)
- Die Feier der Gemeindemesse (Die Feier der Gemeindemesse, Präfa-tionen, Hochgebete, Kommunion, Feierliche Schlußsegen, Melodien zu den Hochgebeten)
- Die Gedenktage der Heiligen
- Commune-Texte (Beim Gedächtnis einer Kirchweihe, Messe für Ver-storbene)
- Anhang (Das sonntägliche Taufgedächtnis, Melodien zur Begrüßung, Fürbitten, Melodien für die Akklamation nach der Wandlung)

Die Meßfeier in lateinischer Sprache
Hier sind die gleichen Texte nochmals in lateinischer Sprache abgedruckt, dazu: Communetexte, In besonderen Anliegen, Votivmessen, eine Aus-wahl von Lesungen und Evangelien.

Für den/die KüsterIn hilfreich ist die „Allgemeine Einführung in das Römische Meßbuch", u.a. auch mit Hinweisen für die Vorbereitung der Meßfeier an Sonntagen und Hochfesten, für die Gestaltung des Kirchen-raums u.v.m.

Teil II: (blau)
Das Meßbuch deutsch für alle Tage des Jahres außer der Karwoche
Darin ist u.a. enthalten:
- Der Regionalkalender für das deutsche Sprachgebiet
  Alphabetisches Verzeichnis der Heiligengedenktage
- Das Herrenjahr (Advent, Weihnachtszeit, Fastenzeit, Osterzeit mit Ostermontag, Zeit im Jahreskreis, Herrenfeste im Jahreskreis, Qua-tembermessen, Wochentagsmesse, Tagesgebete zur Auswahl)
- Die Feier der Gemeindemesse (Die Feier der Gemeindemesse, Gaben-gebete zur Auswahl, Hochgebete, Schlußgebete zur Auswahl, Schluß-segen, Segensgebete, Melodien zu den Hochgebeten)
- Die Gedenktage der Heiligen

- Commune-Texte
- Messe zu bestimmten Feiern (Feier der Einschreibung, Taufskruti-
  nien, Taufspendung, Firmspendung, Spendung der Weihen, Wegzehrung, Trauungsmessen, Jungfrauenweihe, Ordensprofeß)
- Messen und Orationen für besondere Anliegen (Für die heilige Kirche, Für Staat und Gesellschaft, In verschiedenen öffentlichen Anliegen, In besonderen Anliegen, Votivmessen, Messen für Verstorbene)
- Anhang (Das sonntägliche Taufgedächtnis, Melodien zur Begrüßung,
  Beispiele für Fürbitten u.a.m.)

Meßbuch für die Bistümer des deutschen Sprachgebiets.
Kleinausgabe (Kapellenmissale) (*grün*)
In kleineren Gemeinden, Kapellen, Klöstern oder auch als Ergänzung zu
den beiden größeren Meßbüchern (z.b. für den Wortgottesdienst) findet
man in vielen Gemeinden die sog. Kapellenausgabe des Meßbuchs.
Das „Meßbuch deutsch für alle Tage des Jahres" ist handlicher als die
beiden Teilbände der Normalausgabe und enthält:
Die Texte für alle Tage des Kirchenjahrs aus dem Teil II des Meßbuchs
sowie die Texte der Karwoche, außerdem auch die Allgemeine Einführung in das Römische Meßbuch.

Meßbuch. Karwoche und Osteroktav
Herausgegeben im Auftrag der Bischöfe Deutschlands, Österreichs und der Schweiz, der
Bischöfe von Luxemburg, Bozen-Brixen, Lüttich, Metz, Straßburg
Dieser Band enthält alle Meßformulare und Gebetstexte für die liturgi-
schen Feiern von Palmsonntag bis zum zweiten Sonntag der Osterzeit,
außerdem: Die Feier der Öle und die „Chrisam-Messe".

Fünf Hochgebete
Hochgebet zum Thema „Versöhnung". Hochgebete für Meßfeiern
mit Kindern
Studienausgabe für die Bistümer des Deutschen Sprachgebietes. Herausgegeben von den
Liturgischen Instituten Salzburg, Trier und Zürich
Häufig in Kindergottesdiensten verwendet werden die in dieser Ausgabe
abgedruckten Hochgebete, da sie in einer einfacheren und kindgemäßen
Sprache formuliert sind.

Eigenfeiern der Diözese
Eigenfeiern der Diözese sind zum Beispiel Gedenkfeiern für Bistumshei-
lige, die im Meßbuch kein eigenes Formular haben.
Die Diözesen haben hier einen Anhang mit entsprechenden liturgischen
Texten herausgebracht, der in die Meßbücher eingelegt werden kann.

Zur Vorbereitung des Meßbuchs für den Gottesdienst

Eine große Hilfe für den Priester ist es, wenn der/die KüsterIn vor Gottesdienstbeginn nicht nur die liturgischen Bücher zurechtlegt, sondern auch im Meßbuch die für den Tag vorgesehenen Texte durch Einlegen der Bänder markiert.

Zunächst ist – am besten anhand des Direktoriums – zu klären, welcher Tag, welcher Sonntag oder welches Fest gefeiert wird. Aufgrund dieser Angabe lassen sich dann leicht die entsprechenden Gewänder, das richtige Lektionar und eben auch die richtigen Texte im Meßbuch heraussuchen.

Zu markieren ist die entsprechende Seite mit
- 1. Eröffnung
- 2. Text des entsprechenden Tages
- 3. Präfation des Tages
- 4. Schlußsegen
- 5. eventuell: die entsprechenden Commune-Texte für die Gedenktage der Heiligen.

Meßlektionar

Der Einheitstext der Heiligen Schrift in Sprechzeilen. Für die Bistümer des deutschen Sprachgebiets. Authentische Ausgabe für den liturgischen Gebrauch. Herausgegeben im Auftrag der Bischofskonferenzen Deutschlands, Österreichs und der Schweiz sowie der Bischöfe von Luxemburg, Bozen-Brixen, Lüttich, Metz und Straßburg

Die Meßlektionare enthalten, wie der Name schon sagt (lat.: lectio = Lesung), alle Lesungen – Lesungen, Antwortpsalm, Ruf vor dem Evangelium – für die Sonntage und Werktage im Kirchenjahr, aber auch für besondere Anlässe.

Bd. 1: Die Sonntage und Festtage im Lesejahr A (*rot*)

Bd. 2: Die Sonntage und Festtage im Lesejahr B (*rot*)

Bd. 3: Die Sonntage und Festtage im Lesejahr C (*rot*)

Bd. 4: Geprägte Zeiten: Die Wochentage und Gedenktage der Heiligen in Advent und Weihnachtszeit, Fasten- und Osterzeit bis einschließlich Pfingsten (*grün*)

Bd. 5: Jahreskreis 1. Die Wochentage und Gedenktage der Heiligen im Jahreskreis. 1.–17. Woche (*grün*)

Bd. 6: Jahreskreis 2. Die Wochentage und Gedenktage der Heiligen im Jahreskreis. 18.–34. Woche (*grün*)

Bd. 7: Sakramente und Sakramentalien und für Verstorbene (*blau*)

Bd. 8: Messen für besondere Anliegen. Votivmessen (*schwarz*)

Außerdem:

Eigenfeiern der Diözese

Sammlung von Marienmessen

Evangeliar für die Bistümer des deutschen Sprachgebiets.
Die Evangelien für die Sonntage und Feste in den Lesejahren A, B und C
Herausgegeben im Auftrag der Bischöfe Deutschlands, Österreichs und der Schweiz, der Bischöfe von Luxemburg, Bozen-Brixen, Lüttich, Metz und Straßburg
Es gibt verschiedene schöne und zum Teil sehr wertvoll ausgestattete Evangeliare. Das Evangeliar enthält neben den Evangelien der drei Lesejahre auch Commune-Texte für das Jahresgedächtnis einer Kirchweihe. Häufig wird es beim feierlichen Einzug mitgetragen oder aber in einer kurzen Evangelienprozession, begleitet von zwei MinistrantInnen mit Leuchtern, zum Verlesen des Evangeliums an den Ambo gebracht. In manchen Gemeinden liegt das Evangeliar mit dem aufgeschlagenen aktuellen Sonntagsevangelium auch während der Woche auf einem besonderen Pult oder Ambo.

Lektionar für Gottesdienste mit Kindern
Herausgegeben von den Liturgischen Instituten Salzburg, Trier, Zürich
Band 1: Kirchenjahr und Kirche
Band 2: Lebenswelt des Kindes. Lebensordnung des Christen, Biblische Gestalten als Zeugen des Glaubens
Diese beiden Bände eignen sich besonders gut für Kinder- und Familiengottesdienste, bei denen man sich auch auf eine Lesung beschränken darf.

Die Leseordnungen

Die Leseordnungen für Meßfeiern an Sonntagen und Festen
Bei der Meßfeier am Sonntag sind folgende Lesungen vorgesehen:
1. Lesung: aus dem Alten Testament; Apostelgeschichte (Antwortpsalm)
2. Lesung: aus dem Neuen Testament (Briefe, Offenbarung des Johannes)
Ruf vor dem Evangelium (Halleluja)
Evangelium (nach Matthäus, Markus, Lukas oder Johannes)
Während es fast überall außerhalb des deutschsprachigen Raums üblich ist, an den Sonntagen und Hochfesten drei Lesungen zu verkünden, also: alttestamentliche Lesung, neutestamentliche Lesung und Evangelium, wird im deutschsprachigen Raum auch verschiedentlich nur eine Lesung aus dem Alten oder Neuen Testament und das Evangelium vorgetragen. In diesem Fall wird dann nach dem Antwortpsalm häufig direkt das Halleluja angestimmt.
Damit die GottesdienstteilnehmerInnen möglichst viele verschiedene Texte aus der Heiligen Schrift hören können, hat die Liturgiereform für die Sonn- und Festtage einen dreijährigen Turnus für die Lesungen eingeführt. Man unterscheidet die Lesejahre A, B und C:

Im Lesejahr A wird überwiegend aus dem Matthäusevangelium gelesen;
im Lesejahr B aus dem Markusevangelium und
im Lesejahr C aus dem Lukasevangelium.
Das Johannesevangelium wird vor allem im Osterfestkreis vorgetragen.
Die alttestamentliche Lesung ist meistens auf das Evangelium abge-
stimmt, während der neutestamentliche Text in längeren Passagen an den
Sonntagen fortlaufend vorgetragen wird. Man bezeichnet dies als „Bahn-
lesung".

Die Leseordnung für die Meßfeiern an den Wochentagen
Werktags kennt man nur einen zweijährigen Zyklus: Lesejahr I bei den
ungeraden Jahren, Lesejahr II bei den geraden Jahren.
Im Gottesdienst sind – außer bei besonderen Festen – zwei Lesungen
(Lesung und Evangelium) vorgesehen.
Die Lesungen der beiden unterschiedlichen Lesejahre sind im Lektionar
durch I bzw. II unterschieden; das Evangelium ist bei beiden Leseordnun-
gen das gleiche.

Die Feier der anderen Sakramente

Für die Feier der Sakramente gibt es eine Reihe von Ritualien, die in jeder
Pfarrei vorhanden sind. Einige von ihnen sind in letzter Zeit vom Liturgischen Institut in einer Neubearbeitung herausgegeben worden. Neben
den größeren Ausgaben ist für fast alle Feiern auch eine sog. „Volksausgabe" oder Taschenausgabe erhältlich. Diese Kleinausgabe ist für die an
der Sakramentenspendung Teilnehmenden und auch besonders für die
Vorbereitung der Feier sehr hilfreich.
Auch für den/die KüsterIn ist es eine große Hilfe, privat ein Exemplar der
jeweiligen „Volksausgaben" zu besitzen.
Um die gesuchten Bücher schneller finden zu können, sind nachfolgend
ebenfalls wieder die Farben der einzelnen Ritualien genannt.

Die Feier der Kindertaufe
in den katholischen Bistümern des deutschen Sprachgebietes (*blau*)

Herausgegeben im Auftrag der Bischofskonferenzen Deutschlands, Österreichs und der
Schweiz und der Bischöfe von Bozen-Brixen und Luxemburg

Aus dem Inhalt: Vorbemerkungen mit: Aufgaben und Dienste bei der Taufe – Ort der
Taufe – Taufwasser – Taufgerät; Die Feier der Taufe für mehrere Kinder – Die Feier der
Taufe eines einzelnen Kindes – Ritus für die Taufe in Lebensgefahr – Ritus für ein Kind, das
die Nottaufe empfangen hat; Anhang mit: Lesungen, Fürbitten, Taufgesänge.

Die Eingliederung von Kindern im Schulalter in die Kirche (*hellblau*)

Studienausgabe für die katholischen Bistümer im deutschen Sprachgebiet. Herausgegeben von den Liturgischen Instituten Salzburg, Trier und Zürich

Aus dem Inhalt: Pastorale Einführung; Die Feier der Aufnahme in den Katechumenat; Die Feier der Zulassung zur Taufe; Die Feier der Eingliederung; Zeit der Vertiefung.

Die Feier der Aufnahme gültig Getaufter in die volle Gemeinschaft der katholischen Kirche (*blau*)

Herausgegeben im Auftrag der Bischofskonferenzen Deutschlands, Österreichs und der Schweiz und der Bischöfe von Bozen-Brixen und Luxemburg

Aus dem Inhalt: Pastorale Einführung – Aufnahme innerhalb der Eucharistiefeier – Aufnahme außerhalb der Eucharistiefeier – Texte für die Aufnahme.
(Hier ist keine „Volksausgabe" erhältlich).

Die Feier der Eingliederung Erwachsener in die Kirche (*blau*)

Nach dem neuen Rituale Romanum. Herausgegeben von den Liturgischen Instituten Salzburg, Trier und Zürich

Aus dem Inhalt: I. Kapitel: Die Eingliederung Erwachsener in die Kirche – Die Feier in Stufen (Die Feier der Annahme; Die Feier der Einschreibung; Die Feier der Eingliederung.)
II. Kapitel: Die Kurzform der Eingliederung in Ausnahmefällen. Feier der Taufe – Feier der Firmung – Kommunionfeier.
III. Kapitel: Die Feier der Eingliederung in Lebensgefahr.
IV. Kapitel: Die Vorbereitung auf Firmung und Eucharistie für Erwachsene, die als Kinder getauft wurden, aber keinen Glaubensunterricht erhalten haben.
V. Kapitel: Die Feier der Eingliederung für Kinder im Schulalter. Erste Stufe: Die Feier der Annahme; Zweite Stufe: Die Bußfeiern (Skrutinien); Dritte Stufe: Die Feier der Eingliederung. Die Zeit der Einübung und Vertiefung.
VI. Kapitel: Auswahltexte für die Feier der Eingliederung Erwachsener.

Die Feier der Firmung
in den katholischen Bistümern des deutschen Sprachgebietes (*rot*)

Herausgegeben im Auftrag der Bischofskonferenzen Deutschlands, Österreichs und der Schweiz und der Bischöfe von Bozen-Brixen und Luxemburg

Aus dem Inhalt: Vorbemerkungen (Bedeutung der Firmung – Empfänger – Vorbereitung – Spender – Die Feier); Spendung der Firmung innerhalb der Eucharistiefeier; Anhänge: mit Lesungen, Evangelium.

Die Feier der Buße (*braun*)

Nach dem neuen Rituale Romanum. Herausgegeben von den Liturgischen Instituten Salzburg, Trier und Zürich

Aus dem Inhalt: Dekret und Pastorale Einführung; Die Feier der Versöhnung für einzelne; Gemeinschaftliche Feier der Versöhnung mit Bekenntnis und Lossprechung; Gemeinschaftliche Feier der Versöhnung mit allgemeinem Bekenntnis und Generalabsolution; Auswahltexte für die Feier der Versöhnung; Modelle für Bußgottesdienste.

Die Weihe des Bischofs, der Priester und der Diakone

Herausgegeben von den Liturgischen Instituten Salzburg, Trier und Zürich
(Diese Ausgabe sei nur der Vollständigkeit halber aufgeführt. Sie wird in den wenigsten Sakristeien benötigt werden und deshalb wohl auch selten vorhanden sein.)

Die Feier der Trauung
in den katholischen Bistümern des deutschen Sprachgebietes (*grün*)

Herausgegeben im Auftrag der Bischofskonferenzen Deutschlands, Österreichs und der Schweiz sowie der (Erz-)Bischöfe von Bozen-Brixen, Lüttich, Luxemburg und Straßburg

Aus dem Inhalt: Pastorale Einführung: A. Hinführung zum katholischen Verständnis der Eheschließung; B. Die Feier der Trauung im deutschen Sprachgebiet (mit: Die Vorbereitung der Feier; Die Feier der Trauung in der Messe; Die Feier der Trauung in einem Wortgottesdienst; Die Feier der Trauung mit einem Katholiken ostkirchlicher Riten oder mit einem Christen aus einer orthodoxen oder altorientalischen Kirche; ... mit einem konfessionsverschiedenen Partner anderer Kirchen; ...mit einem Taufbewerber; ... mit einem nichtgetauften Partner, der an Gott glaubt; ... mit einem Partner, der nicht an Gott glaubt).
Kapitel I: Die Feier der Trauung in der Messe; Kapitel II: Die Feier in einem Wortgottesdienst; Kapitel III: Die Trauung eines Katholiken mit einem nichtgetauften Partner, der an Gott glaubt; Kapitel IV: Die Trauung eines Katholiken mit einem Partner, der nicht an Gott glaubt; Anhang (mit: Taufgedächtnis, Kyrie-Rufe, Eröffnungsgebete; Trauungssegen; Fürbitten, Schlußgebete, Schlußsegen).

Gemeinsame kirchliche Trauung (*türkis*)

Ordnung der kirchlichen Trauung für konfessionsverschiedene Paare unter Beteiligung der zur Trauung Berechtigten beider Kirchen. Herausgegeben von der Deutschen Bischofskonferenz und dem Rat der Evangelischen Kirchen in Deutschland

Aus dem Inhalt: Hinweise für beide Ordnungen; Hinweise für die evangelische Ordnung; Hinweise für die katholische Ordnung; Trauung in einer evangelischen Kirche unter Beteiligung des katholischen Pfarrers; Trauung in einer katholischen Kirche unter Beteiligung des evangelischen Pfarrers; Anhang: Verzeichnis der Perikopen für die katholische Trauung. (Hier ist bisher keine „Volksausgabe" erhältlich)

Die Feier der Krankensakramente

Die Krankensalbung und die Ordnung der Krankenpastoral in den katholischen Bistümern des deutschen Sprachgebietes. Herausgegeben im Auftrag der Bischofskonferenzen Deutschlands, Österreichs und der Schweiz sowie der (Erz-)Bischöfe von Bozen-Brixen, Lüttich, Luxemburg und Straßburg

Aus dem Inhalt: Pastorale Einführung; I. Kapitel: Der Krankenbesuch (Gebete mit Kranken, Wortgottesdienst, Krankenkommunion); Krankenkommunion; II. Kapitel: Die Feier der Krankensalbung (Grundformen, innerhalb der Meßfeier; ... im Rahmen einer größeren Zusammenkunft); III. Kapitel: Die Wegzehrung – Die Kommunion in der Sterbestunde (Die Spendung innerhalb und außerhalb der Meßfeier); IV. Kapitel: Bußsakrament, Krankensalbung und Wegzehrung in Todesgefahr – Versehgang; Krankensalbung und Wegzehrung in unmittelbarer Todesgefahr; V. Kapitel: Firmung in Todesgefahr. VI. Kapitel: Die Begleitung Sterbender; Anhang (Lesungen, Evangelien, Gebet zur Weihe des Krankenöls, Fürbitten, Segensgebete).

Kleines Rituale
Für besondere pastorale Situationen

Herausgegeben von den Liturgischen Instituten Salzburg, Trier, Zürich

Das kleine Rituale bietet in einem einzigen Buch alle sakramentalen Feiern, die beim „Versehen" eines Kranken oder eines Menschen in Todesgefahr nötig sein können. Alle sind als Feiern „außerhalb der Meßfeier" wiedergegeben.

Aus dem Inhalt: 1. Sakramente der Eingliederung (mit: Die Eingliederung eines Erwachsenen in Todesgefahr); 2. Feier der Buße; 3. Feier der Trauung; 4. Krankensakramente (mit: Versehgang, Sterbesakramente); 5. Die kirchliche Begräbnisfeier; 6. Segnungen.

Die Feier von Sakramentalien, Segnungen und Weihen

Die kirchliche Begräbnisfeier in den katholischen Bistümern des deutschen Sprachgebietes (*schwarz*)

Herausgegeben im Auftrag der Bischofskonferenzen Deutschlands, Österreichs und der Schweiz und der Bischöfe von Bozen-Brixen und Luxemburg

Aus dem Inhalt: Pastorale Einführung (mit: Die Gestalt der Begräbnisfeier; Dienste beim Begräbnis; Verschiedene Hinweise: Prozessionen, Liturgische Kleidung; Weihwasser und Weihrauch, Osterkerze …)
1. Kapitel: Stundengebet, Totenwache und Gebet im Trauerhaus; 2. Kapitel: Eucharistiefeier; 3. Kapitel: Begräbnis in drei Stationen; 4. Kapitel: Begräbnis in zwei Stationen; 5. Kapitel: Begräbnis in einer Station; 6. Kapitel: Kinderbegräbnis; 7. Kapitel: Urnenbeisetzung; Anhang (mit: Schriftlesungen, Gebete, Fürbitten, Gesänge, Segensgebete).

Das Benediktionale

Studienausgabe für die katholischen Bistümer des deutschen Sprachgebietes. Herausgegeben von den Liturgischen Instituten Salzburg, Trier, Zürich

Das Benediktionale ist ein Buch für Segnungen (lat. benedicere = segnen) in der Gemeinde, in der Familie und im öffentlichen Leben.

Vor allem die für den/die KüsterIn praxisrelevanten und häufiger vorkommenden Segnungen im Kirchenjahr werden im folgenden detaillierter aufgelistet:

Segnungen im Leben der Pfarrgemeinde (Adventskranz, Kindersegnung in der Weihnachtszeit, Johanniswein, Segnung und Aussendung der Sternsinger, Segnungen am Epiphaniefest, Blasiussegen, Speisesegnung an Ostern, Wettersegen, Kräutersegnung am Hochfest der Aufnahme Mariens in den Himmel, Segnung der Erntegaben, Segnung der Gräber an Allerheiligen, Kinder- und Lichtersegnung am Martinsfest, Brotsegnung an bestimmen Heiligenfesten, Feuersegnung)

Segnungen bei besonderen Anlässen (z.B. Kindersegnung, Segnung der Schulanfänger, Primizsegen, Silberne Hochzeit, Goldene Hochzeit, Pilgersegen, Reisesegen, feierliche Kreuzweihe, Orgelweihe, Weihe von Hostienschale, Kelch, Gewändern, Friedhofsweihe)

Segnung religiöser Zeichen (z.B. Weihwasser, Kreuz, Christus-, Marien- und Heiligenbilder, Christophorusplakette, Rosenkranz, Fahnen, Kerzen, andere religiöse Zeichen)

Segnungen im Leben der Familie (z.B. Verlobung, Haus oder Wohnung)

Segnungen im Leben der Öffentlichkeit (z.B. in den Bereichen öffentliche und soziale Einrichtungen, Arbeit und Beruf, Bildungseinrichtungen, Verkehrseinrichtungen, Freizeit, Sport, Tourismus).

Die Beauftragung der Lektoren und der Akolythen. Die Aufnahme unter die Kandidaten für das Weihesakrament in den katholischen Bistümern des deutschen Sprachgebiets (*hellbraun*)

Herausgegeben im Auftrag der Bischofskonferenzen Deutschlands, Österreichs und der Schweiz und der Bischöfe von Bozen-Brixen und Luxemburg

Aus dem Inhalt: I. Beauftragung von Lektoren und Akolythen: Beauftragung zum Lektorendienst; Beauftragung zum Akolythendienst; Aufnahme unter die Kandidaten für das Weihesakrament.

Die Feier der Ordensprofeß

in den katholischen Bistümern des deutschen Sprachgebietes
Herausgegeben im Auftrag der Bischofskonferenzen Deutschlands, Österreichs und der Schweiz und der Bischöfe von Bozen-Brixen und Luxemburg

Aus dem Inhalt: Einführung; I. Teil: Ordnung der Profeß in männlichen Ordensgemeinschaften (mit: Richtlinien für die liturgische Feier zum Noviziatsbeginn); Feier der zeitlichen Profeß u. Feier der ewigen Profeß innerhalb der Messe; Erneuerung der Gelübde innerhalb der Eucharistiefeier; Weitere Texte); II. Teil: Ordnung der Profeß in weiblichen Ordensgemeinschaften (mit: Richtlinien für die liturgische Feier zum Noviziatsbeginn; Feier der zeitlichen Profeß u. Feier der ewigen Profeß innerhalb der Messe; Erneuerung der Gelübde innerhalb der Eucharistiefeier); III. Teil: Riten des „Versprechens" (mit: Feier des Versprechens in Verbindung mit einem Wortgottesdienst; … mit dem Stundengebet; … innerhalb der Eucharistiefeier; Erneuerung des Versprechens); Anhang: Profeßformel – Fürbitten).

Außerdem gibt es noch: „Die Weihe des Abtes und der Äbtissin. Die Jungfrauenweihe", das jedoch nur selten benötigt wird.

Sonstige liturgische Bücher

Das Gotteslob

Das wichtigste Buch für die Gemeinde ist das „Gotteslob". Seit 1975 gibt es für die Diözesen Deutschlands, Österreichs und der Bistümer Bozen-Brixen und Lüttich dieses einheitliche Gebet- und Gesangbuch „Das Gotteslob". (In Luxemburg trägt es den Titel „Magnificat".)

Jede Diözese hat neben dem sog. Stammteil noch einen eigenen Diözesananhang, in dem zusätzlich Lieder und Gebete des jeweiligen Bistums zusammengestellt wurden.

Fürbittbücher

In vielen Gemeinden werden Fürbittbücher benutzt, aus denen in der Messe oder in Wortgottesdiensten zum jeweiligen Anlaß Fürbitten ausgewählt werden. Im Buchhandel ist eine Reihe von unterschiedlichen Ausgaben erhältlich.

Sofern Sie als KüsterIn dem Liturgieausschuß angehören, sollten Sie darauf hinweisen, daß auf jeden Fall die Aktualität nicht durch vorformulierte Fürbitten verlorengehen darf. Das heißt, wenn schon Fürbittbücher, so sollten die Bitten noch durch aktuelle Anliegen und Anlässe ergänzt werden (z.B. Krankheit, Todesfall, Naturkatastrophe, Kriegssituation, bes. Anlässe in der Zivilgemeinde, ökumenische Anliegen usw.).

Das Schott-Meßbuch

Viele LektorInnen, die sich damit auf ihren Dienst vorbereiten, aber auch interessierte GottesdienstteilnehmerInnen besitzen einen „Schott". Für den/die KüsterIn kann die Anschaffung dieses kleinen Meßbuchs nur empfohlen werden. Es gibt – entsprechend den drei Lesejahren – und in verschiedenen Ausstattungen drei Bände für die Sonn- und Feiertage des Kirchenjahrs und zwei Bände für die Meßfeiern an den Wochentagen.

Schott-Meßbuch für die Sonn- und Festtage der Lesejahres A
Schott-Meßbuch für die Sonn- und Festtage des Lesejahres B
Schott-Meßbuch für die Sonn- und Festtage des Lesejahres C
Schott-Meßbuch für die Wochentage. Teil 1: Advent und Weihnachtszeit,
    Fasten- und Osterzeit. 1.–13. Woche im Jahreskreis. Gedenktage der
    Heiligen vom 30. November bis 7. Juli.
Schott-Meßbuch für die Wochentage. Teil 2: 14.–34. Woche im Jahres-
    kreis. Gedenktage der Heiligen vom 4. Juli bis 2. Dezember.

Diese Ausgaben enthalten die Originaltexte der authentischen deutschen Ausgabe des Meßbuches und des Meßlektionars sowie kurze Einführungen zum Tag und zu den Lesungen.

Außerdem ist erhältlich:
Schott-Meßbuch Marienmessen
Schott – Die österlichen Tage.

Die Feier des Stundengebetes

Für die Feier des Stundengebetes gibt es verschiedene Ausgaben in unterschiedlichen Ausstattungen.

Die vollständige Ausgabe, die das frühere „Brevier" des Priesters abgelöst hat, ist in drei Bände aufgeteilt:
Band 1: Advent und Weihnachtszeit
Band 2: Fastenzeit und Osterzeit
Band 3: Im Jahreskreis.
Dazu gibt es zwei Jahresreihen mit je 8 Lektionaren, in denen die Tageslesungen enthalten sind.

Eine kleinere Ausgabe der „Morgen- und Abendgebete der Kirche aus der Feier des Stundengebetes für die katholischen Bistümer des deutschen Sprachgebietes" ist ebenfalls erhältlich und besonders für kleine Gruppen oder einzelne in der Gemeinde geeignet:
Es gibt vier Bände: *Kleines Stundenbuch*. Advent und Weihnachtszeit/Fastenzeit und Osterzeit/Im Jahreskreis und Die Gedenktage der Heiligen.

Für die Leiterinnen und Leiter von Wortgottesdiensten
Bernhard Hopf/Lucia Kehr/Edeltraud Steiner
Erinnern – danken – feiern
Rollenbuch für Leiterinnen und Leiter von Wortgottesdiensten

Aus dem Inhalt: Liturgische Eröffnung, Begrüßung; Einführung; Bußakt, Kyrie; Tagesgebet; Überleitung zur Kommunionfeier; Preisgebet; Kommunionmeditation; Schlußgebet; Segensbitte.

Liturgische Grundhaltungen

Während bisher vom Kirchenraum, von den Geräten, Gewändern und Büchern, die für die Feier der Liturgie notwendig sind, die Rede war, geht es im folgenden Teil des Buches mehr um den Ablauf und die Bedeutung der Liturgie.

Die Liturgie ist eine Weise, wie sich christliche Gemeinde verwirklicht. Gottesdienst oder Liturgie dient ja nicht primär der Zufriedenstellung persönlicher Bedürfnisse – auch wenn es manchmal so scheint, sondern es geht um das Lob Gottes in der Begegnung der Menschen, die an Christus glauben.

Man spricht von drei „Lebensvollzügen" oder Grundfunktionen der Kirche: Verkündigung des Wortes Gottes (griech. Martyria); Vollzug der Sakramente und des Gottesdienstes (griech. Koinonia; auch: Leiturgia = unser Wort Liturgie) und Dienst geschwisterlicher, helfender Liebe (griech. Diakonia). Diese drei Grundvollzüge des christlichen Lebens haben Gemeinschaftscharakter, sie dienen der „Auferbauung der Gemeinde", oder, wie es im 2. Petrusbrief heißt: dem Bau einer Kirche aus lebendigen Steinen.

Die Liturgie ist zwar für den Menschen ein besonderer Bereich, der ihn aus dem „normalen" Leben herausholt und ihn in die besondere Nähe Gottes stellt, aber er bringt sich dabei ein mit seinem ganzen Menschsein, mit seinem Denken, Fühlen und seinem Körper.

Jeder Mensch spricht ja nicht nur durch Worte, sondern ebenso durch seinen Körper. Durch unsere Körperhaltung, aber auch mit verschiedenen Gesten können wir Angst und Freude, Zuneigung und Abwehr, Ehrfurcht oder Geringschätzung ausdrücken. Meist geschieht dies sogar unbewußt.

Auch in der Liturgie, während des Gottesdienstes, nehmen wir verschiedene Haltungen ein: Wir sitzen, stehen oder knien; wir machen das Kreuzzeichen oder eine Kniebeuge.

Stehen
Stehen kann – ebenso wie das Knien – ein Zeichen der Ehrfurcht und der Ehrerbietung sein: Ich stehe zur Begrüßung auf, ich höre im Stehen, in aufrechter Haltung das, was ein anderer mir zu sagen hat.

Wenn wir im Gottesdienst stehen, so stehen wir vor Gott. Es ist eine Haltung der Aufmerksamkeit. Stehen bedeutet: Ich bin bereit. Statt der gelösten Haltung des Sitzens nehmen wir eine straffe Haltung ein. Wer steht, der kann unverzüglich weggehen, um einen Auftrag auszuführen oder eine Arbeit zu beginnen. So beginnen und beschließen wir den Gottesdienst. Deshalb hören wir stehend das Evangelium, stehen wir bei den Gebeten des Priesters und vor allem bei der Präfation und beim Vaterunser. Wir stehen auch, wenn wir das Gloria, das Halleluja oder das Sanctus singen oder beten.

Sitzen

Sitzen ist die Haltung des Nachdenkens und Überlegens, der Besinnung und vor allem des Zuhörens. Wir sitzen bei den Lesungen, beim Antwortpsalm und bei der Predigt. Wir sitzen auch während der Gabenbereitung und häufig bei der stillen Zeit nach der Kommunion. Wir können im Sitzen besser ruhig und aufmerksam werden für das, was Gott uns sagen will.

Knien/Kniebeuge/Verneigung

Wer niederkniet, macht sich klein, macht sich niedrig vor Gott. Es ist ein Zeichen der Demut. Auf diese Weise erkennen wir die Größe Gottes an. Es ist wie ein stummes Gebet.

Die Kniebeuge hat eine vergleichbare Bedeutung wie das Knien. Auch sie ist Zeichen der Demut und der Ehrfurcht. Die Verneigung ist ebenfalls ein solches Zeichen der Ehrfucht. Wenn man sich niederwirft, wie bei der Prostration des Priesters am Karfreitag, dann ist dies der stärkste Ausdruck für das Kleinmachen. Auch andere Religionen kennen diese Geste.

Gehen

Eigentlich gibt es nichts Normaleres als das Gehen. Trotzdem kann es auch ein Zeichen sein: Denken wir etwa an Prozessionen wie Fronleichnam. Das Gehen ist die Haltung des Unterwegsseins. Unser ganzes Leben ist ja eigentlich ein Unterwegssein zu Gott. Das Zweite Vatikanische Konzil sprach deshalb auch vom „Volk Gottes auf dem Weg". Vielleicht wäre es zur Verdeutlichung besser, „Gehen" durch „Schreiten" zu ersetzen. Das liturgische Gehen ist kein Hasten und Rennen, sondern hat etwas Würdevolles.

Händefalten

Um beten zu können, brauchen wir eine gewissen Ruhe, sowohl äußerlich als auch innerlich. Wenn ich die Hände ineinander füge, die einzelnen Finger ineinander verschränke, ist es, als ob ich mich zurückziehe. Ich kann mich sammeln und nachdenken. Ich kann mit Gott sprechen und in mich „hineinhören". Wer hören will, braucht Ruhe.

Wenn wir die gestreckte Hand flach auf die andere legen, ist dies ein Zeichen der Ehrerbietung, der Demut und Hingabe. Die Hände, mit denen wir uns sonst oft genug wehren, geben wir hier, gleichsam gebunden, in Gottes Hände.

Der Priester betet während der Messe mit ausgebreiteten Händen, der sog. Oranten-Haltung. Orante heißt: „Betende". Die ausgebreiteten Hände erinnern an die Kreuzigung Jesu. Sie sind aber auch ein Zeichen meiner Offenheit anzunehmen, was Gott für mich und mein Leben bereithält. Der Priester steht hier stellvertretend für die ganze Gemeinde. Die offenen, ausgebreiteten Hände wollen die Gebete aller miteinschließen.

Kreuzzeichen

Wenn wir beten, beginnen und beenden wir unser Gebet meist mit einem Kreuzzeichen, dem Zeichen unserer Erlösung. Wir stellen uns durch dieses Zeichen unter den Schutz des Kreuzes und damit auch unter den Schutz „des Vaters, des Sohnes und des Heiligen Geistes". Bei einem langsamen und großen Kreuzzeichen von der Stirn zur Brust und von einer Schulter zur anderen läßt sich dieses Umfaßtsein durch das Kreuz spüren.

Zu Beginn des Evangeliums macht man häufig drei kleine Kreuzzeichen mit dem Daumen; zuerst auf die Stirn: mit dem Verstand das Evangelium begreifen; auf den Mund: es mit dem Mund bekennen; auf die Brust: nach Gottes Wort handeln und es im Herzen bewahren.

An die Brust schlagen

Wenn wir beim Schuldbekenntnis sprechen: „... durch meine Schuld" oder vor der Kommunionausteilung: „Herr, ich bin nicht würdig", schlagen wir uns an die Brust. Dies ist ein Zeichen der Buße und Reue. Und wenn es wirklich ein „An-die-Brust-Schlagen" ist, können wir die Bedeutung regelrecht spüren: ein Wachrütteln, ein Aufruf zur Besinnung.

Die Feier der heiligen Messe

„Als Christus, der Herr, das Paschamahl mit seinen Jüngern feiern wollte, bei dem er das Opfer seines Leibes und Blutes einsetzte, trug er ihnen auf, einen Speisesaal herzurichten (Lk 22,12) ...“ (AEM 1).
Die Vorbereitung der Sonntagsmesse ist nicht nur für den/die KüsterIn der wichtigste Dienst, sondern die Meßfeier am Sonntag ist seit Anbeginn für die gesamte Christenheit zentraler Ort ihres Glaubens und Feierns.
Wiederholt berichtet das Neue Testament, wie Jesus sich mit den Menschen zum Mahl zusammenfindet. Er ißt und trinkt mit seinen Freunden, aber auch mit den Zöllnern und Sündern. Dies ist – auch in vielen anderen Kulturen und Religionen – *das* Zeichen der Freundschaft und der Gemeinschaft der Menschen untereinander. Zu jedem Fest gehört auch ein Mahl, ein Festessen.
Ein Mahl der Erinnerung ist das jährliche Pascha, das die Juden in Gedenken an den Auszug aus Ägypten feiern. Zu diesem Mahl gehören ungesäuertes Brot und Bitterkräuter, Lammfleisch und auch Wein. Im Mittelpunkt der Feier steht die Geschichte von der Befreiung der Israeliten aus der Sklaverei der Ägypter und die Treue Gottes, der sein Volk befreit und in das Gelobte Land geführt hat.
Auch das Abendmahl, das Jesus mit seinen Jüngern gefeiert hat, war ein solches Paschamahl. Jesus wußte, daß sein Tod kurz bevorstand, und er wußte, wie wichtig die Gemeinschaft der Menschen für einen lebendigen Glauben ist. So gab er ihnen den Auftrag, den wir bis heute bei jeder Eucharistiefeier erfüllen: Tut dies zu meinem Gedächtnis!
Aber erst nachdem Jesus gestorben und auferstanden war, konnten seine Jünger sein Leben und Wirken und auch sein Sterben verstehen und einordnen. Aus der jüdischen Tradition verglichen sie Jesus mit dem Paschalamm, das geopfert wurde zum Heil der Welt. Aber er blieb nicht im Tod, sondern er lebt. Und er gab und gibt uns in Brot und Wein ein besonderes, ja einmaliges Zeichen seiner Gegenwart.
Und so feiern die Christen seither am Tag der Auferstehung, am Sonntag, das Herrenmahl. So nannte man die Eucharistiefeier in den ersten Jahrhunderten.
Brot und Wein nahm Jesus, dankte Gott und gab seinen Jüngern davon, und über Brot und Wein spricht der Priester bis heute die Worte Jesu.
Brot ist für Milliarden von Menschen bis zum heutigen Tag das wichtigste Nahrungsmittel. Es ist lebenswichtig. Es stillt unseren Hunger. Zwar hat es in unserer Gesellschaft offensichtlich von seiner Symbolkraft verlo-

ren – z.B. Kinder im Erstkommunionunterricht können häufig seine Bedeutung kaum nachvollziehen. Aber Frauen und Männer, die den Zweiten Weltkrieg erlebt haben, können sich sicher noch daran erinnern, wie wertvoll ihnen ein Stück Brot wurde. Heute sind die Fernsehbilder aus Hunger- und Kriegsgebieten ein (hoffentlich) wirksames Mittel gegen das Vergessen.

Wein ist Trank. Aber er ist nicht lebensnotwendig wie das Wasser, sondern er ist mehr, er ist Zeichen des Überflusses. Wein trinken die Menschen meist nur zu besonderen Gelegenheiten, bei einer Feier oder einem Fest. Wenn Jesus sich uns im Zeichen des Weines schenkt, sollen wir wissen: Er will mehr für uns als nur das Notwendigste. Er will uns überreich beschenken. Jesus sagt: „Ich bin gekommen, damit sie das Leben haben und es in Fülle haben" (Joh 10,10).

So wie jede Zeit ein besonderes „Jesusbild" hatte, denken wir zum Beispiel an Jesus als den Gottesknecht, Jesus als König, als Herrscher der Welt, als Richter, als leidenden Messias, als Bruder usw., so wurden auch im Laufe der Kirchengeschichte unterschiedliche Aspekte der Messe besonders betont.

Beim letzten Abendmahl setzte Christus das Opfer *und* das österliche Mahl ein … (vgl. AEM 48). Die Liturgie spricht an vielen Stellen vom Opfercharakter der Messe, aber es wird auch immer wieder die Mahlgemeinschaft hervorgehoben. Gerade dieser Aspekt wird bei vielen modernen Kirchenbauten beachtet, deren Innenraum kreisförmig um den Altartisch angeordnet ist.

Das gemeinsame Mahl der Christen als Gedächtnisfeier seines Todes und seiner Auferstehung ist jedoch auch ein Fest der Freude und des Dankes: Eucharistie heißt ja Danksagung. Nicht immer wird das in den Liedern und Gebeten und in den Mienen der GottesdienstteilnehmerInnen deutlich!

Nach und nach feierte man nicht nur am Sonntag, sondern auch an den übrigen Wochentagen die Messe. Aber als Tag der Auferstehung bleibt der Sonntag der wichtigste Tag für diese Feier. Man kann den Sonntag also auch als wöchentliche Osterfeier bezeichnen.

Von Anfang an bis heute blieben die großen und wichtigsten Teile unverändert: Immer wurde aus dem Alten Testament und aus den Briefen der Apostel gelesen und in jedem Gottesdienst das Evangelium, die Frohe Botschaft, verkündet. Immer wurde über Brot und Wein Dank gesagt und wurden dabei die Worte Jesu gesprochen, und immer wurde sein Opfer und seine Auferstehung gefeiert und Mahl gehalten, wie er es uns aufgetragen hat. Auch wenn jahrhundertelang die Gläubigen kaum zum Tisch des Herrn gingen, sondern meist nur der Priester kommunizierte. Dies hat sich erst in unserem Jahrhundert geändert.

Der Aufbau der Messe jedoch hat sich im Laufe der Jahrhunderte immer wieder verändert. Gebete und Gesten kamen hinzu, anderes, was nur für eine bestimmte Zeit von Bedeutung war, fiel weg. Und es gab Zeiten, in denen die Christen das, was am Altar geschah, nur noch schwer nachvollziehen konnten: Es wurde lateinisch gebetet und gesungen, eine Sprache, die für die meisten fremd war. Der Priester las die Messe mit dem Rücken zu den Anwesenden, der Altar wurde an die Wand gerückt, weg von den Menschen. Viele Jahrhunderte lang zelebrierte der Priester die heilige Messe – und die Gemeinde schaute zu. Vieles trug dazu bei, daß man sich eigentlich nur als Zuschauer bei einem heiligen Geschehen fühlte, nicht als Teilnehmer. Noch heute spricht man fälschlicherweise von Gottesdienst*besuchern* statt von Gottesdienst*teilnehmern*. Das *Zweite Vatikanische Konzil* (1962–1965) und die sich anschließende *Liturgiereform* haben hier grundlegende Neuerungen gebracht. Eigentlich müßte man besser „Änderungen" schreiben, denn im Grunde ging es ja darum, Fehlentwicklungen, die im Laufe der Jahrhunderte die eigentlichen Aussageabsichten überwuchert und zum Teil ins Gegenteil verkehrt hatten, zu beseitigen und wieder mehr zum Ursprünglichen zurückzukehren.

Wichtige Änderungen im Rahmen der Meßfeier waren: Die Gemeinde sollte durch verschiedene Dienste aktiv am Gottesdienstgeschehen teilhaben – z.B. LektorIn, KantorIn, KommunionhelferIn; das Konzil sprach hier von einer „tätigen Teilnahme der Gläubigen"; der Wortgottesdienst wurde als ein Hauptteil der Liturgie aufgewertet; die Messe sollte in der Regel in der jeweiligen Landessprache gefeiert werden, damit jeder mitbeten und -singen kann; der Priester zelebriert zum Volk hin und nicht am Hochaltar. All dies sollte wieder deutlich machen, daß die Gemeinde als ganze Liturgie feiert.

Der Aufbau der Messe und die Bedeutung der einzelnen Teile sind dadurch wieder klar ersichtlich geworden: Die *Eröffnung* führt die Gemeinde in den Gottesdienst ein und bereitet die TeilnehmerInnen auf die Feier vor. *Wortgottesdienst* und *Eucharistiefeier* bilden die beiden großen Hauptteile der Messe. Christus ist im Wort der Schrift und in Brot und Wein bei der Meßfeier gegenwärtig. Sein Wort gilt auch für uns heute: Wo zwei oder drei in meinem Namen versammelt sind, da bin ich mitten unter ihnen (Mt 18,20). Bei der *Entlassung* werden wir gesegnet und ausgesendet, den Frieden Christi weiterzugeben („Geht hin in Frieden"). Etwas von dem, was wir in dieser Feier von der Liebe Christi hören und erfahren durften, soll auch in unserem Alltag und im Umgang mit anderen Menschen spürbar werden. Der Gottesdienst soll sich in unserem Leben fortsetzen.

Der Aufbau der Messe

Die Eröffnung

Oft sind wir mit unseren Gedanken noch anderswo, wenn wir zum Gottesdienst gehen. Das *Eröffnungslied* und die *Begrüßung* wollen uns auf die Messe einstimmen und uns bereitmachen, gemeinsam diese Feier zu begehen. Doch zunächst stellen wir uns unter das Kreuz, das Zeichen unserer Erlösung. Indem wir das Kreuzzeichen machen, zeigen wir, daß wir uns „im Namen des Vaters, des Sohnes und des Heiligen Geistes" im Gottesdienstraum versammelt haben.

Auch das anschließende *Schuldbekenntnis* dient der Vorbereitung: Wir überlegen und bekennen gemeinsam unsere Schuld, die durch unsere Lieblosigkeit und unsere Fehler erwachsen ist, auch deshalb, weil wir zu wenig Gutes getan haben, dort, wo es nötig war und es in unserer Macht lag: „Ich bekenne Gott, dem Allmächtigen, und allen Brüdern und Schwestern, daß ich Gutes unterlassen und Böses getan habe ..."

Mit dem altchristlichen *Kyrie*-Ruf: „Herr, erbarme dich" (oder griechisch: Kyrie eleison, Christe eleison, Kyrie eleison) erkennen wir an, daß Jesus unser Herr ist, und bitten um sein Erbarmen. Es ist von seinem Ursprung her ein Begrüßungs- und Verherrlichungsruf.

An den Sonntagen außerhalb der Advents- und Fastenzeit und an Festtagen wird anschließend der Lobgesang angestimmt, dessen Anfang uns im Weihnachtsevangelium als Gesang der Engel überliefert ist: „Ehre sei Gott in der Höhe und Friede auf Erden den Menschen ..." (oder lateinisch: Gloria in excelsis Deo). Wir nennen diesen Teil der Messe nach dem lateinischen Textanfang, also: *Gloria*.

Das anschließende *Tagesgebet* leitet zum Wortgottesdienst über. Es gehört zusammen mit dem Gabengebet (Gebet zur Gabenbereitung) und dem Schlußgebet zu den sogenannten Amtsgebeten des Priesters. An Festtagen benennt das Tagesgebet jeweils den Hauptgedanken der Feier. Diese Gebete richtet der Priester im Namen aller an Gott. Die Gemeinde bekräftigt jedes Gebet am Ende mit „Amen" – Ja, so sei es!

Der Wortgottesdienst

Im Mittelpunkt des ersten Hauptteils der Messe steht das Wort Gottes: seine Verkündigung in den Lesungen und im Evangelium und seine Auslegung in der Predigt.

Während in anderen Ländern fast immer eine Lesung aus dem Alten Testament (oder aus der Apostelgeschichte) *und* ein Text aus den Briefen des Neuen Testaments vorgetragen wird, beschränkt man sich im deutschsprachigen Raum vielfach auf nur eine Lesung (zur Leseordnung: vgl. Kap. Liturg. Bücher S. 51 f). Nach der (ersten) Lesung folgt als

Antwort der Gemeinde auf das Wort Gottes der *Antwortpsalm*. Häufig nennt man ihn auch Antwortgesang oder Zwischengesang. Er kann vom Kantor/von der Kantorin im Wechsel mit der Gemeinde gesungen oder vom Lektor/von der Lektorin abwechselnd mit den GottesdienstteilnehmerInnen gesprochen werden. Oft ist es üblich, statt dessen ein Lied aus dem „Gotteslob" zu singen, in dem Gedanken der Lesung aufgegriffen werden. Selbstverständlich ist dort, wo geeignete KantorInnen zur Verfügung stehen (Kantorenschulungen!), dem Wechselgesang der Vorzug zu geben.

Vielerorts wird nun das Evangelienbuch oder eventuell auch das Lektionar vom Priester oder Diakon in einer kleinen Prozession zum Ambo gebracht. Zumindest bei festlichen Gottesdiensten ist die sogenannte Evangelienprozession mittlerweile fast überall üblich. Zwei MeßdienerInnen tragen Leuchter und stellen sich während des Evangeliums zu beiden Seiten des Ambo. Zur Verehrung Christi, der in seinem Wort unter uns ist, kann das Evangelienbuch beweihräuchert werden. Der *Ruf vor dem Evangelium* (Halleluja), den die Gemeinde unterdessen anstimmt, will die Freude über Christus und seine frohe Botschaft ausdrücken.

Die Verkündigung des *Evangeliums* ist der Höhepunkt des Wortgottesdienstes. Der Priester oder Diakon liest einen Abschnitt aus der Frohen Botschaft nach Matthäus, Markus, Lukas oder Johannes. Vor allem in den Sonntagsgottesdiensten wird dann in der anschließenden Predigt (oder lat. Homilie = Predigtauslegung) das Wort Gottes ausgelegt.

An Sonn- und Feiertagen bekennen wir nach der Predigt im Credo unseren Glauben. Das *Glaubensbekenntnis* wurde erst im Mittelalter in die Messe aufgenommen. Ursprünglich war es ausschließlich Bestandteil der Tauffeier, wo es noch heute einen wichtigen Platz einnimmt. Im „Gotteslob" findet sich eine Reihe von Liedern, in denen wir unseren Glauben auch singend bekräftigen können.

Die *Fürbitten* beenden den Wortgottesdienst. Der Gottesdienstleiter eröffnet in der Regel die Gebete, der Lektor/die Lektorin nennt die Anliegen im Auftrag der Gemeinde. Sie sind in erster Linie Bitten für andere und sollten vier große Bereiche umfassen: die Weltkirche; die Regierungen und ihre Arbeit; Menschen, die in Not und Bedrängnis sind; die eigene Gemeinde.

Die Eucharistiefeier

Mit der *Bereitung der Gaben* für die Eucharistiefeier beginnt der zweite Hauptteil der Messe. Die Gaben werden von Ministranten oder KommunionhelferInnen zum Altar gebracht – stellvertretend für die ganze Gemeinde. Auch die Kollekte, die meist für Arme und Bedürftige bestimmt ist, ist von ihrem Sinn her eine Gabe der Gemeinde und sollte vom Küster, von den MinistrantInnen oder von Gemeindemitgliedern in der Nähe des Altars abgestellt werden.

Der Priester hält nacheinander Hostienschale und Kelch vor Gott hin und spricht ein begleitendes Gebet. Danach folgt die Händewaschung. Auf das *Gabengebet* des Priesters antwortet die Gemeinde mit „Amen".

Im Mittelpunkt der Eucharistiefeier steht das *Eucharistische Hochgebet.* Dieses große Lob- und Dankgebet umfaßt unter anderem „Präfation" (= Einleitung); „Sanctus" („Heilig, heilig ...") und „Einsetzungsbericht" (Wandlung).

Die *Präfation* beginnt mit Wechselrufen zwischen Priester und Gemeinde. Der Priester dankt Gott im Namen aller für seine großen Taten und für bestimmte Ereignisse, die wir in den jeweiligen Zeiten des Kirchenjahres feiern.

Mit dem anschließenden *Sanctus* übernimmt die Kirche Gedanken und Gebetsrufe aus dem Alten und Neuen Testament. Der Gebetsschluß „Hosanna" ist ein hebräischer Lobruf.

Der Höhepunkt des Eucharistischen Hochgebets ist die *Wandlung* mit den Einsetzungsworten, den Worten, die uns als Worte Jesu im Abendmahlssaal überliefert sind. Der Priester sagt sie stellvertretend für Christus, der sich uns in Brot und Wein schenken will. Daß es sich hier um ein „Geheimnis des Glaubens" handelt, spricht der Priester oder Diakon nach den Einsetzungsworten aus.

Das *Vaterunser* lehrte Jesus seine Jünger, als diese baten: Herr, lehre uns beten. Es ist bis heute das wichtigste Grundgebet der Christen geblieben, an dieser Stelle aber auch das Tischgebet der Eucharistiefeier.

Nach dem *Friedensgruß* des Priesters und der Antwort der GottesdienstteilnehmerInnen wünschen sich in den meisten Gemeinden die Christen untereinander den „Frieden des Herrn" und reichen sich dabei zum Zeichen des Friedens und der Versöhnung die Hand. Sinnvoll wäre es sicher, wenn der Gottesdienstleiter hin und wieder einige Sätze zur Erklärung sagen würde, etwa in dem Sinn, daß es hier wirklich darum geht, den eigenen Friedenswillen zu bekunden und die Versöhnung mit allen Menschen unserer Umgebung zu suchen, damit dieser Ritus nicht zum bloßen Händeschütteln verkommt.

„*Lamm Gottes*, du nimmst hinweg die Sünde der Welt, erbarme dich unser" und „... gib uns deinen Frieden", so beten wir vor dem Kommunionempfang. Das Gebet erinnert an das Paschamahl der Juden beim Auszug aus Ägypten und vergleicht Christus mit einem unschuldigen, reinen Lamm, das für uns geopfert wurde (vgl. 1 Petr 1,18). Sein Blut ist Zeichen des Neuen Bundes.

Während das „Agnus Dei", so die lateinische Bezeichnung, gebetet oder gesungen wird, bricht der Priester das Brot. Brotbrechung nannten die

Urchristen auch die gesamte Mahlfeier. Diese Handlung gibt zunächst einen Hinweis auf den Opfertod Christi („Wie Brot, das gebrochen wird"). In dieser symbolischen Handlung kommt aber auch besonders gut zum Ausdruck, daß wir alle zu diesem Mahl eingeladen sind und von einem Brot essen. „Kommunion" heißt übersetzt Gemeinschaft. Auch wenn wir heute nicht mehr (oder noch nicht wieder) die persönlichere Form einer gottesdienstlichen Hausgemeinschaft erleben, wie sie in der frühen Christenheit gegeben war, so bleibt doch auch heute die Einladung und das Angebot Christi an uns: In der Kommunion dürfen wir uns mit Christus, aber auch untereinander eins wissen.

Bei der *Einladung zur Kommunion* hebt der Priester die Hostie empor und spricht mit den Worten Johannes' des Täufers: „Seht das Lamm Gottes, das hinwegnimmt die Sünde der Welt." Das sich anschließende „Herr, ich bin nicht würdig ..." greift die Bitte auf, mit der ein heidnischer Hauptmann Jesus um die Heilung seines kranken Dieners bat (vgl. Mt 8,5–13; Lk 7,1–10).

Durch den *Empfang der Kommunion*, so soll damit zum Ausdruck kommen, können wir heil werden, können wir wieder neu anfangen. Mittlerweile ist es fast überall üblich, daß – zumindest bei den Sonntagsgottesdiensten – KommunionhelferInnen ihren Dienst versehen.

Wenn in den meisten Messen nur der Leib Christi, das Brot, ausgeteilt wird, so ist es doch möglich, bei besonderen Festen und Anlässen die Kommunion unter beiden Gestalten zu empfangen. Solche Gelegenheiten sind zum Beispiel: Gottesdienste mit geringerer Teilnehmerzahl; Erstkommunion; Gründonnerstag; Messe mit Trauung (Brautpaar). Der/die KüsterIn muß darauf achten, daß genügend Wein zur Konsekration bereitsteht (mehrere Kelche?).

Nach der Kommunion ist ein Danklied vorgesehen. Das *Schlußgebet* des Priesters beendet die Eucharistiefeier.

Die Entlassung

Segen und *Entlassungsgruß* („Gehet hin in Frieden") stehen am Ende der Meßfeier. Der Auszug von Priester und MeßdienerInnen wird meist von Orgelspiel begleitet.

ⓥ *Vorbereitungen und Aufgaben in Sakristei und Gottesdienstraum*

Der/die KüsterIn sollte nach Möglichkeit mindestens eine halbe Stunde vor Gottesdienstbeginn in der Sakristei sein bzw. die Kirche aufschließen. Meist wird dabei auch das erste Innenlicht und bei Bedarf auch die Außenbeleuch-

tung *eingeschaltet. Besonders im Winter ist darauf zu achten, daß genügend Helligkeit vorhanden ist, um eine Verletzungsgefahr auszuschließen.*

Soweit ein Opferkerzenständer *im Gottesdienstraum vorhanden ist, wird dort eine Kerze entzündet, an der die Gläubigen dann weitere Lichter entzünden können. Im Winter ist die* Heizung *rechtzeitig einzuschalten, falls sie nicht automatisch gesteuert wird.*

Sofern kein elektrisches Läuteprogramm installiert ist, sind die Glocken *nach dem (ortsüblichen) Läuteplan einzuschalten – zum Beispiel eine halbe Stunde vor Gottesdienstbeginn ca. 5 Minuten lang eine Glocke; eine viertel Stunde vor Gottesdienstbeginn dann alle/mehrere Glocken; kurz vor Beginn der Messe alle/mehrere Glocken läuten. Falls Sie Ihren Dienst neu in einer Gemeinde beginnen, sollten Sie sich rechtzeitig nach den örtlichen Gepflogenheiten erkundigen. Doch unabhängig von der Reihenfolge: auf jeden Fall die Glocken nacheinander und nicht gleichzeitig einschalten, also zunächst einschwingen lassen.*

Glockenläuten vor Gottesdienstbeginn in unserer Gemeinde:
Vorläuten: . . . .
Läuten: . . . .
. . . .
Beim Evangelium: . . . .
Bei der Wandlung: . . . .

In der Sakristei

Zunächst ist es hilfreich, sich anhand des Direktoriums zu vergewissern, welche formalen Vorgaben zu beachten sind: welcher Sonntag im Jahreskreis gefeiert, welches Fest/Hochfest begangen wird bzw. in welcher Woche des Kirchenjahrs der Gottesdienst stattfindet; welche Lesungen und Evangelien für den heutigen Tag vorgesehen sind und welche liturgische Farbe.

Falls vom Priester *nicht anders gewünscht, sind auf dem Ankleidetisch die Paramente – entsprechend der liturgischen Tagesfarbe – auszulegen: zuerst das Meßgewand (da zuletzt benötigt), dann die Stola, darauf die Albe (Knopf öffnen), daneben das Zingulum; auf die Albe wird – sofern verwendet – das Schultertuch gelegt.*

Bei Werktagsmessen oder Gottesdiensten in kleinen Gruppen wird eventuell vom Priester auch eine Mantelalbe mit Stola getragen.

Falls ein Diakon *anwesend ist: Albe (und Zingulum), Stola und, falls verwendet (eventuell bei einem feierlichen Gottesdienst): Dalmatik.*

Für die MinistrantInnen *sind ebenfalls die Gewänder – soweit vorhanden – in der liturgischen Farbe bzw. bei Mantelalben mit dem entsprechenden Zingulum bereitzuhalten.*

Außerdem: *Tragleuchter mit Kerzen oder Flambeaus (zum Evangelium und/oder zum Hochgebet).*
Zusätzlich bei festlichen Gottesdiensten oder zu besonderen Anlässen: Weihrauch = Weihrauchfaß und Schiffchen; Weihwasser = Weihwasserkessel und Aspergill (Verwendung bei jedem Gottesdienst zum Bußakt möglich).

Für die Kredenz

Kelch, Purifikatorium und (falls üblich) Palla; darüber das Kelchvelum (weiß oder in der liturgischen Farbe, sofern vorhanden, in der gleichen Ausstattung wie Meßgewand, Stola usw.), darüber, in einer Burse, das Korporale; Hostienschale mit Hostien und einer Priesterhostie; falls üblich: zusätzlich eine Patene; Kännchen mit Wein und Wasser auf einem Tablett (wo üblich: zusätzlich Kanne und Wasserschale) und Lavabotuch zur Händewaschung.

Die liturgischen Bücher

Benötigt werden beim Priestersitz Meßbuch, (am Ambo) Lektionar und Evangeliar. Wo es üblich ist, kann auch die Kapellenausgabe des Meßbuchs am Priestersitz liegen, das große Meßbuch dann für die Eucharistiefeier am Altar (eventuell auf einem Meßpultständer). An manchen Orten wird auch das Meßbuch mit auf die Kredenz gelegt und dann erst zur Gabenbereitung zum Altar gebracht.
Wo ein Fürbittbuch benötigt wird, wird dieses ebenfalls für den Gottesdienst bereitgelegt.
Der/die KüsterIn kennzeichnet nach Möglichkeit bei den oben genannten liturgischen Büchern die für den Gottesdienst vorgesehenen Stellen durch Einlegen der Bändchen (s. S. 50).

Vorbereitungen im Altarraum

Der Altar soll mindestens mit einem Tuch bedeckt sein. Auf dem Altar oder in seiner Nähe befinden sich Kreuz und brennende Kerzen: zwei, vier oder sechs (bei Messen mit Bischof: sieben). Falls beim Einzug ein Kreuz mitgetragen wird, sollte es in der Nähe des Altars gestellt werden. Das Evangelienbuch kann auf den Altar gelegt werden, falls es vom Lektionar unterschieden ist und nicht in der Eingangsprozession mitgetragen wird (vgl. AEM 79). Geschmackvoller Blumenschmuck kann auf dem Altar stehen oder auch im Altarraum. Hier sollte man je nach der Zeit des Kirchenjahrs entsprechende Akzente setzen: also in der Adventszeit und österlichen Bußzeit weitgehend auf Blumenschmuck verzichten oder diesen sehr schlicht gestalten, in der Weihnachtszeit (Weihnachtsstern, Tannenschmuck) und in der Osterzeit (Frühlingsblumen) kann er entsprechend festlicher ausfallen, ohne überladen zu wirken, ebenfalls bei Marienfesten und im Marienmonat Mai („Marienaltar").

Der Tabernakelschlüssel *ist normalerweise vom Küster/von der Küsterin vor Gottesdienstbeginn einzuführen.*

Die Kerzen *(falls üblich, auch auf den Seitenaltären) sind etwa eine Viertelstunde vor Gottesdienstbeginn anzuzünden. Dabei ist auch zu prüfen, ob sie gerade auf dem Ständer stehen.*

Die übrigen Lichter *im Altar- und Kirchenraum sind einzuschalten; ebenso die* Lautsprecheranlage *(eventuell ist das Mikrofon anzuschrauben oder einzustecken).*

Letzte Vorbereitungen in der Sakristei
Falls gewünscht, kann der/die KüsterIn beim Ankleiden behilflich sein. Auf jeden Fall ist darauf zu achten, daß die Gewänder richtig sitzen und z.B. die Stola auf beiden Seiten gleichmäßig herabhängt.

Der Ministrantendienst bei der Messe

Kreuzzeichen

In der Sakristei:
Priester: Unsere Hilfe ist im Namen des Herrn.
MeßdienerInnen:
Der Himmel und Erde geschaffen hat.

Wo üblich:
MeßdienerInnen läuten die Eingangsglocke.

Die Eröffnung

Einzug
Zum Einzug Orgelspiel oder Eingangslied

Je nach Anzahl der MinistrantInnen (feierlicher Einzug) in folgender Reihenfolge: WeihrauchträgerIn, MeßdienerIn mit Vortragekreuz, LeuchterträgerInnen, AltardienerInnen, Priester; am Altar Kniebeuge (falls der Tabernakel in der Nähe des Altares ist) oder Verneigung (eventuell Beweihräucherung); MinistrantInnen gehen zu ihren Plätzen.

Kreuzzeichen: Im Namen des Vaters und des Sohnes und des Heiligen Geistes.

Begrüßung

Schuldbekenntnis
„Ich bekenne Gott, dem Allmächtigen ..."

Kyrie
„Herr, erbarme dich."
„Christus, erbarme dich."
„Herr, erbarme dich."

Gloria
(an Sonntagen außerhalb der Fasten- und
Adventszeit und an allen Festen)
„Ehre sei Gott in der Höhe ..."

Tagesgebet   (MinistrantIn hält das Meßbuch.)

Wortgottesdienst

(Erste) Lesung

Antwortpsalm

(Zweite Lesung)

Ruf vor dem Evangelium   Bei feierlichen Gottesdiensten: kleine Pro-
(außerhalb der Fastenzeit: Halleluja)   zession zum Ambo. Zwei MinistrantInnen
                                              mit Leuchtern (und der/die Weihrauchträ-
                                              gerIn) begleiten Priester oder Diakon mit
                                              Evangeliar (Lektionar) zum Ambo.

Evangelium

Predigt

Glaubensbekenntnis

Fürbitten

Eucharistiefeier

Gabenbereitung   MeßdienerInnen bringen leeren Kelch mit
Der Priester hebt nacheinander die Schale   Korporale und Kelchtuch (breiten das Kor-
mit Brot und den Kelch mit Wein vor Gott   porale aus, stellen den Kelch darauf). Meß-
hin und stellt sie auf den Altar.   diener oder Gläubige bringen Hostienschale
                                              mit Hostien; MeßdienerIn Kännchen mit
                                              Wein und Wasser.
                                              (Bei feierlichen Anlässen: Beweihräuche-
                                              rung des Altars)

Anschließend Händewaschung, danach Ga-   Zur Händewaschung bringt ein/e Mini-
bengebet   strantIn Wasserschale und Wasserkännchen
                                              und schüttet dem Priester etwas Wasser über
Unterdessen wird die Kollekte eingesam-   die Hände; ein/e zweite/r bringt das Hand-
melt   tuch.

Das eucharistische Hochgebet

(Großes Lob- und Dankgebet)

Präfation   Nach der Gabenbereitung stellen sich die
Sie beginnt mit den Wechselrufen zwischen   MinistrantInnen um den Altar, bei feierli-
Priester und Gemeinde: chen Gottesdiensten eventuell mit Kerzen.
P.:   Der Herr sei mit euch.

A.: Und mit deinem Geiste.
P.: Erhebet die Herzen.
A.: Wir haben sie beim Herrn.
P.: Lasset uns danken dem Herrn, unserm
Gott.
A.: Das ist würdig und recht.
P.: In Wahrheit ist es würdig und recht ...

Sanctus
„Heilig, heilig, heilig, Gott, Herr aller
Mächte und Gewalten. Erfüllt sind Himmel
und Erde von deiner Herrlichkeit.
Hosanna in der Höhe.
Hochgelobt sei, der da kommt im Namen
des Herrn.
Hosanna in der Höhe."

Fortsetzung des Lob- und Dankgebets:
In seinem Mittelpunkt die Wandlung, mit
den Worten Jesu:
Nehmet und esset alle davon:
Das ist mein Leib, der für euch hingegeben
wird.
Nehmet und trinket alle daraus:
Das ist der Kelch des neuen und ewigen
Bundes, mein Blut, das für euch und für alle
vergossen wird zur Vergebung der Sünden.
Tut dies zu meinem Gedächtnis.

Wo üblich, schellen oder läuten die MeßdienerInnen, wenn der Priester Brot und Wein
emporhebt.

P.: Geheimnis des Glaubens.
A.: Deinen Tod, o Herr, verkünden wir,
und deine Auferstehung preisen wir, bis
du kommst in Herrlichkeit.

Vaterunser

Friedensgruß
P.: Der Friede des Herrn sei allezeit mit
euch.
A.: Und mit deinem Geiste.

(Vor dem Vaterunser werden die Kerzen
und eventuell das Rauchfaß in die Sakristei
zurückgebracht.)

Agnus Dei/Brotbrechung
„Lamm Gottes, du nimmst hinweg die Sün-
de der Welt, erbarme dich unser." (2 ×)
„Lamm Gottes ... gib uns deinen Frieden."

Kommunion

Nach der Kommunion: MeßdienerIn bringt
das Wasserkännchen und gießt daraus Wasser zur Reinigung in den Kelch. Danach den
Kelch und gegebenenfalls die leere Hostienschale zurück zur Kredenz bringen.

Entlassung

Segen und Entlassung
P.: „Gehet hin in Frieden."
A.: „Dank sei Gott, dem Herrn."

Beim Auszug gehen alle nach einer Kniebeuge in derselben Reihenfolge in die Sakristei zurück wie beim Einzug.

Die Feier der Sakramente und Sakramentalien

Taufe, Hochzeit, Erstkommunion und Firmung gehören zu den kirchlichen Feiern, deren Vorbereitung durch den/die KüsterIn viel Sorgfalt und solides Wissen erfordert. Bevor ich im folgenden auf die einzelnen Sakramente, auf die kirchliche Begräbnisfeier und andere Sakramentalien näher eingehe, ist es sinnvoll, sich zunächst einmal grundsätzlich über die Sakramente und ihren Platz im kirchlichen Leben Gedanken zu machen.

Das lateinische „sacramentum" bedeutet dem Wortsinn nach heilige Sache, Heiliges. Sakramente sind also heilige Zeichen. Wir können auch sagen, sie sind Zeichen des Heilswirkens Christi, Zeichen, die bewirken, was sie sagen, und in denen uns Christus ganz besonders nahe ist.

In Jesus erfahren wir auf einmalige Weise die Güte und Menschenfreundlichkeit Gottes. Alles, was er uns gesagt hat und wie er gelebt hat, läßt uns etwas vom Wesen Gottes und seiner Liebe zu uns begreifen. Durch Jesus Christus empfangen wir aber auch immer wieder neu Gottes Gnade und Heil. Man könnte deshalb auch sagen: Christus ist *das* Ursakrament. So wie Gott in seinem Sohn Mensch geworden ist und in seinem täglichen Leben und Handeln den Menschen die frohe Botschaft von der Liebe des Vaters gebracht hat, so will er uns durch die Sakramente in den täglichen Dingen des Lebens begegnen: zum Beispiel im Übergießen mit Wasser bei der Taufe oder im Zeichen des Mahles, mit Brot und Wein, bei der Feier der Eucharistie. Er möchte uns mit seiner Güte und Liebe das ganze Leben lang helfend begleiten.

So lassen sich auch Parallelen zu den wichtigen Brennpunkten im Leben eines Menschen feststellen, obwohl man mit einer vorschnellen Gleichsetzung vorsichtig sein sollte, da die christlichen Kirchen hier ja sehr unterschiedliche Traditionen haben. (So feiert die orthodoxe Liturgie Taufe, Eucharistie und Firmung in einer gemeinsamen Feier in der Regel im Säuglingsalter.) Dennoch legen sich zumindest in unserem Kulturkreis (noch) folgende Vergleiche nahe: Geburt – Taufe; Reifung – Firmung; Nahrung/Mahl, Lebenserhaltung – Eucharistie; Schuld – Versöhnung; Ehe – Trauung; Führungsdienst – Ordination; Schwäche – Krankensalbung.

Das, was der Priester nach der Wandlung im Gottesdienst sagt, gilt jedoch auch für die übrigen Sakramente. Sakramente sind Geheimnisse des Glaubens, die wir letztlich nie ganz erfassen und begreifen können.

Sieben Sakramente gibt es in der katholischen Kirche, so haben wir sicher alle im Religionsunterricht gelernt. Das Konzil von Trient hat diese Zahl 1547 definiert; ebenso hat es betont, daß alle diese Sakramente von Jesus Christus eingesetzt wurden.

Ein kleiner Exkurs: Im Neuen Testament ist für die meisten Sakramente keine direkte Stiftung durch Jesus Christus genannt. Karl Rahner, einer der großen Theologen unseres Jahrhunderts, greift in einem diesbezüglichen Gedankengang auf die Vorstellung zurück, daß die Kirche als ganze sakramentalen Charakter hat, ja daß sie das eigentliche und universale Sakrament des Heiles ist. Er folgert dann: Wenn die Kirche nun Christus ihr Dasein verdankt, dann gehen auch jene Taten der Kirche, in denen sie ihre Sakramentalität, ihre Heilsaufgabe entscheidend verwirklicht, auf Christus zurück. Wenn Christus also auch nicht alle Sakramente im einzelnen und in ihrer verbindlichen Form eingesetzt hätte, so hat er sie doch mit der Kirche gesetzt.

Man spricht von verschiedenen Weisen der Gegenwart Christi, die im sakramentalen Geschehen miteinander verbunden sind: Christus ist gegenwärtig in der Gemeinde (deshalb ist es schön und vor allem auch wichtig, wenn bei der Feier der Sakramente neben den Angehörigen auch einige Gemeindemitglieder an der Feier teilnehmen), im Wort der Kirche = der sogenannten Spendeformel (z.B. „Ich taufe dich im Namen des Vaters, des Sohnes und des Heiligen Geistes") und im jeweiligen Spender, der ihn sozusagen „repräsentiert".
Die *Worte,* die der Priester bei der Sakramentenspendung spricht, erklären uns, welche Bedeutung dem Zeichen in diesem Zusammenhang gegeben ist. Man nennt sie deshalb auch „Deuteworte". Sie sind daher ebenso wichtig wie die *Handlung* selbst. Wir glauben, daß das, was die Handlung im Zeichen ausdrückt, durch den Geist Gottes tatsächlich in unserem Leben wirksam wird.
Gott nimmt uns aber auch in unserer Entscheidung ernst. Er steht zu seiner Zusage, uns durch diese „Heiligen Zeichen" zu stärken, tut dies jedoch nicht gegen unseren Willen. Jede Gabe wird erst zum Geschenk, wenn der Beschenkte sie annimmt und sie gebraucht. Das gleiche gilt auch für die Sakramente.

Außer den sieben Sakramenten Taufe, Firmung, Eucharistie, Buße, Krankensalbung, Weihe und Ehe – so die traditionelle Reihenfolge seit dem Konzil von Trient – gibt es noch andere, ähnlich zeichenhafte Handlungen, die man *Sakramentalien* (= sakramentenähnliche Handlungen) nennt. Im Unterschied zu den Sakramenten, so die kirchliche Tradition, werden diese nicht direkt auf Christus zurückgeführt. Zu ihnen gehören vor allem die verschiedenen Segnungen, zum Beispiel von Wasser, Kerzen, Palmzweigen, Bildern, Rosenkränzen, Häusern und ähnlichem (vgl. die Segnungen im „Benediktionale"). Der Blasiussegen, der am Abend des 2. Februar, besser am 3. Februar, gespendet wird, und die Austeilung des Aschenkreuzes am Aschermittwoch sind ebenfalls sakramentale Zeichenhandlungen. Auch die Beerdigungen gehören zu den Sakramentalien und sind deshalb diesem Kapitel zugeordnet.

DIE FEIER DER TAUFE

Die Taufe ist das erste und grundlegende Sakrament: Sie nimmt uns auf, gliedert uns ein in die Gemeinschaft der Christen. „Durch die Taufe werden alle, die an Christus glauben, in den Leib der Kirche eingegliedert und gewinnen Anteil an der Lebensfülle Christi, an seinem Geist" (Gemeinsame Synode der Bistümer in der BRD, Beschluß: Sakramentenpastoral, 1.1.1). Man bezeichnet Taufe, Kommunion und Firmung auch als Initiationssakramente, das heißt als Sakramente der Eingliederung in die Kirche. Dies zeigt schon, daß die Gemeinde für die Sakramentenspendung sehr wichtig ist. Die Kinder, Jugendlichen oder Erwachsenen werden in die Kirche, genauer in die jeweilige Ortskirche aufgenommen. Deshalb sollten bei der Feier der Taufe neben den Eltern, Taufpaten, Verwandten und Freunden nach Möglichkeit auch immer Gemeindemitglieder anwesend sein.

„Durch die Taufe auf den Tod werden wir mit Christus begraben, damit so, wie Christus durch die Herrlichkeit des Vaters von den Toten auferweckt wurde, auch wir in dieser neuen Wirklichkeit leben", heißt es im Brief des Apostels Paulus an die Römer (Röm 6,4). Durch die Taufe erhalten wir also Anteil an Tod und Auferstehung Christi und die Kraft des Heiligen Geistes, die uns befähigen soll, Zeugnis von unserem christlichen Glauben zu geben. Durch die Auferstehung Christi können auch wir zu neuem Leben auferstehen.

Deshalb ist die Osternacht eigentlich der schönste und passendste Tauftermin. Von altersher werden in der Osternacht Taufbewerber durch die Taufe in die Gemeinschaft der Christen aufgenommen. Jedoch werden in der Praxis selten Babys oder Kleinkinder während dieses langen Festgottesdienstes getauft. Sinnvoll ist es jedoch, wenn Kinder, Jugendliche oder Erwachsene in der Ostervigil getauft werden können. Der dritte Teil der Osternachtsfeier mit Allerheiligenlitanei und Segnung des Taufwassers wird als „Tauffeier" bezeichnet – und zwar unabhängig davon, ob Kinder oder Erwachsene in der Osternacht getauft werden oder nicht, da alle Anwesenden mit brennenden Kerzen ihr Taufversprechen erneuern.

Hier wird für die Taufe von dem geweihten Wasser genommen, ansonsten geht der Taufe eine Weihwasserweihe voraus.

Die sog. „Erwachsenentaufe" (s.u. S. 82 f) sollte auf jeden Fall möglichst innerhalb einer Meßfeier stattfinden, damit der oder die Getaufte anschließend ebenfalls die Eucharistie empfangen kann.

Falls die Osternacht, etwa bei Säuglingen oder Kleinkindern, als Tauftermin nicht in Frage kommt, sollte die Taufe an einem Sonntag, am Tag der Auferstehung Jesu, stattfinden, durchaus auch einige Male im Jahr innerhalb der Eucharistiefeier.

In den letzten Jahren ist die Taufe von Kleinkindern in die Krise geraten („Taufdefizit"). Ein Argument für die Taufe von Kleinkindern, die sich ja noch nicht selbst entscheiden können, ist der Geschenkcharakter der Taufe. Die Taufe ist in erster Linie Geschenk Gottes, sie kann nicht verdient werden. Deshalb kann sie auch schon Babys und Kleinkindern gespendet werden. Eltern, Paten und die übrigen Anwesenden – diese sozusagen „im Auftrag und Namen der ganzen Gemeinde" – bekennen dabei ihren Glauben an den Gott allen Lebens.

Voraussetzung ist natürlich der Wille der Eltern, das Kind christlich zu erziehen. In Ausnahmefällen können auch andere Verwandte, die mit dem Kind häufig zusammen sind, diese Aufgabe übernehmen.

Die Taufe wird vom Priester oder Diakon gespendet; jedoch kann jeder Christ, ja sogar jeder Mensch, der im Sinne und in der Absicht der Kirche handelt, in Notsituationen gültig taufen. Hierbei genügt die „Spendeformel", besser die Deuteworte: „N. (Name), ich taufe dich im Namen des Vaters, des Sohnes und des Heiligen Geistes", in Verbindung mit dem Übergießen des Wassers.

Diese Deuteworte und das Übergießen mit Wasser bilden auch den Kern jeder Tauffeier.

Die Zeichen und Symbole der Taufe

Das Wichtigste, was man für die Taufe benötigt, ist *Wasser*. Wasser reinigt, es belebt. Wasser ist lebensnotwendig. Vieles, was man über das Wasser sagen kann, trifft auch auf das Sakrament der Taufe zu. Mit der Taufe eines Menschen vergibt Gott ihm alle seine Schuld – früher verwendete man meist die Begriffe „Erbsünde" oder „Erbschuld" –, die Taufe reinigt und schenkt neues, ewiges Leben. Ohne Wasser gibt es kein Leben, es vertrocknet alles. Die Täuflinge in den ersten christlichen Jahrhunderten wurden bei der Taufe ganz untergetaucht. Dies zeigte anschaulich, daß wir „mit Christus gestorben und auferstanden" sind. Eine solche Symbolik läßt sich beim Übergießen, wie es heute in den meisten Ländern geschieht, nicht mehr so deutlich ablesen.

Die *Taufkerze*, die die Eltern für den Täufling in Händen halten, wird an der Osterkerze entzündet. Auch das ist ein Zeichen dafür, daß wir durch Christus zu einem neuen, unvergänglichen Leben „auferstanden" sind. Licht macht hell und warm. Christus will unser Leben hell machen, warm und freundlich; er will für unser Leben das Beste.

Die weiße Farbe des *Taufkleides*, das dem Kind bei der Taufe überreicht wird, steht für Feierlichkeit und Freude. Jesus nennt es in einem Gleichnis das „hochzeitliche Gewand", und Paulus schreibt: „Zieht den neuen Menschen an, der nach Gottes Bild geschaffen ist ..." (Eph 4,24). An anderer Stelle heißt es „Denn ihr alle, die ihr auf Christus getauft seid, habt Christus als Gewand angelegt" (Gal 3,27; vgl. auch Röm 13,14).

Der „Weiße Sonntag" hat ja nicht, wie man fälschlicherweise annehmen könnte, seinen Namen von den weißen Kleidern der Erstkommunikantinnen, sondern von den Taufkleidern, die in den frühchristlichen Jahrhunderten von den erwachsenen Getauften von Ostern bis zum „Weißen Sonntag" getragen wurden.

Der Täufling wird mit *Chrisam*, einem vom Diözesanbischof am Gründonnerstag geweihten Öl, gesalbt. Könige, Priester und Propheten wurden – bzw. werden – mit kostbarem Öl gesalbt. Dieses Zeichen ist damit auch ein Hinweis auf das allgemeine Priestertum. Die Wörter Chrisam und Christus werden von demselben griechischen Begriff abgeleitet. Christus heißt: der Gesalbte.

Weitere symbolische Handlungen, die jedoch freigestellt sind, sind die *Salbung mit Katechumenenöl* und der *Effata-Ritus* nach der Übergabe der Kerze. Der Zelebrant berührt dabei Ohren und Mund und verweist auf das Wort „Effata – Öffne dich", mit dem Jesus einen Taubstummen heilte. Bei der Erwachsenentaufe ist damit eine zweite Aussageabsicht verbunden. Die „Öffnung des Mundes" verweist darauf, daß der Getaufte stimmberechtigt, also ein vollgültiges Mitglied der Kirche ist und „Rederecht" hat.

Der Aufbau der Tauffeier

Eröffnung der Feier

Sofern die Taufe nicht innerhalb einer Meßfeier stattfindet, *begrüßt der Priester oder Diakon die Eltern, Paten und Angehörigen* des Täuflings/der Täuflinge am Eingang der Kirche. Je nach den örtlichen Gegebenheiten nehmen die TeilnehmerInnen der Tauffeier möglichst in der

Nähe des Taufbrunnens in den Kirchenbänken oder auf Stühlen Platz, eventuell auch im Chorraum.

Im anschließenden *Gespräch mit den Eltern* fragt der Zelebrant nach dem *Namen* und nach dem *Taufwunsch* der Eltern.

Wortgottesdienst

Zum folgenden Wortgottesdienst gehören *Lesung, Antwortgesang* und eine *Ansprache.* Der Zelebrant *bezeichnet* anschließend den Täufling/die Täuflinge *mit einem Kreuz.* Die Eltern und dann auch die PatInnen zeichnen dem Kind ebenfalls ein Kreuz auf die Stirn. Die *Fürbitten* beginnen mit der Anrufung der Heiligen, vor allem der Namenspatrone der Kinder. Nach den Fürbitten streckt der Zelebrant beide Hände über die Kinder aus und spricht ein *Gebet* für sie.

Falls der Täufling/die Täuflinge mit *Katechumenenöl* auf der Brust gesalbt wird/werden, geschieht das an dieser Stelle der Feier.

Spendung der Taufe

Soweit es möglich ist, sollte die Taufe am Taufbrunnen gespendet werden. Wenn die Taufe nicht dort gespendet wird, wo der Wortgottesdienst stattgefunden hat, treten die Eltern und PatInnen nun heran, die übrigen Anwesenden bleiben an ihrem Platz.

(Außerhalb der Osternacht:) Wenn alle am Taufbrunnen versammelt sind, wird mit einem *Lobpreis und der Anrufung Gottes über dem Wasser* die *Taufwasserweihe* eingeleitet. Es folgt die *Absage an das Böse* und das *Glaubensbekenntnis.* Danach die Taufe mit den Worten: „N. (Name), ich taufe dich im Namen des Vaters und des Sohnes und des Heiligen Geistes." Dabei übergießt der Zelebrant den Kopf des Kindes (Jugendlichen oder Erwachsenen) mit Wasser. Es folgt die *Salbung mit Chrisam* sowie die *Übergabe von Taufkleid* und *Taufkerze.* Nach Möglichkeit soll der Vater des Kindes oder der Pate/die Patin die Taufkerze an der Osterkerze entzünden, notfalls kann dies auch ein Ministrant tun und die Kerze dem Vater überreichen. Wie oben bereits gesagt wurde, bleibt es dem Zelebranten überlassen, ob er an dieser Stelle den *Effata-Ritus* anfügen möchte.

Abschluß der Tauffeier

Der Abschluß der Tauffeier wird durch das *Vaterunser* eingeleitet; es folgen *Segen* und *Entlassung.* In manchen Gemeinden wird anschließend am Marienaltar oder vor einer Marienstatue noch ein Gebet gesprochen oder ein Lied zum Lob der Gottesmutter gesungen.

Vorbereitungen in Sakristei und Kirchenraum

Die Vorbereitungen zur Taufe richten sich nach der Anzahl der Täuflinge und nach der Altersstufe (Kleinkind/er, Kind/er, Erwachsene/r).
Falls die Taufe innerhalb einer Meßfeier stattfindet, wird sie mit dem Wortgottesdienst verbunden und folgt nach Evangelium und Predigt.
Bei einer Taufe in der Osternacht wird sie nach der Allerheiligenlitanei und der Segnung des Taufwassers innerhalb der sog. „Tauffeier" vorgenommen.

In der Sakristei:
Für den Priester oder Diakon: *Mantelalbe bzw. Albe, Zingulum (Schultertuch) und weiße Stola; oder Talar, Chorrock und weiße Stola; eventuell Chormantel.*
Für die MinistrantInnen: *Ministrantenkleidung.*
Das Taufrituale: „Die Feier der Kindertaufe", die „Feier der Kinder im Schulalter" oder „Die Feier der Eingliederung Erwachsener" bereitlegen.
Die Gefäße mit Chrisam (und Katechumenenöl) sowie Watte bereithalten (für die MinistrantInnen, falls anwesend) bzw. an den Taufort bringen.
Ein Hinweis: Die unterschiedlichen Ölgefäße sind in der Regel gekennzeichnet; oft tragen sie lateinische Abkürzungen: für das Chrisam SC. oder S. Chr. (= Sanctum Chrisma), für das Katechumenenöl O.C. oder O. Cat. (= Oleum catechumenorum).

Am Taufort *(nach Möglichkeit am Taufbrunnen):*
Die Osterkerze sollte außerhalb der Osterzeit hier ihren Platz haben, ansonsten an die entsprechende Stelle bringen und entzünden; Wasser (vom Taufbrunnen oder aus der Leitung nehmen – bei fließendem Wasser vorher anwärmen!), Taufgerät (Kanne oder Schale), Tuch zum Abtrocknen (Lavabotuch); Taufkerze und eventuell „Taufkleid/er".

Im Kirchenraum:
Die Altarkerzen entzünden; wenn notwendig, Stühle stellen, Lied- oder Gebetstexte verteilen o.ä.
Eventuell erhalten Sie von der Familie des Täuflings das „Familienbuch" oder „Stammbuch"; dann ans Pfarrbüro weiterleiten, wo die Taufeintragung vorgenommen wird.

Besonderheiten in unserer Gemeinde· . . . .
. . . .
. . . .
. . . .

Der Ministrantendienst bei der Taufe

(Hier läßt sich auch der Ablauf der Taufe noch einmal genau nachvollziehen.)

Eröffnung der Feier
Begrüßung der Eltern und Paten am Eingang der Kirche oder dort, wo Eltern und Paten sich mit den Täuflingen und der Gemeinde versammelt haben.

MeßdienerInnen begleiten den Priester oder Diakon

Gespräch mit den Eltern
Frage nach dem Namen des Kindes und nach dem Taufwunsch der Eltern

Wortgottesdienst
Einladung zum Wortgottesdienst

Lesungen

MeßdienerIn hält gegebenenfalls die entsprechenden Bücher („Die Feier der Kindertaufe", Lektionar).

Predigt

Die Eltern (und Paten) zeichnen dem Kind ein Kreuz auf die Stirn.

Fürbitten

(Salbung mit Katechumenenöl)

(MeßdienerIn bringt Katechumenenöl und einen Wattebausch.)

Spendung der Taufe
Taufwasserweihe (wenn Taufe außerhalb der Osterzeit erfolgt)

(MeßdienerIn bringt Kanne mit Taufwasser.)

Absage an das Böse und Glaubensbekenntnis

Taufe: Der Zelebrant spricht „(Name), ich taufe dich im Namen des Vaters und des Sohnes und des Heiligen Geistes."

MeßdienerInnen bringen die Kanne mit Taufwasser, Schale zum Auffangen des Wassers und ein Handtuch.

Salbung mit Chrisam

MeßdienerIn bringt Chrisamgefäß und Wattebausch.

Überreichung des weißen Kleides

(MinistrantIn reicht Taufkleid.)

Die Taufkerze wird an der Osterkerze entzündet.
Übergabe der brennenden Taufkerze

Wenn nicht Vater (Pate):
MinistrantIn entzündet Taufkerze an der Osterkerze.

Abschluß der Tauffeier
Vaterunser

Segen
Der Segen wird zuerst über die Mutter/die
Mütter, dann über den Vater/die Väter, zu-
letzt über alle Anwesenden gesprochen.

Schlußlied

(In manchen Gemeinden wird anschließend
noch gemeinsam vor dem Marienaltar gebetet oder ein Lied gesungen.)

Erwachsenenkatechumenat und Erwachsenentaufe

Immer häufiger bitten Jugendliche und Erwachsene um die Taufe. Während die Erwachsenentaufe im Neuen Testament der Normalfall war und
auch in anderen Kontinenten nicht ungewöhnlich ist, gewinnt sie in
Europa erst in den letzten Jahren zunehmend an Bedeutung.
„Die Feier der Eingliederung Erwachsener" sieht in ihrer Vollform eine
Einführung in drei Stufen vor: 1. Feier der Aufnahme in den Katechumenat; 2. Feier der Zulassung zur Taufe; 3. Feier der Sakramente des Christwerdens (Taufe, Firmung und Eucharistie). Danach folgt im weiteren Sinn
die Phase der Vertiefung und Einübung.
Daneben gibt es für Kinder im Schulalter eine eigene Form (darunter
fallen z.B. auch Taufen in Verbindung mit der Erstkommunionvorberei-
tung).

 Vorbereitungen:
Für die Feier der Aufnahme *(früher: Feier der Annahme): Neben den liturgi-
schen Gewändern für den Zelebranten, in der Regel Albe und Stola: Exem-
plar(e) des Neuen Testaments; Kreuz(e) für den/die BewerberInnen; eventuell
Salz und Katechumenenöl.*
Für die Feier der Zulassung *(früher: Feier der Einschreibung): Liturgische
Gewänder; Glaubensbekenntnis, Vaterunser.*
Die Feier der Sakramente des Christwerdens: *Sie umfaßt Taufe, Firmung und
Eucharistie. Vorzubereiten sind die auch sonst bei diesen Feiern üblichen
Gewänder und Gegenstände.*

Außerdem gibt es für Ausnahmefälle eine verkürzte Form, die aus einer
zusammenhängenden Feier besteht.
Bei einer dreistufigen Form empfiehlt sich folgender Zeitplan: Die Feier
der Aufnahme: etwa zu Beginn des Vorjahres; die Feier der Zulassung: zu
Beginn der österlichen Bußzeit; Die Feier der Sakramente des Christwerdens: in der Osternacht.

DIE FEIER DER FIRMUNG

Im Sakrament der Firmung schenkt Gott uns in seinem Heiligen Geist auf besondere Weise die Kraft, als Christ zu leben und in Wort und Tat Zeugnis von unserem Glauben zu geben (vgl. auch die „Pfingstgeschichte", Apg 2,1 ff). Der Geist Gottes bewegt und verändert die Menschen, wenn sie sich für ihn öffnen. Die Bibel hat viele Bilder für sein Wirken. Bereits im ersten Buch der Bibel, der Genesis, lesen wir: Bei der Schöpfung schwebte der Geist Gottes über dem Wasser; am Pfingsttag beschreiben Sturmwind und Feuer seine lebendige und verändernde Kraft. Die Darstellung der Taube (z.B. bei der Taufe Jesu, Mt 3, 13–17 u.a.), wie wir sie auch auf vielen Gemälden finden, vielleicht auch in Ihrer Kirche, weist auf Frieden und Versöhnung hin.

Zusammen mit der Taufe und der Eucharistie gehört die Firmung zu den sog. Initiationssakramenten – zu den Sakramenten der Eingliederung. Nur wer getauft ist, kann das Sakrament der Firmung empfangen. Die Firmung baut auf der Taufe auf.

Der Spender der Firmung ist der Diözesanbischof, einer seiner Stellvertreter oder vom Bischof besonders für diesen Dienst ernannte Priester seiner Diözese. Im Notfall oder etwa bei der Taufe von Erwachsenen, die am gleichen Tag zum ersten Mal zum Tisch des Herrn gehen und gefirmt werden, spendet meist der zuständige Pfarrer auch das Sakrament der Firmung.

Der Bischof oder sein Stellvertreter streckt bei der Firmung die Hände über die Firmlinge aus und ruft im Gebet den Heiligen Geist auf sie herab. Dann zeichnet er jedem einzelnen das Kreuzzeichen auf die Stirn. Dabei spricht er: „Sei besiegelt durch die Gabe Gottes, den Heiligen Geist." Zugleich salbt er die Stirn mit *Chrisam*, ähnlich wie bei der Taufe (vgl. S. 78).

Der Ablauf des Firmgottesdienstes

Beim feierlichen Einzug tragen die MinistrantInnen das Vortragekreuz und zwei Leuchter, es folgen AltardienerInnen, (Diakon und) Priester, Bischof bzw. Firmspender, eventuell der Bischöfliche Kaplan, Stab- und Mitraträger (mit Velen). Nach dem Altarkuß des Firmspenders geht dieser zum Priestersitz, alle anderen zu den Sedilien; auch die MinistrantInnen gehen zu ihren Plätzen. Falls ein Bischof die Firmung spendet, stehen Stab- und MitraträgerInnen in der Nähe des Bischofs, also beim Priestersitz.

Der Ortspfarrer begrüßt den Bischof/Firmspender, danach auch die Firmlinge mit ihren Angehörigen.

Der anschließende Wortgottesdienst entspricht dem einer Gemeindemesse. Während das Evangelium verlesen wird, hält der Bischof den Bischofsstab; während seiner Ansprache (Homilie) trägt er Stab und Mitra. Mit dem *Glaubensbekenntnis* der Firmlinge wird die Spendung der Firmung eingeleitet. Mit ausgebreiteten Händen betet der Bischof um die Kraft und den Beistand des Heiligen Geistes für die Firmlinge.

Der Bischof oder Firmspender geht nun zum Ort der Firmung (vor den Altar). Ein Assistent (Ortspfarrer, Diakon o.ä.) reicht dem Firmspender das Chrisam. Die Firmlinge treten zu zweit nach vorn, begleitet von den Paten. Diese legen bei der Firmung, zum Zeichen ihrer Patenschaft, die rechte Hand auf die Schulter des Firmlings. Der Firmling nennt seinen Namen. Der Firmspender zeichnet dem Firmling mit Chrisam ein Kreuz auf die Stirn und spricht: „N. (Name), sei besiegelt durch die Gabe Gottes, den Heiligen Geist." Der Gefirmte antwortet „Amen". Der Bischof verabschiedet den Firmling mit den Worten: „Der Friede sei mit dir." Während der Pate zur Bank zurückgeht, tritt der Firmling zum nebenstehenden Priester, der ihm gegebenenfalls herabfließendes Öl mit Watte abreibt. (Eventuell wird ihm hier ein Andenken, ein Bild o.ä., überreicht. Dies kann aber auch zum Beispiel nach dem Gottesdienst an die Gefirmten ausgeteilt werden.)

Nach der Salbung wäscht der Bischof sich am Firmplatz die Hände. MinistrantInnen reichen eine Wasserschale, Seife, Handtuch, Schale mit Brotkrumen oder Salz.

Nach der Händewaschung geht der Firmspender zum Priestersitz zurück. Es folgen die Fürbitten für die Neugefirmten, ihre Eltern und Paten, für die ganze Kirche und alle Menschen.

Nun schließt sich die Eucharistiefeier in Konzelebration mit den anwesenden Priestern an. Eventuell ist für die Gefirmten (ihre Eltern und Paten?) eine Kommunion unter beiden Gestalten vorgesehen.

Den feierlichen Schlußsegen erteilt der Bischof mit Stab und Mitra.

Der große Auszug kann entweder direkt zum Kirchplatz führen oder in die Sakristei, zum Ablegen der Gewänder.

Ⓥ ### Vorbereitungen auf dem Kirchplatz, in Sakristei und Kirchenraum

Der Termin für die Firmung, die in der Regel innerhalb einer Meßfeier gespendet wird, liegt meist schon sehr früh fest, so daß genügend Zeit für die Vorbereitung bleibt.

Bei den Vorbereitungen ist u.a. zu bedenken, ob der Bischof oder ein Weihbischof die Firmung spendet: Die Gewänder werden mitgebracht, zwei zusätzli-

che MinistrantInnen werden benötigt, um den Bischofsstab zu halten; ein zusätzlicher Sitz für den Bischofskaplan muß eingeplant werden. Falls ein Bischof die Firmung spendet, ergehen gewöhnlich eigene Richtlinien für die Firmung, aber auch bei anderen Beauftragten werden rechtzeitig Besonderheiten der Feier abgesprochen.

Der Kirchenraum sollte festlich geschmückt sein. Rechtzeitig muß geklärt werden, wie viele zusätzliche Sedilien bereitgestellt werden müssen, an welchem Ort die Firmlinge, Firmpaten und Angehörigen sitzen (Reservierungsschilder!); ob es eigene Liedblätter gibt, ob zum Beispiel ein Jugendorchester spielt und an welchem Ort; ob bei der Gottesdienstgestaltung zusätzliche Geräte, Anschlüsse o.ä. benötigt werden (weitere Mikrofone, Diaprojektor usw.). Bei den Proben mit den Firmlingen sollte der/die KüsterIn nach Möglichkeit anwesend sein.

Grundsätzlich sind alle Dinge vorzubereiten, die auch sonst für eine Meßfeier anstehen. Die folgenden Angaben nennen nur davon abweichende und ergänzende Vorbereitungen.

Auf dem Kirchplatz:
Kirchenfahnen, eventuell besonderer Blumenschmuck.

In der Sakristei:
Für die Priester (und eventuell Diakone): *für jeden eine Albe mit roter Stola; oder Talar, Chorrock und rote Stola.*
Falls ein Bischof die Firmung spendet, bringt er entsprechende Gewänder mit: Meßgewand (rot), Stola (rot), Albe, Schultertuch, Zingulum.
Für die MinistrantInnen: *Ministrantenkleidung (rot); Velen, Stab und Mitra bringt gegebenenfalls der Bischöfliche Kaplan mit.*
Außerdem: *Vortragekreuz, zwei Leuchter, evtl. Weihwasser und Aspergill, Körbchen mit Wattebäuschen und leere(s) Körbchen für gebrauchte Watte.*
Auf der Kredenz in der Kirche: *wie sonst bei der Messe. Bitte darauf achten, ob der Kommunionempfang unter beiderlei Gestalten vorgesehen ist. Dann genügend Wein bereitstellen!*
Zusätzlich: *Wasserkanne, Wasserschale, Seife, Handtuch, evtl. Salz, Brotkrumen o.ä. zum Reinigen der Hände nach der Firmung. Gefäß mit Chrisam (bringt der Bischöfliche Kaplan mit); liturgische Bücher, dazu: „Die Feier der Firmung" (rot).*

Besonderheiten: . . . .
. . . .
. . . .

DIE EUCHARISTIE

Wenn man eine „Rangordnung" der Sakramente aufstellen wollte, müßte man sagen: Die Feier der Eucharistie ist das höchste Sakrament, es ist das Sakrament der Sakramente. In ihm schenkt sich Christus uns in den Gestalten von Brot und Wein. Immer wieder hat Jesus im Laufe seines Lebens mit seinen Jüngern, aber auch mit Sündern und von der Gesellschaft Ausgeschlossenen Mahl gehalten.

Wenn der Priester in seinem Auftrag – „Tut dies zu meinem Gedächtnis" – an das letzte Mahl mit seinen Jüngern erinnert und seine Worte wiederholt, dann ist das Gedenken an seinen Tod *und* seine Auferstehung eingeschlossen. Wir können als Christen, als „Erlöste", gemeinsam Dank sagen, also „Eucharistie" = „Danksagung" feiern (vgl. auch das Kapitel „Die Feier der heiligen Messe", S. 62 ff).

Im Kirchenjahr gibt es zwei herausragende Feste, bei denen die Eucharistie im Mittelpunkt steht: Am *Gründonnerstag* feiern wir zu Beginn der drei österlichen Tage auch die Einsetzung des Abendmahls (vgl. S. 135 ff). Und an *Fronleichnam* tragen wir den Leib des Herrn in einer feierlichen Prozession durch die Straßen. Im „Hochfest des Leibes und Blutes Christi", so die offizielle Bezeichnung, kann unsere Freude und Dankbarkeit besser zum Ausdruck kommen, als das am Vorabend des Leidens Christi, am Gründonnerstag, möglich ist.

In vielen Gegenden finden regelmäßig *eucharistische Andachten* statt, in denen das ausgesetzte Altarsakrament entweder still angebetet oder durch gemeinsames Gebet und gemeinsamen Gesang verehrt wird (vgl. S. 110). Der *Erstkommuniontag* ist für jeden Christen ein herausragendes Ereignis, doch er ist bzw. sollte ja eigentlich nur der erste von vielen „Kommuniontagen" sein.

Die Feier der Erstkommunion

Die feierliche Erstkommunion wird auch heute noch häufig in den Gemeinden am sog. „Weißen Sonntag" (vgl. S. 78), dem Sonntag nach Ostern, gefeiert. Jedoch werden auch andere Termine, zum Beispiel an einem anderen Sonntag in der Osterzeit oder an Pfingsten, angesetzt, besonders in Pfarreien, in denen der Ortspfarrer für mehrere Gemeinden zuständig ist.

Mittlerweile nimmt auch die Zahl der Pfarreien zu, die zwar den feierlichen Erstkommuniontag beibehalten, an dem auch die Familienangehörigen und Freunde teilnehmen, die Kinder jedoch bereits zu einem früheren Termin mit ihren Eltern zur Erstkommunion gehen. Ein besonders sinnvoller Zeitpunkt ist der Gründonnerstag. Ein Vorteil bei dieser Regelung ist, daß die Kinder unabhängig von den Aufregungen, die die Geschenke, die anwesenden Verwandten usw. bringen, sich eher auf das Eigentliche konzentrieren können. Sofern in Ihrer Gemeinde eine solche Regelung vorgesehen ist, wäre zu überlegen, ob die Kinder bereits an diesem Tag ihre Erstkommunionkerzen mitbringen sollen. Wenn ja, sind hierzu entsprechende Ständer zu säubern und bereitzustellen.

Besonderheiten während des Gottesdienstes an diesem Tag:
Oft erfolgt ein feierlicher Einzug der Erstkommunionkinder mit ihren brennenden Kerzen vom Kirchplatz aus. Sinnvoll ist es aber auch, die Kerzen erst in der Kirche an der Osterkerze zu entzünden.
Falls sie zu einem größeren Ständer im Altarraum gebracht werden, geschieht dies meist nach der Begrüßung oder aber auch direkt nach dem Einzug.
Nach der Predigt folgt eventuell eine Tauferneuerung (gegebenenfalls Weihwasserkessel und Aspergill bereithalten).
Die Fürbitten können von einigen Eltern, Erstkommunionkindern und Paten abwechselnd gesprochen werden.
Zur Gabenbereitung können die Kinder Kelch, Schale, Wein und Wasser in einer Prozession zum Altar bringen.
Beim Hochgebet werden in vielen Gemeinden die Kinder nach vorne gebeten. Sie stehen dann meist bis zum Vaterunser in einem Kreis um den Altar.
Auch wenn die Frage der „Kelchkommunion" bei der Erstkommunionfeier im üblichen Alter von ca. 8–9 Jahren immer wieder diskutiert und weiter umstritten ist, wird doch in vielen Gemeinden den Erstkommunionkindern neben der Hostie auch der Kelch gereicht. Hier muß der/die KüsterIn darauf achten, daß genügend Wein bereitsteht.

Vorbereitungen auf dem Kirchplatz, in Sakristei und Kirchenraum

Grundsätzlich sind alle Vorbereitungen zu treffen, die bei einer Eucharistiefeier anstehen. Im folgenden wird nur davon Abweichendes genannt.

Frühzeitig vorzubereiten sind:
Besonderer Blumenschmuck; für die Erstkommunionkerzen entsprechende Ständer, die gegebenenfalls vorher gereinigt werden müssen. (Hierbei werden entweder ein oder mehrere größere Ständer verwendet, auf die dann die brennenden Erstkommunionkerzen aller Kinder zusammen in Altarnähe aufge-

stellt werden; oder es werden einzelne Kerzenhalter an den jeweiligen Bänken befestigt.) Nach Möglichkeit sollten frische Altarkerzen aufgesteckt werden. Zu klären ist, ob und in welcher Form fotografiert werden darf, um unnötige Störungen zu vermeiden. Entweder: Alle dürfen fotografieren, oder ein „Fotograf" wird beauftragt, Fotos zu machen, die dann nachbestellt werden können. Dies sollte rechtzeitig mit den Eltern abgesprochen werden.

Die „Platzkarten" für die Erstkommunionkinder, Eltern und Paten müssen an den entsprechenden Bänken angebracht werden. Es ist gut, wenn HelferInnen angesprochen werden, um ankommende GottesdienstteilnehmerInnen in die reservierten Bänke einzuweisen.

Falls rhythmische Lieder mit Gitarren oder anderen Instrumenten begleitet werden, ist frühzeitig die Plazierung der Musikgruppe zu überlegen.

Bei Übungsstunden der ErstkommunikantInnen sollte der/die KüsterIn nach Möglichkeit anwesend sein.

Auf dem Kirchplatz:
Wo üblich, werden die Kirchenfahnen gehißt.
Bei einem feierlichen Einzug vom Kirchplatz aus werden häufig bereits dort die Erstkommunionkerzen der Kinder entzündet.

In der Sakristei:
Für die MinistrantInnen: Vortragekreuz, Leuchter, eventuell Weihrauch; für die Tauferneuerung: Weihwasserkessel und Aspergill.
Die liturgische Farbe ist Weiß.
Eventuell zusätzlich zum Meßbuch: die „Fünf Hochgebete für Kinder".

Im Kirchenraum:
Falls eigene Lied- und Textzettel für den Gottesdienst erstellt wurden, sind sie rechtzeitig auszuteilen.

Die Dankandacht am Nachmittag

Am Nachmittag treffen sich die Erstkommunionkinder, -eltern und Verwandten zu einer Dankandacht, die frei gestaltet werden kann und meist mit einem eucharistischen Segen schließt. Neben den üblichen Vorbereitungen für den eucharistischen Segen (s. S. 110) sind eventuell bereitzustellen: ein Körbchen, in dem die Kinder – möglicherweise in einem Opfergang – ihre Opfertütchen für Projekte der Dritten Welt einlegen können. Falls noch Gegenstände wie Rosenkränze und Kreuze gesegnet werden sollen: Weihwasserkessel, Aspergill, Benediktionale.

DIE FEIER DER BUSSE

„Nun ist aber heute in der Kirche der Empfang des Bußsakramentes, den viele als die einzige Form der Buße betrachten, in eine tiefe Krise geraten", so heißt es in dem Beschluß „Sakramentenpastoral" der Synode der Bistümer in der BRD, der schon 1976(!) in Buchform erschienen ist. Diese Aussage hat seither nichts von ihrer Gültigkeit verloren. Die Gründe sind sicher vielfältig und mögen auch damit zusammenhängen, daß wir heute viel mehr als früher die persönliche Schuldfähigkeit durch Umwelteinflüsse, Erziehung und Erbanlagen eingeschränkt sehen. Hinzu mag kommen, daß sich unsere Wertmaßstäbe im Laufe der Zeit geändert haben. Die soziale Komponente gerät gegenüber dem individuellen Wohlbefinden offensichtlich immer mehr ins Hintertreffen. Dennoch bleibt Schuld, die jeder Mensch selbst zu verantworten hat, die in seiner persönlichen Freiheit liegt. Es gehört zum reifen Menschsein und Christsein, diese Schuld nicht zu verdrängen, sondern sie einzugestehen und, wo möglich, zu versuchen, Schuld gegenüber anderen Menschen wiedergutzumachen. „In Jesus Christus … ist der Mensch unwiderruflich von Gott geliebt und zu der Antwort der Gottes- und Nächstenliebe gerufen. Von daher ist uns auch der Maßstab gegeben – als einzelne und als Gemeinschaft –, unsere Schuld vor Gott zu erkennen, und wir sehen zugleich, daß der Weg zur Umkehr uns vor allem eigenen Bemühen bereits eröffnet ist" (aaO.). Diese Liebe Gottes, verbunden mit der Vergebung aller Schuld, wurde dem Menschen zuerst in der Taufe geschenkt. Wenn wir gegenüber Gott und den Mitmenschen lieblos sind und Schuld auf uns laden, treffen wir damit auch immer die Gemeinschaft der Christen. Die innere Haltung der Umkehr sollte deshalb auch im Leben des einzelnen und der Gemeinschaft ihren Ausdruck finden. Da der Empfang des Bußsakramentes heute offensichtlich für viele Christen mit großen Schwierigkeiten verbunden ist oder sie gleichgültig läßt, sollten – zumindest für erstere – neue Zugänge zur Buße gefunden bzw. durchsichtiger gemacht werden.
Zunächst wäre es wichtig, deutlicher zu machen, daß Buße und Umkehr nicht zuerst Last bedeuten müssen, sondern auch eine Chance, ein Angebot, das Gott den Menschen schenkt. Wer erfährt wirklich die Buße als eine *Feier*? Zwar versucht man, den Kindern, die auch heute noch in vielen Gemeinden meist gleichzeitig mit der Vorbereitung zur Erstkommunion auch zur *Erstbeichte* hingeführt werden, die Angst davor zu nehmen, jedoch offensichtlich mit wenig Erfolg, wie man fast überall feststellen kann. Sie können hier vielleicht dadurch ein wenig helfen, indem Sie den Kindern die Räumlichkeiten (Beichtstuhl, Beichtzimmer) zeigen und so eventuell ein wenig die Angst vor jenen leider immer noch häufig dunklen, kalten und miefigen Ecken und Räumen der Kirche nehmen.

Leider tragen diese oft vernachlässigten Räumlichkeiten wohl nicht nur bei Kindern und Jugendlichen zu einem „unguten Gefühl" bei. Die Instandhaltung und regelmäßige Reinigung dieser Räume sind auch deshalb wichtig.

Neben der Form der Einzelbeichte gibt es jedoch eine ganze Reihe anderer Formen der Buße und Sündenvergebung: Das Gebet, die Mitfeier der Eucharistie, Werke der Nächstenliebe, die Aussöhnung mit Menschen, mit denen wir in Streit leben oder gegenüber denen wir schuldig geworden sind, können solche Zeichen unserer Reue sein.

Daneben kennt die Kirche auch verschiedene *liturgische Formen der Sündenvergebung.* Zunächst ist dies die *Taufe,* die neben ihrer Aufnahme in die Gemeinschaft der Christen gleichzeitig sündenvergebenden Charakter hat. Hierzu gehört aber auch das *Schuldbekenntnis,* das wir während jeder Eucharistiefeier sprechen: „Ich bekenne Gott, dem Allmächtigen, und allen Brüdern und Schwestern, daß ich Gutes unterlassen und Böses getan habe ...", und ebenso die *Bußgottesdienste,* die heute fast in jeder Gemeinde wenigstens in der Adventszeit und Fastenzeit ihren festen Platz haben. Näheres siehe S. 111 f.

Hierher gehört natürlich auch das *Bußsakrament,* das wir meist mit der Einzelbeichte gleichsetzen. Die neue Ordnung des Bußsakraments, wie sie seit 1975 im Anschluß an das Zweite Vatikanische Konzil erarbeitet wurde, kennt jedoch drei Formen des Sakraments: das Sakrament der Wiederversöhnung einzelner (Einzelbeichte); das Sakrament der Wiederversöhnung einzelner im gemeinsamen Gottesdienst (für kleinere Gruppen geeignet), als ordentliche Formen, und – als außerordentliche Form – das Sakrament der Wiederversöhnung mit gemeinsamem Bekenntnis und allgemeiner Lossprechung (etwa bei Lebensgefahr, in einer extremen Diasporasituation o.ä.; vgl. für alle drei Bereiche: Gemeinsame Synode, Beschluß „Sakramentenpastoral" 4.3).

Ⓥ *Vorbereitungen:*
Der oder die Beichstühle und Beichtzimmer sollten sich immer in einwandfreiem Zustand befinden (s.o.). Ein eventueller Mundschutz im Beichtstuhl ist in regelmäßigen Abständen auszuwechseln. Eine violette Stola sollte entweder immer im Beichtstuhl/Beichtzimmer hängen (auf Sauberkeit achten!) oder vor den Beichtzeiten in den Beichtstuhl/das Beichtzimmer gelegt werden. (Auch hier ggf. das „Stolakrägelchen" regelmäßig wechseln.) Im Winter sollte vor den Beichtstunden rechtzeitig geheizt werden.

DIE FEIER DER KRANKENSAKRAMENTE

Kranke bedürfen besonders der Hilfe und des Gebets der christlichen Gemeinschaft. Die Sorge Jesu für die Kranken und Notleidenden durchzieht das Neue Testament wie ein roter Faden. In vielerlei Weise kümmerte er sich um sie, er tröstete und heilte. Es gehörte so sehr zu seiner Persönlichkeit und seinem Wesen, daß er den Beinamen „Heiland" bekam.

Wenn wir *Kranke besuchen*, wenn KommunionhelferInnen den *Leib Christi* zu kranken und alten Menschen *bringen* und mit ihnen beten, ist für sie vielleicht etwas von der Solidarität der christlichen Gemeinde zu spüren. Auch wenn sie als alte oder kranke Menschen nicht mehr am Gottesdienst teilnehmen können, gehören sie doch weiterhin zur großen Gottesdienstgemeinde der Kirche.

Schön ist es, wenn auch die Angehörigen an der Feier teilnehmen können.

Daß eine solche Haltung bereits bei den ersten christlichen Gemeinschaften zu finden ist, lesen wir zum Beispiel im Jakobusbrief (5,14 f): „Ist einer von euch krank? Dann rufe er die Ältesten der Gemeinde zu sich: Sie sollen für ihn beten und ihn im Namen des Herrn mit Öl salben. Das Gebet aus dem Glauben wird ihn aufrichten; und wenn er Sünden begangen hat, werden sie ihm vergeben" (vgl. auch Mk 6,13: „... und salbten viele Kranke mit Öl und heilten sie").

Der besondere Dienst, von dem hier die Rede ist, die Salbung mit Öl, vollzieht der Priester bis heute an schwerkranken Menschen. Das Sakrament der *Krankensalbung* soll dem Schwerkranken beistehen, ihn stärken, trösten und Hoffnung schenken. Dies zeigt schon, weshalb der Begriff „Letzte Ölung" heute nicht mehr verwendet werden sollte. Auch kann das Sakrament nicht an bereits Verstorbene gespendet werden. (Dies gilt natürlich grundsätzlich für alle Sakramente!) Jeder Schwerkranke, nicht nur, wenn er in Lebensgefahr schwebt, kann es empfangen, auch mehrmals in seinem Leben. Soweit es möglich ist, sollte der/die KüsterIn hier „Aufklärungsarbeit" leisten und versuchen, die Angst vor diesem Sakrament, die noch immer, vor allem bei älteren Menschen, gegeben ist („So krank bin ich doch noch nicht"; „Ich will doch noch nicht sterben" o.ä.), wegzunehmen.

Die heute öfter angebotenen Krankengottesdienste mit Spendung der Krankensalbung (s.u.) können möglicherweise ebenso dazu beitragen, daß die „heilende Funktion" des Sakraments wieder deutlicher wird.

Im Mittelpunkt steht, wie der Name schon sagt, die Salbung des Kranken mit Öl (meist in einem eigenen Ölgefäß, das häufig mit O.I. = Oleum infirmorum gekennzeichnet ist). Während der Priester dem Kranken

Hände und Stirn salbt, spricht er die Worte: „Durch diese heilige Salbung helfe dir der Herr in seinem reichen Erbarmen, er stehe dir bei mit der Kraft des Heiligen Geistes." Und: „Der Herr, der dich von Sünden befreit, rette dich, in seiner Gnade richte er dich auf."

Man kann bei den Krankensakramenten unterscheiden zwischen
- dem Krankenbesuch mit Überbringung der Krankenkommunion,
- der Krankensalbung,
- der Wegzehrung bei Todesgefahr und
- der Spendung der Sakramente der Buße, der Krankensalbung und der Wegzehrung bei einem Kranken in unmittelbarer Todesgefahr (Versehgang).

Sie haben als KüsterIn, im Unterschied zu den anderen Sakramenten, hierbei nur bedingt Vorbereitungen zu treffen, jedoch sollten Sie zum einen Bescheid wissen, wenn Angehörige von Kranken Sie nach den nötigen Vorbereitungen im Krankenzimmer fragen, zum anderen, wenn die Krankensalbung innerhalb einer Meßfeier stattfindet. Deshalb im folgenden einige Hinweise zu Vorbereitung und Ablauf.

Natürlich ist es ebenfalls denkbar, daß Sie selbst Kranken die Eucharistie bringen.

Der Krankenbesuch mit Überbringung der Krankenkommunion

Die Krankenkommunion kann durch einen Priester, einen Diakon oder auch von einem beauftragten Laien gespendet werden. Üblicherweise stehen die KommunionhelferInnen auch für Krankenbesuche zur Verfügung. Ein Priester wird in regelmäßigen Abständen oder auf Wunsch die Kranken besuchen und für ein Beichtgespräch zur Verfügung stehen. Es ist ebenfalls möglich, daß Angehörige nach der Meßfeier für ihre Kranken in einer Burse (Behälter/Tasche für Krankenbesuche) mit Patene (zum Einlegen der Hostie) sowie Korporale und Purifikatorium das eucharistische Brot mitnehmen.

Im Krankenzimmer sollte nach Möglichkeit ein mit einem weißen Tuch bedeckter Tisch stehen, auf dem das Korporale ausgebreitet und die Patene mit der Kommunion abgestellt wird. Dazu eventuell Kerzen, Blumenschmuck, ein Kreuz und, falls üblich, Weihwasser mit Buchsbaumzweig (oder Aspergill).

Die Länge des Gottesdienstes wird vom Zustand der/des Kranken abhängen; ebenso, welche Gebete man spricht bzw. mitgesprochen werden können. Hier sollte man sich nicht scheuen, auch einfache, „kindliche"

Gebete zu sprechen, wenn sie dem/der Kranken bekannt sind. Es kann für sie/ihn wohltuend sein, diese Gebete mitsprechen zu können. Oft sind es die einzigen, an die er/sie sich noch erinnert.

Der sog. „große Ritus der Krankenkommunion" sieht folgendes vor: Begrüßung (eventuell danach Besprengung mit Weihwasser), Schuldbekenntnis, Lesung, eventuell kurze Auslegung und Fürbitten, Vaterunser, die Gebete: „Seht das Lamm Gottes" und „Herr, ich bin nicht würdig …", Kommunion, Schlußgebet, Segensformel.

Alle Texte für Krankenkommunion und Krankensalbung finden Sie in: *„Die Feier der Krankensakramente"* (braun). Für den Krankenbesuch eignet sich auch die kleinere „Taschenausgabe".

Die Kommunionspendung ist nicht an eine bestimmte Tageszeit gebunden; in Krankenhäusern sollte sie sich dem Tagesrhythmus und den räumlichen Gegebenheiten anpassen.

Falls Kranke die Eucharistie nicht in Form der Hostie, als Brot, empfangen können, kann sie auch in Gestalt des Weines gespendet werden.

Die Krankensalbung

Auch bei der Feier der Krankensalbung wird sich die Auswahl der Gebete und die Länge des Gottesdienstes am Zustand des/der Kranken zu orientieren haben. Das Zimmer ist herzurichten wie bei der Krankenkommunion.

Der Ritus der Krankensalbung sieht in seiner Grundform folgendes vor: *Eröffnung:* Begrüßung, eventuell Besprengung mit Weihwasser, Gebet, (sofern der/die Kranke zu beichten wünscht und dies nicht zu einem anderen Zeitpunkt geschehen kann, folgt an dieser Stelle die Beichte, ansonsten:) *Schuldbekenntnis, Lesung, Fürbitten, Handauflegung,* (eventuell Weihe des Öls; falls das Öl bereits geweiht ist:) Dankgebet, *heilige Salbung.*

Bei der Salbung auf der Stirn spricht der Priester: „Durch diese heilige Salbung helfe dir der Herr in seinem reichen Erbarmen, er stehe dir bei mit der Kraft des Heiligen Geistes." Alle antworten mit: „Amen."

Bei der Salbung auf den Händen spricht er: „Der Herr, der dich von Sünden befreit, rette dich, in seiner Gnade richte er dich auf." Wieder antworten alle mit: „Amen."

Nach der Oration folgen zum *Abschluß:* Vaterunser und Segen.

Die *Krankensalbung* kann auch *innerhalb der Meßfeier* erfolgen. Außer den üblichen Vorbereitungen für die Eucharistiefeier ist das Kran-

kenöl bereitzustellen. Die liturgische Farbe ist Weiß. Von einigen Ausnahmen abgesehen, kann das Meßformular „Für Kranke" im Meßbuch II verwendet werden, außerdem das Lektionar Band 7.
Die Krankensalbung folgt nach Evangelium und Predigt.
Zur Reinigung der Hände sollte Watte bereitgehalten werden.

Die „Wegzehrung"

Nach alter Überlieferung wird der Kommunionempfang bei unmittelbarer Todesgefahr Wegzehrung genannt. Dabei kann die Kommunion sowohl innerhalb als auch außerhalb der Meßfeier (Krankenkommunion) gespendet werden. Falls der Kranke die Eucharistie nicht mehr in der Gestalt des Brotes empfangen kann, kann sie unter der Gestalt des Weines gereicht werden (vgl. „Die Feier der Krankensakramente", 3. Kap.: Die Wegzehrung).

Der „Versehgang"

„Versehgang" – so nennt man „die Spendung der Sakramente der Buße, der Krankensalbung und der Wegzehrung bei einem Kranken in unmittelbarer Todesgefahr".

Der Ablauf erfolgt entsprechend den bereits oben angegebenen Teilen: *Eröffnung* mit Begrüßung, Besprengung mit Weihwasser, Lesung oder Gebetseinladung; *Buße:* Beichte und/oder Schuldbekenntnis; Ablaß in der Sterbestunde, eventuell Glaubensbekenntnis/Tauferneuerung (falls nicht anders möglich: eventuell an dieser Stelle Firmspendung); *Krankensalbung* mit Handauflegung, Dankgebet, heilige Salbung, Vaterunser; *Wegzehrung* mit den Gebeten „Seht das Lamm Gottes" und „Herr, ich bin nicht würdig …", nach dem Kommunionempfang stilles Gebet, zum *Abschluß*: Schlußgebet und Segen.

DIE WEIHE

Aus dem Kreis der Jünger hat Jesus zwölf ausgewählt, die in seinem Namen besondere Aufgaben ausführten. Sie verkündeten die frohe Botschaft, tauften, riefen zur Umkehr auf und vergaben Schuld. Sie legten den Christen die Hände auf, damit diese die Kraft des Heiligen Geistes empfingen. Vor allem leiteten sie die Gemeinden und feierten mit den Gläubigen zusammen das „Herrenmahl", so wie es Jesus aufgetragen hatte. Das Amt der Apostel und ihrer Helfer wurde all die Jahrhunderte durch Handauflegung und Gebet weitergegeben. Es gibt drei Stufen des Weihesakraments. Bis heute empfangen Diakone, Priester und Bischöfe das Sakrament durch Handauflegung und Gebet ihres Bischofs oder mehrerer Bischöfe. Der Bischof ist Leiter der Diözese, der Priester sein verantwortlicher Mitarbeiter. Der Diakon (Diener) hilft vor allem im Dienst an den Notleidenden und bei der Liturgie. Neben Aufgaben im Gottesdienst kann er das Sakrament der Taufe spenden, bei der Trauung assistieren und beerdigen. Die sogenannten „niederen Weihen", wie zum Beispiel das Subdiakonat, sind bei der Neuordnung der Ämter nach dem 2. Vatikanischen Konzil entfallen.

Da das Sakrament der Weihe relativ selten in Ortskirchen gespendet wird, sondern überwiegend in Bischofs- oder Klosterkirchen, möchte ich in diesem Falle auf das entsprechende Rituale *„Die Feier der Diakonen-, Priester- und der Bischofsweihe"* hinweisen. Hier kann sich der/die KüsterIn bei Bedarf über den Ablauf informieren.

Die Feier einer Primiz und die Feier eines Priesterjubiläums

Unter Primizfeier versteht man die erste Messe eines Neupriesters in seiner Heimatgemeinde. Für sie und auch für einen Gottesdienst, in dem das silberne oder goldene Priester- oder Ordensjubiläum gefeiert wird, gelten (bis auf die Weihe und die dazu benötigten Gewänder und Gegenstände) im großen und ganzen die gleichen Vorbereitungen wie beim Festgottesdienst zur Weihe, also: festlicher Kirchenraum, Fahnen auf dem Kirchplatz; feierlicher Einzug (Vortragekreuz, Leuchter, Weihrauchfaß und Schiffchen; eventuell wird das Evangelienbuch mitgetragen); eventuell: Vorbereiten der Gewänder für mehrere Konzelebranten; genügend Sedilien bereitstellen; Konzelebrationshostie; genügend Wein für den/die Kelch(e).

DIE EHE

Wenn ein Mann und eine Frau sich entschließen, ein Leben lang in einer Liebes- und Lebensgemeinschaft füreinander dazusein, und sie als Christen diese Entscheidung auch in der Gemeinschaft der Kirche bekräftigen möchten, bitten sie um die Trauung. Sie wollen in einer gemeinsamen

Feier mit ihren Verwandten, Freunden und der ganzen Gemeinde vor Gott „ja" zueinander sagen und um seinen Segen bitten.

Das Wort „Trauung" hat etwas mit Vertrauen und Treue zu tun. Ein Symbol der Ehe und Zeichen der gegenseitigen Treue sind die *Ringe*. Der Ring, ein Band ohne Ende, ist Zeichen der Bindung.

Das *Ja-Wort* der Trauung muß sich ein Leben lang und im Laufe der Ehe immer wieder neu bewähren, in Sorgen, Streit, Krankheit und Not. Die Ehe ist also ein bleibendes Sakrament, und die Trauung eigentlich nur dessen Beginn.

Die Eheleute spenden sich das Sakrament der Ehe bei der Trauung durch dieses „Ja" zueinander selbst. Der anwesende Priester oder Diakon assistiert dabei.

Vorausgegangen ist ein Gespräch mit den Brautleuten, bei dem auch ein sog. „Brautexamensprotokoll" angefertigt wird. Auf Dekanats- oder Bistumsebene werden häufig sog. „Ehevorbereitungskurse" angeboten.

Voraussetzung für die kirchliche Trauung ist die zivile, standesamtliche Eheschließung (Ziviltrauschein muß vorliegen). Wie dort, sind auch bei der kirchlichen Trauung zwei Trauzeugen anwesend, die im Anschluß an die Trauung ebenfalls die Trauungsurkunde unterschreiben.

Die Eheschließung kann innerhalb der Meßfeier oder im Rahmen eines Wortgottesdienstes stattfinden (bei Paaren mit wenig Kirchenbindung, bei konfessionsverschiedenen Ehepartnern oder bei Eheschließungen von christlichen und nichtchristlichen Partnern) oder aber, ebenfalls bei konfessionsverschiedenen Partnern, als sog. „Ökumenische Trauung".

Die Feier der Trauung

Wichtig für den/die KüsterIn sind die Absprachen, die – meist mit dem Zelebranten oder dem/der SeelsorgerIn, der/die das Brautgespräch führt – bezüglich der Trauung getroffen worden sind: z.B. Kirchenschmuck, besondere Musikbegleitung, gesangliches Musiksolo. (Sind zusätzliche Mikrofone notwendig? Wo ist der beste Standort?). Werden eigene Fürbitten vorgetragen, oder ist ein Fürbittbuch bereitzulegen?

Sind von dem Brautpaar eigene Gottesdienstblätter oder Liedblätter entworfen und vervielfältigt worden, die vor Gottesdienstbeginn ausgeteilt werden müssen?

Frühzeitig muß ebenfalls mit dem/der KüsterIn geklärt werden, ob die Trauung innerhalb einer Meßfeier oder eines Wortgottesdienstes gespendet wird oder ob – bei einer gemeinsamen (ökumenischen) Trauung (s. S. 98) – ein evangelischer Pfarrer bzw. eine evangelische Pfarrerin und ein katholischer Pfarrer oder Diakon bei der Trauung assistieren (Sitzgelegenheiten).

Der Ablauf der Trauung

Eröffnung: Der Priester oder Diakon empfängt mit den Ministranten das Brautpaar, die Trauzeugen und die Gäste am Eingang der Kirche. (Eventuell Besprengung mit Weihwasser.) Es folgt der feierliche Einzug mit MinistrantInnen, Priester/Diakon, Kind mit (brennender) Brautkerze, Braut (Brautführer) und Bräutigam, Trauzeugen, Eltern, Geschwister und andere Verwandte und Bekannte. Die Brautleute bleiben an den Sitzen vor dem Altar stehen. Der/die KüsterIn stellt die Brautkerze an den vorgesehenen Ort. Das Tablett mit den Ringen, die sich der/die KüsterIn oder ein Ministrant vor Beginn der Feier von den Brautleuten geben läßt, kann auf dem Altar abgestellt werden.

Wenn der Empfang an der Kirchentür nicht stattfindet, verbindet der Priester/Diakon die Begrüßung mit der Eröffnung der Meßfeier bzw. mit dem Wortgottesdienst.

Wortgottesdienst: Die *Lesungen* können von den Trauzeugen oder sonstigen GottesdienstteilnehmerInnen gelesen werden (nicht von den Brautleuten); bei der Trauung innerhalb eines Wortgottesdienstes eventuell nur eine Lesung. Es folgt die *Predigt.*

Nach Abschluß der Predigt bittet der Priester/Diakon die beiden Trauzeugen, die vorgesehenen Plätze in der Nähe des Brautpaares einzunehmen.

Es folgen die *Fragen nach der Bereitschaft zu einer christlichen Ehe,* die an Bräutigam und Braut einzeln gestellt werden.

Das Tablett oder der Teller mit den Ringen wird zur *Segnung der Ringe* zum Priester/Diakon gebracht. (Segnung mit Weihwasser.)

Für die *Eheerklärung oder* die *Vermählung* können verschiedene Formen gewählt werden, vgl. „Die Feier der Trauung".

Während des Vermählungsspruchs stecken sich Braut und Bräutigam gegenseitig die Ringe an.

Bei der *Bestätigung der Vermählung* reichen die Brautleute einander die rechte Hand. Der Priester/Diakon umwindet die beiden ineinandergelegten Hände mit der Stola, legt darüber seine eigenen Hände und bestätigt die Vermählung. Er beschließt diese Bestätigungsworte, indem er die Anwesenden zu Zeugen des Bundes aufruft.

(Falls die Brautkerze nicht bereits zum Einzug brannte, ist es möglich, sie jetzt durch die Brautleute selbst, den Zelebranten, MinistrantInnen oder den/die KüsterIn an der Osterkerze zu entzünden.)

Für die *Segnung der Neuvermählten* sind im Rituale ebenfalls verschiedene Segensgebete zur Auswahl angegeben.

Die *Fürbitten* können dem Rituale entnommen werden; sie können jedoch auch von den Anwesenden vorbereitet oder frei formuliert werden. *Bei der Trauung innerhalb der Meßfeier* schließt sich nach den Fürbitten mit der Gabenbereitung die *Eucharistiefeier* an. Der *Schlußsegen* hat eine feierliche Form und soll die Brautleute auf ihrem Lebensweg begleiten. *Bei der Trauung im Rahmen eines Wortgottesdienstes* folgt nach den Fürbitten das *Vaterunser* und der *feierliche Schlußsegen.*

Die *gemeinsame kirchliche Trauung (Ökumenische Trauung)* folgt im großen und ganzen dem Ritus der Trauung ohne Meßfeier (Rituale: „Gemeinsame kirchliche Trauung"). Folgende Änderungen ergeben sich: Der/die evangelische PfarrerIn und der katholische Pfarrer oder Diakon begrüßen Brautpaar und Gäste am Kirchenportal. Beide treten anschließend vor den Altar; der katholische Zelebrant spricht die Eröffnungsworte und das folgende Gebet. Werden zwei Lesungen vorgetragen, übernimmt der evangelische Pfarrer oder die Pfarrerin die Lesung, Priester oder Diakon das Evangelium. Erstere(r) hält nach der Lesung eine Ansprache, letzterer nach dem Evangelium. Beide legen zur Bestätigung der Vermählung ihre Hände auf die Stola. Die sonstige Trauungszeremonie hält der katholische Pfarrer bzw. Diakon. Der evangelische Pfarrer bzw. die Pfarrerin spricht die Einleitungsworte zum Vaterunser. Der feierliche Schlußsegen kann im Wechsel gesprochen werden; die Segensformel des Handsegens spricht wiederum der katholische Pfarrer oder der Diakon.

Ⓥ Vorbereitungen:
Bei einer Trauung innerhalb der Messe:
Zunächst alle notwendigen Vorbereitungen, die auch sonst für eine Eucharistiefeier zu treffen sind. Die liturgische Farbe ist Weiß (falls nicht ein anderes Hochfest eine andere Farbe erfordert, s. Direktorium). Meist kommunizieren die Brautleute unter beiderlei Gestalten, dann: entsprechend mehr Wein vorbereiten und eventuell zusätzlich zwei Kelchtücher für die Brautleute bereitlegen. Für die Meßfeier sind zu den beiden Sitzgelegenheiten für die Brautleute auch eine Kniebank, ein Knieschemel o.ä. hinzustellen; falls Lieder aus dem „Gotteslob" gesungen werden: neben den Exemplaren für den Zelebranten, die MeßdienerInnen und GottesdienstteilnehmerInnen auch zwei Exemplare für die Brautleute bereitlegen.

Für die Trauung:
In der Sakristei: *Rituale „Die Feier der Trauung" (grün); Lektionar; (für die MinistrantInnen:) Teller bzw. Tablett für die Ringe, Weihwasser mit Aspergill.*

Für den Priester/Diakon: *Schultertuch, Albe, weiße Stola (Querstola); oder Talar, Chorrock, weiße Stola.*
Für die MinistrantInnen: *Gewänder, ansonsten: s.o.*
In der Kirche: *Sitzgelegenheiten für die Brautleute; Altarkerzen entzünden; eventuell Liedtexte o.ä. austeilen. Eventuell ein Ständer für die Brautkerze und ein Tisch mit Schreibzeug zur Unterzeichnung der Trauurkunde.*

Besonderheiten in unserer Gemeinde: . . . .
. . . .
. . . .

Der Ministrantendienst bei der Trauung

(Hier läßt sich der gesamte Ablauf der Trauung noch einmal genau nachvollziehen)

Eröffnung
Das Brautpaar, die Trauzeugen und Gäste werden vom Priester oder vom Diakon am Eingang der Kirche empfangen.

Die MeßdienerInnen begleiten den Priester.

Wortgottesdienst
Gebet

Lesungen (bei einem Wortgottesdienst eventuell nur eine Lesung)

Predigt

(Dienst der MeßdienerInnen wie beim Wortgottesdienst innerhalb der Messe)

Fragen nach der Bereitschaft zu einer christlichen Ehe

MeßdienerInnen stehen links und rechts neben dem Priester oder Diakon.

Die Segnung der Ringe
Der Priester oder Diakon spricht ein Segensgebet und besprengt die Ringe mit Weihwasser.

MeßdienerInnen halten das Weihwassergefäß mit Aspergill und das Tablett mit den Ringen bereit.

Die Vermählung
Während des Vermählungsspruchs stecken sich Bräutigam und Braut gegenseitig die Ringe an.

Ein/e MeßdienerIn hält die Ringe bereit.

Die Bestätigung der Vermählung

Segnung der Neuvermählten
Fürbitten
(Bei einer Messe beginnt mit der Gabenbe-
reitung die Eucharistiefeier.)

Vaterunser

Feierlicher Schlußsegen

Dankgottesdienste, Ehejubiläen

Häufig wollen Ehepaare, die ihre silberne, goldene oder gar diamantene
Hochzeit feiern, ihren Dank für diese gemeinsame Zeit auch vor Gott und
der gottesdienstlichen Gemeinde zum Ausdruck bringen.
Einige Vorschläge für die Gestaltung der Feiern (z.B. Erneuerung des
Eheversprechens) finden sich im *Benediktionale*; Vorschläge für die Ora-
tionen bei der silbernen oder goldenen Hochzeit im Rituale *„Die Feier der
Trauung"*.
Der/die KüsterIn hat auch hier auf Wunsch *besondere Sitzmöglichkeiten*
zu schaffen.

DIE KIRCHLICHE BEGRÄBNISFEIER

Als Christen glauben wir daran, daß der Tod nicht das Ende des Lebens,
sondern ein Durchgang zu einem neuen, vollkommenen Leben ist. Deshalb brennt beispielsweise auch bei der Messe für den Verstorbenen/die
Verstorbene die *Osterkerze* als Zeichen der Auferstehung, und deshalb
wird oft auch ein österliches Lied während des Requiems oder in der
Friedhofskapelle gesungen. Die *liturgische Farbe*, die früher immer das
Schwarz war, kann jetzt gewählt werden: *Schwarz oder Violett.*
Eine christliche Begräbnisfeier soll den Trauernden und der ganzen Gemeinde Trost und Hoffnung schenken. „Durch die Taufe auf den Tod
werden wir mit Christus begraben, damit so, wie Christus durch die
Herrlichkeit des Vaters von den Toten auferweckt wurde, auch wir in
dieser neuen Wirklichkeit leben" (Röm 6,4). Diese Bibelstelle, bereits
beim Tauf-Kapitel zitiert, spannt den Bogen vom Leben über das Sterben
bis zur Auferstehung. Auch die Besprengung mit Weihwasser auf dem
Friedhof erinnert an die Taufe. Die Verstorbenen gehören über den Tod
hinaus zur großen Gemeinschaft der Glaubenden und haben Anteil am
Leben bei Gott.
Die gemeinsame Begräbnisfeier, an der möglichst viele Gemeindeglieder

teilnehmen sollten, zeigt den Trauernden auch: Sie sind nicht allein. Die Gemeinde teilt ihre Trauer um die Verstorbenen und betet für sie.

Die Beerdigung kann ein Priester, ein Diakon oder ein vom Bischof beauftragter Laie vornehmen.

Ob und wieweit Sie als KüsterIn bei Beerdigungen und bei der Totenmesse assistieren können, wird zum einen davon abhängen, ob Sie diesen Dienst haupt- oder nebenberuflich ausüben, zum anderen vom Zeitpunkt der Feier. Dennoch ist es auf jeden Fall sinnvoll, wenn Sie über die verschiedenen Möglichkeiten und den Ablauf gut Bescheid wissen, da die Hinterbliebenen oft recht hilflos sind, was Organisation und formale Fragen angeht, und eventuell auch Sie um Rat und Auskunft bitten, vor allem, wenn ein Todesfall völlig unvorbereitet eintritt.

Aus diesem Grunde ist es von Vorteil, wenn Sie wenigstens eine „Volksausgabe" der Begräbnisliturgie besitzen.

Gerade bei der Sterbeliturgie und der kirchlichen Begräbnisfeier gibt es sehr unterschiedliche örtliche Gegebenheiten und viele regionale Bräuche: Häufig findet eine *Totenwache* statt, bei der zwischen Tod und Begräbnis im Gebet (Wortgottesdienst) des oder der Toten gedacht und Fürbitte gehalten wird. Die mancherorts übliche *Verabschiedung bzw. Aussegnung* ist eine kurze Feier vor der Überführung des Leichnams zum Leichenhaus.

Für die Feier vorzubereiten sind: Für den Priester, Diakon oder Laien: entsprechende Gewänder; Rituale, Weihwasser.

Die Begräbnisliturgie

Für die Begräbnisliturgie gibt es je nach den Bräuchen und Gegebenheiten am Ort, wie zum Beispiel die Entfernung zwischen Kirche und Friedhof, verschiedene Möglichkeiten. Das Rituale „*Die kirchliche Begräbnisfeier*" (schwarz) sieht drei verschiedene Formen vor, die noch einmal abgewandelt werden können:

Wenn der Friedhof direkt neben der Kirche liegt, ist es sinnvoll, die Messe mit dem Wortgottesdienst der Beerdigung zu verbinden.

Man spricht hier von der *ersten Form*, bestehend aus *drei Stationen*, die in verschiedener Weise aufeinanderfolgen können und durch einen gemeinsamen Weg (Prozession) verbunden sind.

Die erste Form eignet sich vor allem für jene Fälle, bei denen die Eucharistiefeier in einer zeitlichen Einheit mit dem Begräbnis steht. Bei besonderen Umständen kann anstelle der Eucharistiefeier ein selbständiger Wortgottesdienst gefeiert werden.

Form I A: Erste Station am Ausgangspunkt (Trauerhaus, Friedhofs- oder Kirchenportal, Friedhofskapelle oder Trauerhalle) mit Eröffnung; zweite Station in der Kirche mit Eucharistiefeier oder selbständigem Wortgottesdienst; dritte Station am Grab mit Beisetzung.

Form I B: Erste Station am Ausgangspunkt (s.o.) mit Eröffnung oder mit Eröffnung und Wortgottesdienst; zweite Station am Grab mit Beisetzung (mit oder ohne Wortgottesdienst) oder mit selbständigem Wortgottesdienst; dritte Station in der Kirche mit Eucharistiefeier.

Form I C: Erste Station in der Kirche mit Eucharistiefeier oder selbständigem Wortgottesdienst; zweite Station in der Trauerhalle oder Friedhofskapelle mit Verabschiedung; dritte Station am Grab mit Beisetzung.

Häufiger werden Kirche und Friedhof auseinanderliegen, und man wird die Messe und den Wortgottesdienst mit anschließender Beerdigung zeitlich trennen. Auch in Großstadtgemeinden ist es aus Termingründen meist nicht möglich, Requiem und Beerdigung unmittelbar miteinander zu verbinden.

In solchen Fällen bietet sich die *zweite Form*, bestehend aus *zwei Stationen*, an:

Form II: Erste Station am Ausgangspunkt (s.o.) mit Eröffnung, Wortgottesdienst oder nur Eröffnung. Zweite Station am Grab mit Beisetzung oder Wortgottesdienst und Beisetzung. (Der Gottesdienst findet zu einem anderen Zeitpunkt statt.)

Die *dritte Form* besteht nur aus *einer Station*. Sie eignet sich vor allem bei Einäscherungen.

Form III: Die Gemeinde versammelt sich auf dem Friedhof, in der Friedhofskapelle oder Trauerhalle oder im Krematorium. In einer einzigen Station geschieht am selben Ort die Eröffnung, die Verkündigung und die Verbschiedung oder Beisetzung. (Der Gottesdienst findet zu einem anderen Zeitpunkt statt.)

Ⓥ **Vorbereitungen:**
Für den Priester bzw. Diakon: *Talar, Chorrock, Stola; oder: Schultertuch, Albe, Stola; für den beauftragten Laien: Mantelalbe oder eventuell Talar und Chorrock.*
Rituale „Die kirchliche Begräbnisfeier" (schwarz).
Für die MinistrantInnen: *schwarze Talare und Chorröcke, oder Alben; Vortragekreuz; Weihwasserkessel und Aspergill; eventuell Weihrauchfaß und Schiffchen.*

Einäscherung/Urnenbeisetzung

Bei der Einäscherung (im Krematorium) ergeben sich für die Liturgie zwei Möglichkeiten:
Findet dazu ein kirchlicher Gottesdienst statt (vgl. Form III), wird die Urne später in einer einfachen Feier – Eröffnung mit Gebet (Beisetzung), Schriftlesung, stilles Gedenken, Vaterunser und Abschluß, eventuell Weihwasser (vgl. „Die Kirchliche Begräbnisfeier", Kap. VII) – beigesetzt, die von einem Laien geleitet werden kann.
Wenn bei der Einäscherung keine kirchliche Feier stattgefunden hat, wird die Urne nach Form II oder III beigesetzt.

Vorbereitungen:
Gewänder; Rituale „Die kirchliche Begräbnisfeier", eventuell: Weihwasser und Aspergill.

Ⓥ

Kinderbegräbnis

Für Kinder kann das Begräbnis seiner Struktur nach in allen drei obengenannten Formen stattfinden. Das Rituale enthält jedoch eigene Texte (auch für getaufte und ungetaufte Kinder).
Auch das Meßbuch enthält Formulare für verstorbene Kinder. Die liturgische Farbe bei der Totenmesse ist Weiß.

Der Ministrantendienst bei der Begräbnisfeier (in zwei Stationen)

In der Friedhofskapelle
Verneigung vor dem Kreuz und dem Sarg, der davor steht

Eventuell Besprengung mit Weihwasser, Beräucherung mit Weihrauch

Je nachdem, wie viele MinistrantInnen anwesend sind, nehmen sie (1) Weihwasser, (2) Weihrauchfaß und (3) das Vortragekreuz mit.

Wortgottedienst
Lied, Begrüßung, Kyrie, Gebet, Schrifttext, Predigt, Psalmgebet, Anrufungen (Fürbitten), Gebet, Gesang

MeßdienerInnen stehen neben dem Zelebranten.

Prozession zum Grab
Zelebrant und MeßdienerInnen gehen vor

Ein/e MeßdienerIn geht mit dem Kreuz

dem Sarg, die Angehörigen und Trauergäste dahinter.

Auf dem Weg können Gebete gesprochen oder Lieder gesungen werden.

voran, die anderen gehen neben dem Priester oder Diakon.

Am Grab (Beisetzung)
Gebet oder persönliches Wort

Segnung des Grabes

Der Sarg wird ins Grab gesenkt.

MeßdienerInnen stehen rechts und links vom Zelebranten vor dem Sarg.

(Weihrauchfaß und Schiffchen bereithalten)

Besprengung mit Weihwasser

MeßdienerIn reicht Weihwasser.

(Beräucherung mit Weihrauch)

Zelebrant wirft Erde auf den Sarg (Zeichen für die Sterblichkeit des Menschen).

Zelebrant bezeichnet das Grab mit dem Kreuz (Zeichen der Hoffnung auf Auferstehung und Leben).

Gebet für Verstorbene und Lebende:
Fürbitten
Vaterunser
Schlußgebet

Abschließendes Segenswort
Zum Beispiel:
Herr, gib ihm (ihr) die ewige Ruhe.
Und das ewige Licht leuchte ihm (ihr).
Laß ihn (sie) ruhen in Frieden.
Amen.

MeßdienerInnen gehen mit dem Zelebranten zurück zur Kapelle.

Die Begräbnismesse/Das Requiem

Je nachdem, welche Form der Begräbnisfeier gewählt wurde, kann der Beginn oder das Ende des Gottesdienstes variieren. Das Rituale „Die kirchliche Begräbnisfeier" gibt dazu im zweiten Kapitel folgende Richtlinien: Wenn der Eröffnungsritus beim Trauerhaus oder beim Kirchenportal mit der Eucharistiefeier eine zeitliche Einheit bildet, beginnt die Messe im allgemeinen mit den Lesungen. Wenn dies nicht der Fall ist, wird die Messe in der gewohnten Weise eröffnet. Schließt die Eucharistiefeier unmittelbar an das Begräbnis an, bei dem bereits ein vollständiger Wortgottesdienst gehalten wurde, kann man sofort nach einer kurzen Einleitung mit der Gabenbereitung beginnen. Schließt sich das Begräbnis unmittelbar an die Eucharistiefeier an, entfällt die Entlassung.

Vorbereitungen:

*Zur Begräbnismesse läutet der/die KüsterIn je nach Brauch die tiefste oder
eine andere Glocke („Totenglocke").*
*Es stehen verschiedene Meßformulare zur Auswahl. Die liturgische Farbe der
Totenmesse ist Violett oder Schwarz. Die Osterkerze wird entzündet und in der
Nähe des Altars (gegebenenfalls am Sarg) aufgestellt.*

Besonderheiten in unserer Gemeinde: . . . .
. . . .
. . . .

Wortgottesdienste, Andachten und gemeinsame Gebete

Neben der Feier der Eucharistie haben sich sehr früh auch andere Formen des gemeinsamen Gebetes, der Danksagung, des Lobpreises, aber auch des Bittgebets entwickelt: etwa das Stundengebet, das dann lange Zeit fast nur in den Klöstern praktiziert wurde. In der Volksfrömmigkeit – vor allem in den Zeiten, als immer weniger Menschen während der Meßfeier kommunizierten – erfreuten sich sakramentale Andachten großer Beliebtheit, später auch Maiandachten u.ä.

In der heutigen Zeit gehört es, ähnlich wie in vielen Diözesen Afrikas, auch in Deutschland in vielen Gemeinden zum gewohnten Bild, daß für den sonntäglichen Gottesdienst kein Priester zur Verfügung steht und deshalb ein Laie dem Wortgottesdienst mit oder ohne Kommunionausteilung vorsteht.

Wortgottesdienste ohne Priester

In vielen Gemeinden ist es nicht mehr möglich, an jedem Sonntag Eucharistie zu feiern. Der zunehmende Priestermangel führte dazu, daß verantwortliche GottesdienstleiterInnen mit der Gemeinde gemeinsam einen Wortgottesdienst feiern. Vielfach schließt sich an den Wortgottesdienst eine Kommunionfeier an, in der die GottesdienstteilnehmerInnen den Leib Christi empfangen können. Die Diskussion darüber, ob es sinnvoll ist, auch an Sonntagen, an denen keine Messe gefeiert werden kann, die Eucharistie auszuteilen, ist noch in vollem Gange. Gegner dieser Regelung geben zu bedenken, daß für die Gläubigen dann möglicherweise der Unterschied zwischen einem solchen „priesterlosen" Gottesdienst und der sonntäglichen Eucharistiefeier nicht mehr klar erkennbar sei. Befürworter haben nach eigenen Angaben keine erkennbaren Anzeichen für eine solche „Gleichsetzung" erkannt und sind zudem der Meinung, daß den Gläubigen auf jeden Fall das Zeichen der Gegenwart Christi im Brot auch in diesem Falle erhalten bleiben müsse. Die Mehrheit der Gemeinden scheint sich zur Zeit eher für einen Kommunionteil entschieden zu haben.

Der mögliche Aufbau eines Wortgottesdienstes mit Kommunionteil:
Einzug
Eröffnungslied
Liturgische Eröffnung, Begrüßung
Einführung
Bußakt, Kyrie
Gloria
Tagesgebet
Erste Lesung
Antwortgesang/Antwortpsalm
Zweite Lesung
Ruf vor dem Evangelium/Halleluja
Evangelium
Ansprache
Credo
Fürbitten
Lied zur Kollekte
Überleitung zur Kommunionfeier
Lied zur Übertragung des eucharistischen Brotes
Preisgebet
Lied
Vaterunser
Friedensgruß
Kommunion
Kommunionmeditation
Danklied
Schlußgebet
Segensbitte
Auszug

Vorbereitungen:
Läuten entsprechend den örtlichen Gegebenheiten, Kerzen anzünden, Korporale auf den Altar legen; Tabernakelschlüssel einführen (bitte rechtzeitig überprüfen bzw. überprüfen lassen, ob für den Gottesdienst genügend Hostien konsekriert sind!); auf den Sedilien: Gotteslob; Lektionar am Ambo; eventuell: Evangeliar, Fürbittbuch, Hopf/Kehr/Steiner, „Erinnern – danken – feiern. Rollenbuch für Leiterinnen und Leiter von Wortgottesdiensten"; Kollektenkörbchen (Kollekte erfolgt vor dem Kommuniongang).
Für den/die GottesdienstleiterIn: eventuell Albe.
Für die MinistrantInnen: Ministrantenkleidung.

Das Stundengebet

Das Stundengebet hat eine lange Geschichte. Schon in den ersten Jahrhunderten trafen sich die Christen zu bestimmten Stunden morgens und abends zum Gebet, um zu Beginn des Tages oder nach getaner Arbeit Gott zu loben und zu danken. Wie die Juden beteten oder sangen sie dabei auch aus der Liedersammlung des Alten Testaments: den Psalmen. Das Morgengebet nennt man bis heute „Laudes", das Abendgebet „Vesper". Andere Gebetszeiten kamen hinzu, so die „Komplet", das Gebet zum Tagesschluß (vgl. das sinnverwandte Wort: komplett). In den folgenden Jahrhunderten wurde das Stundengebet dann fast nur noch von Mönchen und Ordensfrauen in den Klöstern und von den Priestern täglich privat gebetet (= „Breviergebet") oder gesungen.

Erst in unserer Zeit treffen sich in Kirchen und Häusern wieder Erwachsene und Jugendliche, um zu diesen Stunden mit den Liedern und Gebeten aus dem Alten und Neuen Testament Gott zu loben und seinen Segen für den beginnenden Tag oder die beginnende Nacht zu erbitten. Im „Gotteslob" (GL) findet sich ab Nr. 672 eine Auswahl dieser Texte.

Vesper und Laudes sind die wichtigsten Gebetszeiten des kirchlichen Stundengebets. Die Struktur von Laudes und Vesper ist gleich.

Im Mittelpunkt des Stundengebets steht immer ein Text aus dem Neuen Testament: bei der Laudes ist es das Gebet, das Zacharias, der Vater von Johannes dem Täufer, sprach (Lk 1,68–79); bei der Vesper ist es der Lobgesang Mariens (Lk 1,46–55) und bei der Komplet der Gesang des Simeon (Lk 2,29–32), der im hohen Alter noch Jesus, den Erlöser, im Tempel sehen darf und Gott dafür dankt.

Besonders an hohen Kirchenfesten wie Ostern, Weihnachten, Pfingsten oder Kirchweih treffen sich in immer mehr Pfarreien Christinnen und Christen, um diesen Tag mit einer feierlichen Vesper zu beenden.

Zur Vesper und Laudes gehören folgende Gebete:
Eröffnung
Hymnus (= festliches Lied)
zwei Psalmen und ein Gesang aus dem Alten bzw. Neuen Testament
Lesung
Antwortgesang (Responsorium)
Bei der Laudes: Lobgesang des Zacharias (Benedictus)
Bei der Vesper: Lobgesang Mariens (Magnificat)
Fürbitten
Vaterunser
Schlußgebet (Oration)
Segen

Die Vesper
Bei einer feierlichen Vesper können MeßdienerInnen mit Vortragekreuz,
zwei Leuchtern und Weihrauch mit einziehen. Nach der Verbeugung vor dem Altar geht der Priester zum Priestersitz,
die MinistrantInnen zu ihren Plätzen, nachdem sie ggf. Vortragekreuz
und Leuchter im Altarraum aufgestellt haben. Während der Lesung stehen die LeuchterträgerInnen neben dem Ambo.
Der Hymnus wird im Stehen gesungen (oder gebetet); die Psalmen werden sitzend gebetet. Der Lobgesang Mariens, das Magnificat, bildet den
Höhepunkt der Vesper. Alle erheben sich. Zu Beginn dieses feierlichen
Lobgesangs legt der Priester am Priestersitz Weihrauch ein und beräuchert Altar und Kreuz; ein Meßdiener/eine Meßdienerin beräuchert den
Priester, der am Priestersitz steht, und anschließend die Gläubigen. Es
folgen Fürbitten, Vaterunser, Schlußgebet und Segen.

Vorbereitungen:
Die Glocken werden entsprechend dem örtlichen Brauch geläutet.
Für den Priester: *Schultertuch, Albe, Zingulum, Stola, eventuell Chormantel
(Tagesfarbe); oder: Talar, Chorrock, Stola, eventuell Chormantel.*
Für die MinistrantInnen, *je nach Anzahl: Vortragekreuz, zwei Leuchter mit
brennenden Kerzen, Weihrauchfaß (mit Glutkohle vorbereiten) und Schiffchen
(mit Weihrauch); Ministrantenkleidung.*
Im Kirchenraum: *Altarkerzen anzünden; auf den entsprechenden Plätzen: das
„Gotteslob."*

Andachten

Die Andacht ist zu einer Zeit entstanden, als dem einfachen Volk die
Handlung und die Sprache des Gottesdienstes fremd geworden waren.
Die Menschen konnten nicht mehr mitfeiern – sie waren nur noch Zuschauer. So entdeckten sie andere Formen, in denen sie ihre Frömmigkeit
ausdrücken konnten. Auch die Verehrung und Anbetung des „Altarsa-
kraments" erlebte etwa ab dem 12. Jahrhundert eine Blütezeit. Kaum
jemand ging während der Messe noch zur Kommunion; die Gläubigen
sahen während der Wandlung die erhobene Hostie und verehrten sie auch
in feierlichen Andachten – wenn schon der Empfang der Eucharistie eine
Ausnahme für sie war.
Es gibt verschiedene Möglichkeiten, Andachten zu gestalten. So gehören
etwa Rosenkranz- und Maiandachten dazu; oder man stellt ein bestimmtes Thema in den Mittelpunkt des gemeinsamen Gebetes.

Aussetzung und sakramentaler Segen

Bei feierlichen Gelegenheiten und bei Andachten, in denen die Eucharistie im Mittelpunkt steht (eucharistische Andachten), wird oft der sakramentale Segen gespendet. Anstatt wie beim Gottesdienst mit der Hand, segnet der Priester oder Diakon die Anwesenden mit der konsekrierten Hostie in der Monstranz (monstrare = zeigen).

Gelegentlich wird bei einer eucharistischen Andacht bereits von Anfang an das Allerheiligste ausgesetzt. Der Priester oder Diakon stellt dazu das Ziborium auf den Altar. Wenn die feierliche Form gewählt wird, verwendet er die Monstranz.

Häufiger wird es vorkommen, daß Aussetzung (Ausstellung) und eucharistischer Segen *nach* einem Wortgottesdienst stattfinden. Hierfür wird eine große Hostie benötigt, die entweder aus der vorausgehenden Messe stammt oder aber der Custodia im Tabernakel entnommen wird. Bei der Übertragung vom Tabernakel zum Altar trägt der Priester oder Diakon ein Schultervelum, das ihm von dem/der KüsterIn oder einem Ministranten/einer Ministrantin umgelegt und danach wieder abgenommen wird. Ebenso kann der/die KüsterIn oder ein/e MinistrantIn die Monstranz auf den Altar stellen. Der Priester oder Diakon breitet das Korporale aus, auf dem die Monstranz (oder das Ziborium) abgestellt wird. Die Hostie wird von der halbmondförmigen Lunula gehalten, mit der sie in die Monstranz eingefügt werden kann. Es knien alle nieder.

Unmittelbar nach der Aussetzung legt der Priester oder Diakon Weihrauch auf und inzensiert (= beweihräuchert) das Allerheiligste. Darauf folgen Lieder und Gebete, die unsere Verehrung ausdrücken. Vor dem eucharistischen Segen singt die Gemeinde meist das „Tantum ergo" (GL 541) in lateinisch oder deutsch: „Sakrament der Liebe Gottes" (GL 542). Während der ersten Strophe wird ein zweites Mal Weihrauch eingelegt, und beim „Genitori genitoque" (= 2. Strophe) inzensiert der Priester oder Diakon nochmals das Altarsakrament. Jetzt legt der/die KüsterIn oder ein anwesender Ministrant dem Priester/Diakon das Velum um. Dieser gibt anschließend den sakramentalen Segen. Ein Ministrant oder eine Ministrantin spendet während des Segens Weihrauch, und die Altarglocken werden dreimal geläutet. Nach dem Segen stellt der Priester oder Diakon die Custodia mit der Hostie wieder in den Tabernakel zurück.

Ⓥ *Vorbereitungen:*
Glockenläuten gemäß dem ortsüblichen Brauch; Kerzen anzünden.
Monstranz auf die Kredenz stellen, Tabernakelschlüssel einführen; Korporale bereitlegen.
Für den Priester oder Diakon: Schultertuch, Albe, Zingulum, Stola (bzw. für den Diakon: Quer-Stola), Chormantel (weiß oder in der liturgischen Tagesfar-

be); oder: Talar, Chorrock, (weiße) Stola (für den Diakon: Quer-Stola), Chormantel; Velum bereitlegen.
Für die MinistrantInnen: *Ministrantenkleidung.*
Außerdem: Weihrauchfaß und Schiffchen.

Besonderheiten in unserer Gemeinde: . . . .
. . . .
. . . .

Bußgottesdienst

Es gibt verschiedene Wege, Schuld zu bereuen und Gott um Vergebung zu bitten. Neben der Feier des Bußsakraments (Beichte) geschieht auch im persönlichen Gebet, beim Bußakt während der Messe oder durch gute Taten und Wiedergutmachung der Schuld Vergebung. Wenn ich schuldig geworden bin, betrifft dies in der Regel jedoch nicht mich allein, sondern immer auch die Gemeinschaft der Christen, die Kirche. Beim Bußgottesdienst mit der gemeinsamen Gewissenserforschung und dem gemeinsamen Schuldbekenntnis wird der soziale Bezug von Schuld und Vergebung besonders deutlich. Vor allem in der Fasten- und Adventszeit werden deshalb in vielen Gemeinden Bußgottesdienste angeboten.
Oft dienen vierseitige Bildmeditationen, die vom Deutschen Liturgischen Institut in Trier jeweils speziell für die Bußgottesdienste vor Weihnachten und Ostern herausgegeben werden, als Grundlage für die Besinnung.

Der *Aufbau* des Bußgottesdienstes kann unterschiedlich sein. Er wird sich jedoch an dem Grundaufbau eines Wortgottesdienstes orientieren, also:
Eröffnungslied
Gebet
Lesung(en)
Antwortgesang
Predigt
Gebet
Gemeinsame Gewissenserforschung
Bußakt
(Besprengung mit Weihwasser)
(Kollekte für ein soziales Anliegen)
Vaterunser
Segen
Entlassung

Vorbereitungen:
Die Glocken werden entsprechend dem örtlichen Brauch geläutet.
Für den Priester oder Diakon: *(Schultertuch,) Albe, Stola (violett); oder: Talar,*
Chorrock, Stola (evtl. Weihwasser und Aspergill).
Eventuell Kollektenkörbchen bereithalten.
Für die MinistrantInnen: *Ministrantentalare oder Alben mit violettem Zingulum.*
In der Kirche: *Altarkerzen anzünden; eventuell: Meditationszettel an jeden*
Platz legen; nicht vergessen: auch auf die Sedilien!

Kreuzwegandacht

Diese eher volkstümliche Andachtsform wird bereits um das Jahr 1700
bezeugt. In vielen Kirchen finden sich deshalb Bilder oder Reliefs, die den
Kreuzweg Jesu darstellen. Man unterscheidet meist 14 Stationen, die sich
an der Passionsgeschichte orientieren:

Jesus wird zum Tode verurteilt
Jesus nimmt das Kreuz auf seine Schultern
Jesus fällt zum ersten Mal unter dem Kreuz
Jesus begegnet seiner Mutter
Simon von Zyrene hilft Jesus das Kreuz tragen
Veronika reicht Jesus das Schweißtuch
Jesus fällt zum zweiten Mal unter dem Kreuz
Jesus begegnet den weinenden Frauen
Jesus fällt zum dritten Mal unter dem Kreuz
Jesus wird seiner Kleider beraubt
Jesus wird an das Kreuz genagelt
Jesus stirbt am Kreuz
Jesus wird vom Kreuz abgenommen und in den Schoß
  seiner Mutter gelegt
Der Leichnam Jesu wird in das Grab gelegt

Bei moderneren Kreuzwegen wird häufig eine 15. Station angefügt, die
eine Auferstehungsszene zeigt. Es soll damit gesagt werden: Der Tod hat
nicht das letzte Wort; das Leben siegt.
Bei Wallfahrtsorten sind manches Mal Kreuzwegdarstellungen an einem
Weg entlang aufgestellt. Die Menschen pilgern dann betend von einer
Station zur nächsten (vgl. Kap. Wallfahrten und Prozessionen).
Vor allem am Karfreitag, aber auch an anderen Tagen in der Fastenzeit (oft
freitags) treffen sich die Gläubigen in der Pfarrkirche zum Gedenken an
die Passion (vgl. auch die Kreuzwegandacht im GL Nr. 775).

Kreuzwegandachten können sehr unterschiedlich gestaltet sein: entlang den Kreuzwegstationen in der Kirche oder an einem Wallfahrtsort; anhand von Bildern und/oder Texten (vgl. auch die jährlich neu herausgegebenen Jugendkreuzwege), mit oder ohne Ministranten; die Wechselgebete können von Gemeindemitgliedern vorgebetet werden, von einem Priester oder Diakon.

Vorbereitungen: **Ⓥ**
Läuten entsprechend den örtlichen Gegebenheiten;
Kleidung: entsprechend den Gegebenheiten (s.o.; liturg. Farbe: rot).
In der Kirche: Kerzen anzünden; eventuell Textblätter o.ä. austeilen; ggf. „Gotteslob" auf die Sedilien legen.
Hinweis: Gerade in der österlichen Bußzeit sollte darauf geachtet werden, daß die Kreuzwegstationen „entstaubt" sind!

Maiandacht

Der Monat Mai ist in besonderer Weise Maria, der Mutter Jesu, gewidmet. Die Gemeinde kommt an den Werktagen abends zusammen, um vor dem mit Blumen und Kerzen geschmückten Marienaltar oder einer Marienstatue zu danken, die Gottesmutter um ihre Fürsprache zu bitten und Marienlieder zu singen. Die Formen der Andachten sind sehr frei. Neben Texten und Liedern aus dem Gotteslob werden manchmal auch eigene Andachtsbücher verwendet.
In vielen Gemeinden schließt die Maiandacht mit einem eucharistischen Segen.

Vorbereitungen: **Ⓥ**
Der Marienaltar, das Marienbild oder die Marienstatue der Kirche sollte während des Maimonats in besonderer Weise geschmackvoll mit Blumen geschmückt sein, ohne daß es zu überladen wirkt.
Läuten entsprechend den örtlichen Gegebenheiten.
Für den Priester: Talar, Chorrock, weiße Stola, Chormantel;
bei eucharistischem Segen: Velum, Monstranz, Korporale.
Für die MinistrantInnen: Ministrantenkleidung (weiß); Weihrauchfaß; Schiffchen.
In der Kirche: Kerzen anzünden; bei eucharistischem Segen: Tabernakelschlüssel einstecken; auf den Sedilien: Gotteslob, eventuell Andachtsbücher oder sonstige Hand- oder Liedzettel (gegebenenfalls auch an alle Anwesenden austeilen).

Rosenkranzgebet

Der Monat Oktober wird auch der Rosenkranzmonat genannt. Die Gemeinde trifft sich gerade in diesem Monat besonders oft zum gemeinsamen Rosenkranzgebet in der Kirche. Aber auch sonst wird von vielen katholischen Christen allein oder gemeinsam, zu Hause oder in der Kirche, in dieser Form gebetet. Der Rosenkranz ist eine Gebetsschnur – wir finden solche auch in anderen Religionen –, die in besonderer Weise zum Betrachten und Meditieren anregt.

Zu Beginn nehmen wir das Kreuz in die Hand und beten das Glaubensbekenntnis. Es folgen das Vaterunser, drei Ave-Maria und das „Ehre sei dem Vater". Ein Rosenkranz hat fünf „Gesätze", das sind Abschnitte mit zehn „Gegrüßet seist du, Maria". In jedem dieser Gesätze wird ein anderes „Geheimnis" aus dem Leben Jesu genannt und in das Gebet eingeflochten.

So kennt man den freudenreichen Rosenkranz (fünf Geheimnisse aus dem Weihnachtsfestkreis),

den schmerzhaften Rosenkranz (fünf Geheimnisse aus der Passion),

den glorreichen Rosenkranz (fünf Geheimnisse aus der Osterzeit)

und den trostreichen Rosenkranz (fünf Geheimnisse der Parusie = Wiederkunft).

Der genaue Wortlaut findet sich im Gotteslob, Nr. 33. Hier ein Beispiel: Gegrüßet seist du, Maria, voll der Gnade, der Herr ist mit dir. Du bist gebenedeit unter den Frauen, und gebenedeit ist die Frucht deines Leibes, Jesus – der von den Toten auferstanden ist. Heilige Maria, Mutter Gottes, bitte für uns Sünder, jetzt und in der Stunde unseres Todes. Amen.

Der Rosenkranz kann vom Priester, vom Diakon oder von einem Gemeindemitglied gebetet werden. Es kann auch wechselweise die eine Bankseite vor-, die andere nachbeten. Zwischen den einzelnen Gesätzen werden oft passende Lieder eingefügt. Die Andacht kann (falls ein Priester oder Diakon anwesend ist) mit dem Handsegen oder mit dem eucharistischen Segen schließen.

 Vorbereitungen:
Läuten entsprechend den örtlichen Gegebenheiten.
Für den Priester: Talar, Chorrock, Stola, bei sakramentalem Segen: s.o.
Eventuell: Ministrantenkleidung bereitlegen.
Im Altarraum: Kerzen anzünden; an den Sedilien: Gotteslob, Rosenkranz.

Wallfahrten und Prozessionen

Wallfahrten

Wallfahrten gehören zum alten religiösen Brauchtum und haben eine lange Geschichte. Sie erinnern uns daran, daß wir als Volk Gottes auf dem Weg sind, und fördern u.a. das religiöse Gemeinschaftserlebnis. Sie sind eine Demonstration des persönlichen Glaubens. Unterwegssein heißt auch immer Aufbruch zu etwas Neuem. So kann eine Wallfahrt auch der Glaubenserneuerung und der Neubesinnung dienen. Wallfahrtswege waren auch schon immer Bußwege, die Heil für den Pilger bringen sollten. Allein im deutschsprachigen Raum gibt es mehr als 400 Wallfahrtsstätten, darüber hinaus sind natürlich besonders das Heilige Land, Rom, Lourdes oder Santiago de Compostela beliebte Wallfahrtsziele.

Eine längere Wallfahrt wird in der Regel mit einem Gottesdienst beginnen; zumindest sollte ein Pilger- und Reisesegen die Wallfahrt eröffnen. Auch bei der Rückfahrt ist ein gemeinsamer Abschluß in der Gemeinde sinnvoll, z.B. ein Dankgottesdienst oder wenigstens eine kurze Andacht mit Schlußsegen.

Beliebt sind in den letzten Jahren auch sog. Sternwallfahrten, bei denen sich Christen aus mehreren Ortsteilen, Gemeinden usw. – sozusagen sternförmig – zu einem gemeinsamen Ziel aufmachen.

Bei eintägigen Wallfahrten sind vorzubereiten:
Für den Priester: *Talar, Chorrock, Stola.*
Eventuell: Für MinistrantInnen: Ministrantenkleidung, Vortragekreuz, Fahnen.
Eventuell für alle TeilnehmerInnen: Gotteslob, Andachtsbücher; Text- und/oder Liedzettel usw.

Prozessionen

Auch für die Prozession (lat. processio: Hinziehen) trifft vieles von dem zu, was bereits zur Wallfahrt gesagt wurde: Auch hier geht es um ein Unterwegssein, um einen Weg des Glaubens. Bei feierlichen Prozessionen gibt es meist einen Eröffnungsteil, einen Zentralteil = der eigentliche Weg, der eventuell unter einem bestimmten Motto steht und durch Lieder, Gebete und meditative Texte gestaltet wird, und einen Schlußteil. Die Gestaltung der Prozessionen und die einzelnen Ortstraditionen sind sehr unterschiedlich. Deshalb sollte sich der Küster frühzeitig nach den örtlichen Bräuchen erkundigen.

Prozessionen, die in vielen Gemeinden üblich sind:
- Kerzenprozession am Fest „Darstellung des Herrn"
- die Palmprozession am Palmsonntag (s. S. 132 ff)
- die Bitt- und Flurprozessionen vor Fronleichnam
- die Fronleichnamsprozession (s. S. 150 ff)
- die Prozessionen während Gottesdienst und Meßfeier (Einzug, Evangelienprozession, Prozession zur Gabenbereitung und zur Kommunion).

Prozessionen in unserer Gemeinde: . . . .
. . . .
. . . .

Ⓥ **Vorzubereiten sind meist:**
Vortragekreuz, Leuchter und Fahnen (s. auch Anmerkungen zu den einzelnen Prozessionen); liturgische Kleidung (s.o. „Wallfahrt" und „Fronleichnamsprozession", S. 151 f).

Ökumenische Gottesdienste

Auch wenn es zur Zeit nach außen eher etwas stiller um die sog. Ökumenische Bewegung geworden ist, hat sich doch in vielen Gemeinden eine feste Zusammenarbeit zwischen evangelischer und katholischer Kirche ergeben: Vielerorts gibt es im Pfarrgemeinderat einen Sachausschuß Ökumene, oder es haben sich konfessionsübergreifende Friedensgebete, Bibelkreise, Familienkreise, Vorbereitungsgruppen für Kinderbibelwochen u.v.m. gebildet. Eine Form der Ökumene sind auch gemeinsame Wortgottesdienste. Die häufigsten werden wohl für evangelische und katholische Christen angeboten werden; möglich ist z.B. aber auch ein ökumenischer Gottesdienst mit katholischen und orthodoxen Christen.
Die Gottesdienste können wie andere Wortgottesdienstformen im Rahmen ihrer Grundstruktur relativ frei und daher unterschiedlich gestaltet werden; dementsprechend sind die Vorbereitungen zu variieren.

Ⓥ **Vorzubereiten sind in der Regel:**
Im Kirchenraum: Kerzen anzünden; Text- und Liedblätter auf die Sedilien und auf die Kirchenbänke/Stühle legen.
Katholischer Pfarrer: (Schultertuch,) (Mantel-)Albe, Stola (weiß) oder Talar, Chorrock, Stola (weiß).
Evangelische/r PfarrerIn (bringt mit): Talar und Beffchen.

Das Kirchenjahr

Einführung

Das Grundelement und die Mitte des liturgischen Jahres ist der *Sonntag* als wöchentliche Auferstehungsfeier, als „Osterfest im kleinen". Die Eucharistiefeier am „Herrentag" oder „Tag des Herrn", wie man ihn in der frühchristlichen Zeit auch nannte, ist das älteste Fest der Christen überhaupt. In ihm sind im Grunde alle übrigen Feste enthalten.

Die jährliche Auferstehungsfeier, *Ostern,* ist ebenfalls mit Abstand das älteste jährlich wiederkehrende Fest. Schon eine alte apokryphe Schrift um das Jahr 170 n.Chr. („Epistola apostolorum") bezeugt die Auferstehungsfeier in der Osternacht, wahrscheinlich wurde sie bereits zur Zeit der Apostel begangen. Allerdings legte erst das Konzil von Nizäa (325 n.Chr.) einen genauen Zeitpunkt fest, nämlich nach dem ersten Frühlingsvollmond. Damit ist Ostern ein „bewegliches Fest" geworden, das zwischen dem 22. März und dem 25. April liegt.

Ebenfalls im vierten Jahrhundert wurde als Vorbereitungszeit die vierzigtägige *Fastenzeit* oder *österliche Bußzeit* eingeführt.

„Christus ist auferstanden" – solch eine freudige Botschaft wollte man nicht nur ein oder zwei Tage feiern, auch acht Tage, eine sogenannte *Oktav,* war noch für dieses große Ereignis zu wenig: Wir feiern Ostern 50 Tage, eine ganze *Oster-Zeit,* lang – eine „Woche von Wochen". Pentecoste – Pfingsten – bedeutet dem Wortsinn nach der 50. Tag. Schon hier wird deutlich, daß *Pfingsten* zum Osterfestkreis gehört bzw. sein letzter, der 50. Tag ist. Der im deutschsprachigen Raum „angehängte" Pfingstmontag gehört liturgisch eigentlich schon nicht mehr zur Osterzeit.

Daß Gottes Sohn für uns Mensch geworden ist, sein Leben und Wirken auf der Erde, sein Tod und seine Auferstehung, die Sendung des Heiligen Geistes und die Wiederkunft Christi am Ende aller Zeit – all das also, worin Gott in Jesus Christus seine erlösende Liebe ausdrückt, ist für uns unmöglich auf einmal zu erfassen. Zwar sind diese Gedanken in den Gebeten und Inhalten der Messe bereits immer mitenthalten, aber niemals werden wir die Fülle der verschiedenen Inhalte des Christusgeheimnisses alle zugleich bedenken können.

So entfaltete sich im Laufe der Jahrhunderte die ganze Erlösungsgeschichte Christi in verschiedenen Festen, die jeweils auf die eine oder andere Weise diese unterschiedlichen Aspekte des Heilswerkes betonen. Es entstanden zwei große Festkreise: der *Osterfestkreis* in der Zeit zwi-

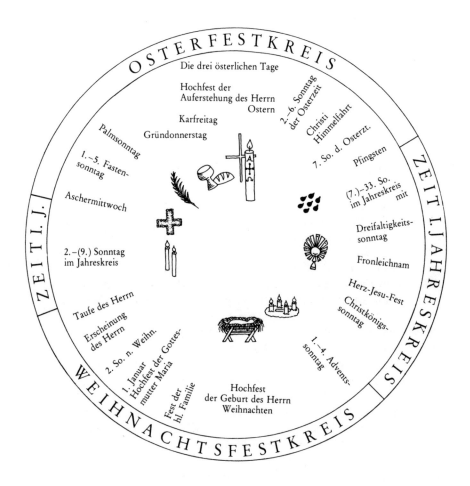

schen Aschermittwoch und Pfingstsonntag, mit dem „Triduum Sacrum" Gründonnerstag, Karfreitag und Ostern im Mittelpunkt, und der *Weihnachtsfestkreis* vom 1. Adventssonntag bis zum Fest „Taufe des Herrn", mit Weihnachten und Epiphanie als den höchsten Festen. Die Sonn- und Wochentage, die zu keinem dieser beiden Festkreise gehören, nennen wir seit der Liturgiereform im Anschluß an das II. Vatikanische Konzil die *Zeit im Jahreskreis.* Sie umfaßt, einschließlich des Christkönigsfestes, 34 Sonntage.

Die Kirche hatte eigentlich nie die Absicht, neben dem „weltlichen" Jahr ein eigenes Kirchenjahr zu schaffen, das sich durch ein anderes Anfangsdatum vom „weltlichen" Jahr unterscheidet. Es hatte ganz praktische

Gründe, die mit der Anordnung der Feste und Festzeiten in den liturgischen Büchern zusammenhingen. So stand z.B. der Advent, der erst später als Vorbereitung auf Weihnachten hinzukam, am Ende und damit hinter dem Fest, auf das er vorbereiten sollte. Auch daß der Oktavtag von Weihnachten, der 1. Januar, im Unterschied zum Weihnachtsfest am Anfang der Bücher stand, war widersinnig. Dies wurde etwa seit dem Beginn des 9. Jahrhunderts geändert – und damit die Grundlage zu unserem heutigen Kirchenjahr oder liturgischen Jahr geschaffen.

DER WEIHNACHTSFESTKREIS

Der Advent

Advent, vom lateinischen „adventus", heißt soviel wie Ankunft. So nennen wir die Zeit vor Weihnachten, in der wir uns auf die Ankunft des Herrn, auf seine Geburt vorbereiten. Die allerersten Ansätze zu einer Ausgestaltung dieser Vorbereitungszeit finden sich bereits ab dem vierten Jahrhundert, sie sind jedoch nach Gegend und Dauer sehr verschieden und schwanken zwischen einer zwei- bis sechswöchigen Vorbereitungszeit (beginnend mit dem Martinsfest am 11.11.); die heutige Form mit vier Adventssonntagen hat sich etwa zwischen dem 11. und 13. Jahrhundert in der römisch-gregorianischen Ordnung durchgesetzt.

Schwierig erwies sich eine solche zeitliche Festsetzung auch, weil die Ostkirche nicht das Weihnachtsfest am 25. Dezember, sondern das Fest „Epiphanie" (Erscheinung des Herrn) am 6. Januar als Geburtsfest beging.

Es gibt kaum eine Zeit, die die Phantasie und das Gemüt der Menschen so sehr anregt wie der Advent. Und doch ging und geht vieles von der Bedeutung dieser Vorbereitungszeit auf Weihnachten verloren, ja wird in ihr Gegenteil verkehrt. Die wenigsten Menschen schaffen es, sich der Hektik und dem Kaufrummel zu entziehen und den Advent wirklich mit mehr Stille und Besinnung zu gestalten. Er wird immer mehr als Zeit der Weihnachtsvorbereitungen, Einkäufe, Weihnachtsmärkte mit Gebäck, Glühwein und (meist schon) Weihnachtsliedern und der betrieblichen „Weihnachtsfeier" (ein Widerspruch in sich) erfahren – weniger als Vorbereitungszeit auf Weihnachten. Ganz im Gegenteil: Bereits vor dem Heiligen Abend werden die Weihnachtsmärkte abgebaut, und am 27. Dezember findet man in den Geschäften das Nötige für die „Silvesterparty".

Von ihrem Ursprung her hat die Adventszeit als Vorbereitungszeit auf

Weihnachten *Bußcharakter.* Die liturgische Farbe ist (wie in der österlichen Bußzeit) Violett, und auch die Lesungen nehmen darauf Bezug. Wir hören in den Texten der Adventssonntage vom Propheten Jesaja und von Johannes dem Täufer (s.u.). Sie rufen die Menschen zu Buße und Umkehr auf. Man nennt Johannes den Täufer auch den Wegbereiter Jesu.

So werden im Advent in vielen Gemeinden Bußgottesdienste und besondere Beichtzeiten angeboten. Die katholische Kirche setzt in dieser Zeit ihre Aktion *Adveniat* an, in der sie um Mithilfe bei der Verbesserung der Lebenssituation ihrer Schwestern und Brüder in Lateinamerika bittet. Die evangelischen Christen setzen sich im Rahmen der Aktion „Brot für die Welt" für Notleidende ein.

Advent hat aber auch noch mit einer zweiten Ankunft zu tun: der Ankunft Jesu am Ende aller Zeit *(Parusie)*; vgl. Lesungen am 1. Adventssonntag der Lesejahre A–C. So will der Advent uns nicht nur auf das Geburtsfest Jesu Christi vorbereiten, sondern auch auf seine *Wiederkunft.*

Trotz dieser eher ernsten Themen steht doch die *Vorfreude* im Vordergrund. Liturgisch wird dieser Aspekt besonders am *3. Adventssonntag* hervorgehoben, der nach dem Anfang des Eröffnungsverses der Messe den lateinischen Namen „*Gaudete*" trägt: „Freut euch im Herrn zu jeder Zeit! Noch einmal sage ich: Freut euch! Denn der Herr ist nahe" (Phil 4,4.5). Hier *kann* statt der Bußfarbe Violett auch ein rosa Meßgewand getragen werden.

Die verschiedenen Aspekte spiegeln sich in den sonntäglichen Evangelien in allen drei Lesejahren wie folgt wider:
1. Adventssonntag: Evangelium von der Wiederkunft Christi (Parusie)
2. Adventssonntag: Johannes der Täufer ruft zur Umkehr
3. Adventssonntag: Johannes der Täufer (gleichzeitig „Gaudete": Freut euch!)
4. Adventssonntag: Maria (Begegnung Josefs mit dem Engel, Begegnung Marias mit Elisabeth).

Liturgische Besonderheiten im Advent

In der Adventszeit entfällt – wie in der österlichen Bußzeit – das *Gloria* der Messe. Die liturgische Farbe ist *Violett.* Am 3. Adventssonntag, Gaudete, kann ein rosa Meßgewand getragen werden (s.o.).

In vielen Gemeinden feiert man in der Adventszeit an besonderen Werktagen sogenannte *Roratemessen.* Dabei handelt es sich ursprünglich um Votivmessen zu Ehren Mariens, die an den Samstagen ihren Platz hatten und heute an den Werktagen bis zum 16. Dezember gefeiert werden können. Ein Charakteristikum war und ist teilweise noch der Beginn in den frühen Morgenstunden und der nur mit Kerzen beleuchtete Kirchenraum. Der Anfang des lateinischen Eröffnungsgesangs „Rorate coeli" gibt den biblischen Bittruf „Tauet, ihr Himmel ..." wieder. Das Meßbuch hält für die Feier einer Roratemesse ein eigenes Formular bereit (Marien-Votivmesse im Advent, S. 890 ff). Ab dem 17. Dezember haben alle Werktagsmessen ein eigenes Formular. Am *8. Dezember* feiert die Kirche das *„Hochfest der ohne Erbsünde empfangenen Jungfrau und Gottesmutter Maria"* (s. S. 155). Die liturgische Farbe ist *Weiß*.

Vorbereitungen für den Advent und im Hinblick auf Weihnachten

Der Blumenschmuck im Advent
Der Blumenschmuck sollte, gemäß dem Bußcharakter dieser Zeit, nicht aufwendig sein. Geschmackvolle Gestecke oder einige Zweige in Bodenvasen werden dem vorweihnachtlichen Charakter eher gerecht.

Adventskranz
In fast allen Gemeinden wird in der Adventszeit der Kirchenraum mit einem Adventskranz geschmückt. Der Standort ist unterschiedlich: Entweder wird der Kranz so befestigt, daß er an einem Haken von der Decke herabhängt, oder er liegt auf einem Ständer in der Nähe des Altarraums. Auf jeden Fall ist bei der Wahl des Standorts darauf zu achten, daß er nicht die Sicht auf Altar und Ambo verdeckt.
Der Adventskranz mit seinen vier Kerzen ist ein Zeichen der Hoffnung: Der Kranz, Symbol der Geschlossenheit, ist mit frischen grünen Zweigen geschmückt: ein grüner Kranz des Lebens. Tannen, Fichten oder andere Nadelbäume sind die einzigen Bäume, die auch im Winter grün sind, also niemals ihre „Blätter" verlieren. So wie das Grün dieser Zweige im kalten und trostlosen Winter Hoffnung auf den Frühling schenkt, so hoffen wir in der Adventszeit auf die Ankunft des Herrn. Daß an jedem Adventssonntag eine weitere Kerze entzündet wird (eventuell mit dem Lied „Wir sagen euch an den lieben Advent", GL 115) zeigt, daß die Hoffnung langsam zunimmt, bis an Weihnachten alles in hellem Licht erstrahlt. Auch das Gleichnis von den wachsamen Jungfrauen, die dem Herrn mit brennenden Lampen entgegengehen (Mt 25,1–13), kann helfen, die Symbolik zu erschließen.
Der Adventskranz ist frühzeitig zu bestellen oder aber selbst zu binden. Dabei ist zunächst ein Reifen mit Stroh zu umbinden und dann darüber mit Draht die Zweige einer Edeltanne zu winden. Danach sind die vier Kerzen mit Haltern und vier Bänder (je nachdem, ob der Kranz aufgelegt oder aufgehängt wird) an dem Kranz zu befestigen.

Vor der Christmette ist er, zusammen mit anderem Adventsschmuck, aus dem Kirchenraum zu entfernen.
Manchmal werden auch Baumwurzeln verwendet und mit grünen Zweigen und den vier Adventskerzen als Adventsgesteck hergerichtet.

Die Weihnachtskrippe
Der Brauch, eine Weihnachtskrippe aufzustellen, wird allgemein auf den hl. Franz von Assisi zurückgeführt, der 1232 in der Höhle von Greccio in Italien das Krippengeschehen darstellte. Heute nimmt man jedoch an, daß auch Franziskus diese Tradition schon übernommen hat.
Es gibt sehr verschiedene Arten von Weihnachtskrippen, und je nach den vorhandenen Figuren legt es sich nahe, sie – wenigstens teilweise – bereits im Advent aufzubauen und den jeweiligen Sonntagsevangelien entsprechend zu gestalten. So kann eventuell Johannes der Täufer (2. u. 3. Adventssonntag), die Verkündigung des Engels an Maria oder die Begegnung von Maria und Elisabeth (4. Adventssonntag) anhand der Figuren dargestellt werden.
Der Phantasie sind hier im Grunde kaum Grenzen gesetzt, es sei denn die des guten Geschmacks. Hier sollte der/die KüsterIn darauf achten, daß nach Möglichkeit zwischen „Kitsch“ und „Kunst“ unterschieden wird.
Wenn die oben genannte Einbeziehung der Krippenfiguren in der Adventszeit nicht üblich ist, sollte die Krippe nicht zu früh, das heißt nicht schon bei dem/den Sonntagsgottesdienst(en) des 4. Advents, vollständig aufgestellt werden (hier ist die „Versuchung“ groß, wenn das Weihnachtsfest kurz nach dem 4. Advent liegt).
Bereits zu Beginn der Adventszeit muß überprüft werden, ob Krippe und Figuren in einem einwandfreien Zustand sind, um gegebenenfalls genügend Zeit für Reparaturen zu haben. Alle Teile der Krippe müssen gut entstaubt und gründlich gereinigt werden.
Auch eventuelle Lichtleitungen, Lampen und Batterien sollten rechtzeitig kontrolliert werden.
Je nach Brauch ist Moos oder Sand als Bodenbelag zu beschaffen.

Der Kirchenschmuck an Weihnachten
Frühzeitig hat der/die KüsterIn zu überlegen, wie am Weihnachtsfest die Kirche geschmückt werden soll, das heißt: dem Kirchenraum gemäße Tannen- oder Fichtenbäume müssen bestellt oder besorgt werden.
Rechtzeitig überprüft werden müssen auch die elektrischen Christbaumkerzen. Sind die Leitungen in Ordnung? Müssen Glühbirnen erneuert werden? Falls für die Bäume weiterer Schmuck vorgesehen ist: Sind zum Beispiel Strohsterne beschädigt? Ist sonst etwas zu erneuern oder zu besorgen?

Häufig werden in der Weihnachtszeit rote (oder auch weiße) Weihnachtssterne als Kirchenschmuck verwendet. Auch sie und/oder anderer Blumenschmuck müssen rechtzeitig bestellt oder besorgt werden.

Weitere Vorbereitungen:
Auch die liturgischen Gewänder und Geräte sind zu überprüfen und eventuell zu reinigen. Nach Möglichkeit sollten neue Kerzen aufgesteckt werden.

Am 4. Adventssonntag sind die Tütchen für die Adveniatkollekte auszulegen, die dann am 1. Weihnachtstag eingesammelt wird.

Die Weihnachtszeit

Hochfest der Geburt des Herrn – Weihnachten

Daß nicht Weihnachten, sondern Ostern, das höchste Fest der Christen ist, könnte man fast vergessen, wenn man an die vielen Bräuche, Lieder und Geschenke denkt, die dieses Fest und seine Vorbereitungszeit sowohl bei engagierten Christen wie auch bei Kirchenfernen zu einem herausragenden Ereignis werden lassen.

Dennoch: In den ersten drei Jahrhunderten war eine Feier der Geburt Christi, im Unterschied zur Auferstehungsfeier, unbekannt. Erste Zeugnisse dafür gibt es in der Westkirche erst ab dem 4. Jahrhundert (bezeugt: 354 n.Chr.).

Am 25. Dezember wurde in Rom der „Geburtstag des unbesiegbaren Sonnengottes" begangen. Für die Christen war das natürlich ein Anreiz, an diesem Tag das „Geburtsfest Jesu" zu feiern, um ihn diesem als die einzige, unbesiegbare Sonne entgegenzusetzen und damit das heidnische Sonnenwendfest zu verdrängen.

In der Ostkirche feierte man (bezeugt: 361 n.Chr.) am 6. Januar das Fest „Epiphania" oder auch „Theophania", das zunächst in den einzelnen Regionen unterschiedliche Bedeutungen haben konnte. So feierte man neben der Geburt des Herrn auch die Taufe Jesu und die Hochzeit zu Kana (heute eigene Festinhalte).

Wohl noch gegen Ende des 4. Jahrhunderts erfolgte ein Austausch der Feste und Festinhalte vom 25. Dezember und 6. Januar, wie die West- und Ostkirche sie bis heute begehen. Aber auch heute noch ist für die Ostkirche das Fest „Epiphanie" das eigentliche Fest der Menschwerdung Christi.

Die Erzählung von der Geburt Jesu in Betlehem (vgl. Lk 2) wurde von den Menschen im Laufe der Zeit oft in so rührender Weise ausgeschmückt und ergänzt, daß vielfach die Botschaft des Evangeliums verdeckt wurde:

Gottes Sohn ist Mensch geworden, um uns zu erlösen. Er hat sich immer der Armen und Schwachen angenommen. Auch darauf weist schon das Weihnachtsevangelium hin, in dem die Hirten, ein zur damaligen Zeit recht verrufener Berufsstand, die ersten waren, die kamen, um das Kind anzubeten. Einer der ältesten Texte des Neuen Testaments beschreibt das Leben Jesu so: „Sein Leben war das eines Menschen, er erniedrigte sich und war gehorsam bis zum Tod, bis zum Tod am Kreuz" (Phil 2,4). Um diesen Zusammenhang zwischen Menschwerdung und Erlösung besonders deutlich zu machen, gehört zu manchen Krippendarstellungen bereits das Kreuz.

 Liturgische Besonderheiten und weitere Vorbereitungen:
Es gibt für das „Hochfest der Geburt des Herrn" vier verschiedene Meßformulare, die für alle drei Lesejahre gleich sind: „Am Heiligen Abend", „In der Heiligen Nacht" (= Christmette); „Am Morgen" und „Am Tag".
Die liturgische Farbe ist Weiß.
Grundsätzlich sind alle Dinge vorzubereiten, die auch sonst für eine Messe anstehen.
Da an Weihnachten mit einer großen Teilnehmerzahl gerechnet werden muß, sind mehr Hostien als sonst bereitzustellen.
Um dem festlichen Charakter des Gottesdienstes gerecht zu werden, ist Weihrauch vorzubereiten (zwei MeßdienerInnen für Weihrauch und Schiffchen vorsehen).
Nicht vergessen: Neben den sonstigen Lampen sind auch Krippe und Weihnachtsbäume rechtzeitig zu beleuchten.

26. Dezember: Fest des heiligen Erzmartyrers Stephanus
Der 26. Dezember wird nur im deutschsprachigen Raum auch als der *zweite Weihnachtsfeiertag* begangen. Die Kirche feiert an diesem Tag ihren ersten Martyrer, Stephanus. Die Farbe der liturgischen Gewänder ist deshalb Rot.

Die Weihnachtsoktav und ihre Feste
Wie Ostern, so hat auch Weihnachten eine eigene Oktav, die sich allerdings viel später herausbildete als jene und von vielen Festen unterbrochen wird:

Am 26. Dezember: Fest des heiligen Erzmartyrers Stephanus (s.o.)
Am 27. Dezember: Fest des heiligen Johannes, Apostel, Evangelist
Am 28. Dezember: Fest der Unschuldigen Kinder
Am 31. Dezember: Silvester (vorletzter Tag der Weihnachtsoktav, Jahresschlußgottesdienst)

Am Sonntag in der
Weihnachtsoktav: Fest der Heiligen Familie
Am 1. Januar: Oktavtag von Weihnachten: Hochfest der Gottes-
mutter (Neujahr)

Fest des heiligen Johannes

An diesem Tag wird – vor allem in Weinbaugebieten – häufig der *Johanniswein* gesegnet.

Möglicherweise geht dieser Brauch auf eine alte heidnische Sitte zurück: Germanen, Griechen und Römer nahmen zu Ehren der Götter einen Trunk zu sich. Die Kirche übernahm diese Sitte zu Ehren von bestimmten Heiligen, wie Michael, Stephanus, Johannes der Täufer u.a. Die Tradition des Johannestags kann jedoch auch auf dem Hintergrund einer alten Legende gesehen werden: Nach dieser erhielt Johannes einmal einen Becher vergifteten Weins gereicht, mit der Aufforderung, ihn zum Beweis seiner Wahrhaftigkeit zu trinken. – Das Gift konnte ihm nichts anhaben, und der Irrlehrer bekehrte sich. Johannes wird deshalb auch häufig mit einem Kelch, aus dem eine Schlange hervorkriecht, abgebildet.

Bei der Segnung innerhalb einer Meßfeier erfolgt diese zu Beginn des Gottesdienstes. Der Bußakt entfällt. An die Segnung (s. Benediktionale, S. 38 f) schließt sich sofort das Tagesgebet an.

Die Segnung kann aber auch im Rahmen eines *Wortgottesdienstes* oder einer *Vesper* erfolgen.

Bitte rechtzeitig absprechen, vorbereitet werden muß: Ⓥ
In der Regel: *Weihwasser und Aspergill;*
eventuell ist ein Tisch (mit Decke) bereitzustellen.

Silvester – Jahresschluß

In den meisten Gemeinden wird wohl an Silvester ein *Jahresschlußgottesdienst* gefeiert, oft als Vorabendmesse, möglicherweise aber auch als Dankandacht. Dieser Rückblick auf das Jahr – eventuell mit einer besonderen Nennung der gemeindlichen Geschehnisse – schließt auch das besondere Gedenken der Verstorbenen ein.

Wo es üblich ist, findet zum Jahreswechsel ein kurzes Schlußgebet statt. Um 24 Uhr werden alle *Glocken* geläutet.

Hochfest der Gottesmutter Maria

Das „Hochfest der Gottesmutter Maria" ist gleichzeitig der Oktavtag von Weihnachten. Vielfach wird aber auch der Beginn des neuen Jahres in der Gottesdienstgestaltung einen besonderen Akzent setzen.

Hier kann, wie bei allen Hochfesten, *Weihrauch* gespendet werden.

Epiphanie (Erscheinung des Herrn)

Das zweite große Fest der Weihnachtszeit ist das Fest Epiphanie. Man nannte es früher auch „Drei Könige", weil es dem Brauchtum nach drei Könige waren, die Jesus im Stall von Betlehem huldigten. Allerdings spricht die Bibel von Weisen, und eine Zahl ist nirgendwo angegeben. So trifft der heutige Name den Festinhalt genauer. „Epiphanie", also „Erscheinung" des Herrn, übernimmt die alte Festbezeichnung der Ostkirche. Man gebrauchte das Wort früher in heidnischen Gegenden, um das „Erscheinen" einer Gottheit unter den Menschen, den Besuch eines Herrschers (der als „Gott" verehrt wurde) zu bezeichnen. Wie in vielen anderen Fällen übernahmen die dortigen Christen das Wort und deuteten es um, hier um die Menschwerdung Christi, des Gottessohnes, auszudrükken.

 Besondere Vorbereitungen:

Zum Hochfest sind die Figuren der „Drei Könige" mit „Zubehör" zur Krippe zu stellen. Es ist bei „Erscheinung des Herrn" besonders sinnvoll, Weihrauch zu spenden.

In diesen Tagen beginnt auch die Sternsingeraktion der MeßdienerInnen, die jedes Jahr unter einem anderen Thema steht. Die Sternsinger besuchen die Häuser und schreiben mit der gesegneten Kreide die Jahreszahl und die drei Buchstaben C, M und B (Christus mansionem benedicat = Christus segne dieses Haus) über die Tür.

Ansonsten sind die Traditionen in den einzelnen Gemeinden sehr unterschiedlich. Der/die KüsterIn sollte frühzeitig abklären, welche Aufgaben ihm/ihr dabei zukommen.

Grundsätzlich müssen die entsprechenden Lieder eingeübt, eventuell Texte vervielfältigt werden; die Gewänder und Sterne überprüft und/oder neu angefertigt werden; rechtzeitig sollten Besucherlisten ausgelegt, anschließend müssen die Gruppen eingeteilt werden.

Weiter werden benötigt: Weihrauchfaß und Schiffchen (genügend Weihrauch und Kohlen), eventuell Weihwasser, Kreide, Besucherliste, Sammelbüchse und anderes, je nach den örtlichen Gegebenheiten.

In vielen Gemeinden gibt es einen eigenen Aussendungsgottesdienst (Benediktionale!), möglich ist es aber auch, die SternsingerInnen in dem Gemeindegottesdienst vorzustellen und die Aussendung in die Liturgie zu integrieren.

Taufe des Herrn – Sonntag nach Epiphanie

Ursprünglich feierte die Ostkirche an „Epiphanie" gleichzeitig die *Taufe des Herrn.* Auch bei der Taufe Jesu am Jordan durch Johannes den Täufer schien ja etwas von der Gottheit Jesu auf, indem eine Stimme vom Himmel ihn als den Sohn Gottes bestätigte.

Die Kirche feiert heute das Fest „Taufe des Herrn" am Sonntag nach dem Hochfest „Erscheinung des Herrn". Es bildet gleichzeitig den Abschluß des Weihnachtsfestkreises.

DIE ZEIT IM JAHRESKREIS (I)

Nach dem Fest „Taufe des Herrn", bei dem noch einmal die Festfarbe „Weiß" getragen wird, beginnt die „Zeit im Jahreskreis" (= grün). Sie umfaßt die 33 oder 34 Wochen, die außerhalb des Weihnachts- und Osterfestkreises liegen (vgl. S. 150).

In vielen Gemeinden ist es üblich, nach dem Fest „Taufe des Herrn" zwar die Weihnachtsbäume und den sonstigen Weihnachtsschmuck abzuräumen, die Krippe aber bis zum 2. Februar, dem Fest „Darstellung des Herrn" (früher „Mariä Lichtmeß"), stehenzulassen, das bis zur Liturgiereform den Abschluß des Weihnachtsfestkreises bildete.

Darstellung des Herrn (2. Februar)

Das Fest am 40. Tag nach der Geburt des Herrn finden wir zuerst Ende des 4. Jahrhunderts in Jerusalem bezeugt.

Der bis zur Liturgiereform übliche Name „Mariä Lichtmeß" sagt es schon: Bei diesem Fest spielt das Lichtmotiv eine große Rolle. Kerzenweihe und Lichterprozession kamen aber erst ca. 100 Jahre später hinzu. Der Festinhalt hat seinen Ursprung in der Perikope von der Darstellung Jesu im Tempel (Lk 2,21–40) mit den berühmten Worten des greisen Simeon, mit denen er das Kind Jesus seligpreist als „ein Licht, das die Heiden erleuchtet, und Herrlichkeit für dein Volk Israel" (2,32). Schon daraus wird deutlich, daß die Umbenennung und auch die Akzentuierung als Herrenfest durchaus seinen Sinn hat.

Obwohl das Fest, wie gesagt, nicht mehr im Weihnachtsfestkreis liegt, ist doch ein inhaltlicher Zusammenhang sowohl zur Geburt Jesu als auch durch das Lichtmotiv gegeben, das in der Weihnachtszeit ja sehr dominant ist.

Das Besondere dieses Tages ist sicher die Lichtfeier. Wo es möglich ist, könnte ein gemeinsamer Einzug von Zelebrant und Gemeinde mit brennenden Kerzen geschehen. Die Kerzen werden dann zuvor auf dem Vorplatz oder im Eingang gesegnet. (Häufig werden dabei auch die Altarkerzen für das ganze Jahr gesegnet. Dazu eventuell Tisch mit Kerzen vorbereiten.) Wo das nicht machbar ist, können durch einen Ministranten die Kerzen der jeweils an den Bankenden Sitzenden entzündet werden,

die sie dann ihrem Nachbarn/der Nachbarin weiterreichen. Dabei kann man zum Beispiel sprechen: „Licht von Christus erleuchte dich." Darauf antwortet der Empfangende: „Licht von Christus erleuchte die ganze Welt." Oder: „Licht von Christus." – „Amen".
Die liturgische Tagesfarbe ist Weiß.

Der Blasiussegen (3. Februar)

Der dem Fest „Darstellung des Herrn" folgende Tag ist dem Gedächtnis des hl. Blasius gewidmet, einer der „Vierzehn Nothelfer". Er war um 300 Bischof im armenischen Sebaste und erlitt um 316 den Martyrertod. Um seine Gestalt ranken sich eine Reihe von Legenden, unter anderem, daß er einen an einer Fischgräte zu ersticken drohenden Jungen heilte. So wurde er zum Patron gegen Halsleiden. Heute erscheint es sinnvoller, einen Segen zur „Bewahrung vor Krankheiten des Leibes und der Seele" zu sprechen. Auch die besondere Lichtsymbolik, weswegen man das Fest vielleicht in die Nähe des „Lichtmeßtages" rückte, geht wohl auf eine Legende zurück.

Heute wird der immer noch „sehr beliebte" Blasiussegen in vielen Gemeinden im Anschluß an die Messe vom 2. Februar gespendet. Sicher gibt es eine Reihe von TeilnehmerInnen, die vor allem wegen des „Blasiussegens" am Gottesdienst teilnehmen. Allerdings kann dadurch auch der Inhalt des Festes sehr in den Hintergrund treten.

Das Benediktionale sieht die Spendung des Blasiussegens in Verbindung mit der Meßfeier oder in einem Wortgottesdienst vor.

Ⓥ **Vorbereitungen für den Blasiussegen:**
Für den Priester oder Diakon: Chorrock oder Albe, rote Stola; Benediktionale (S. 51); zwei (nichttropfende) schmale Kerzen, die kreuzweise übereinandergelegt, besser am Kreuzungspunkt zusammengebunden werden. Es gibt auch entsprechende Ständer zu kaufen; es lassen sich solche aber auch in einer einfachen Form aus zwei aneinandergelöteten Rohrteilen anfertigen.

DER OSTERFESTKREIS

Die österliche Bußzeit/Fastenzeit

Eine vorösterliche Fasten- und Bußzeit wird etwa seit der ersten Hälfte des vierten Jahrhunderts in der gesamten Kirche begangen, zu jener Zeit also, in der das Kirchenjahr oder liturgische Jahr insgesamt seine entscheidende Ausgestaltung erfuhr.

Ihr ungewöhnlicher Beginn mitten in der Woche hat mit ihrer Dauer und mit der Zählung der Fasttage zu tun: 40 Jahre verbrachte das Volk Israel in der Wüste, bevor es in das Gelobte Land kam, 40 Tage fastete Elija und 40 Tage auch Jesus in der Wüste. Diese Zahl hat also in der Bibel eine ganz besondere Bedeutung. So lag es nahe, auch die Bußzeit vor Ostern auf 40 Tage festzulegen. Da die Sonntage als wöchentliche Auferstehungsfeier keine Fasttage sein können, kam man bei der Zählung der übrigen Wochentage auf den Mittwoch als Beginn der Fastenzeit oder, wie wir heute auch sagen, der *österlichen Bußzeit*.

Das Meßbuch hat diese Bezeichnung hinzugenommen, um das Anliegen der Liturgiekonstitution aufzugreifen, die neben dem „Fasten" noch weitere Akzente und Sinngebungen hervorhebt: „Die vierzigtägige Fastenzeit hat die doppelte Aufgabe, vor allem einerseits durch Tauferneuerung oder Taufvorbereitung, andererseits durch Buße die Gläubigen, die in dieser Zeit mit größerem Eifer das Wort Gottes hören und dem Gebet obliegen sollen, auf die Feier des Pascha-Mysteriums vorzubereiten. Dieser Doppelcharakter soll sowohl in der Liturgie wie auch in der Liturgiekatechese in helles Licht gerückt werden ..." (II. Vat., Lit. 109).

Die meisten Religionen kennen ein Fasten als „Leerwerden", als Hilfe zum Frei-Werden und Sich-Öffnen für religiöse Erfahrung, für und auf Gott hin. Dabei ist das körperliche Entschlacken für den religiösen Menschen eher ein Nebeneffekt, der aber gerade etwa beim Heilfasten unter anderen Vorzeichen heute wieder neu entdeckt wird.

Buße als Umkehr zu Gott meint die ganze Haltung des Menschen, die sich zum Beispiel in Gebet und Bibellesen, in der Gemeinschaft mit anderen Christen, im sozialen Tun, im Besuch des Gottesdienstes, in der Beichte ausdrücken kann. Es geht um ein umfassendes Ausgerichtet-Sein auf Gott.

So werden in der Regel in der österlichen Bußzeit in den Gemeinden Bußgottesdienste und vermehrte Beichtzeiten angeboten; Jugendliche treffen sich häufig zu Frühschichten und zum (ökumenischen) Jugendkreuzweg. In vielen Gemeinden werden auch „Fastenpredigten" angeboten, die ein bestimmtes Thema beleuchten.

Die große Hilfsaktion *Misereor* fällt ebenfalls in diese Zeit.

Liturgische Besonderheiten

Gemäß dem Bußcharakter dieser Zeit *entfallen* – wie in der Adventszeit – bei der Messe das *Gloria* und der *Hallelujaruf*.

Die liturgische Farbe ist ebenfalls *Violett*. Kirchenraum und Liturgie sollten entsprechend schlicht sein, das heißt: Auf Blumenschmuck sollte weitgehend verzichtet werden; die Orgel nach Möglichkeit nur als Begleitinstrument dienen. Wo vorhanden, ist es sinnvoll, schlichtere liturgische Geräte zu verwenden, so daß der besondere Charakter dieser Zeit auch in den verschiedenen äußeren Zeichen, Symbolen und räumlichen Gegebenheiten erkennbar ist.

Am *vierten Sonntag* der österlichen Bußzeit, dem Sonntag *„Laetare"* – nach dem Anfang des Eingangsverses: „Freue dich, du Stadt Jerusalem" –, kann in Vorfreude auf Ostern auch ein rosa Meßgewand getragen werden (ähnlich dem 3. Adventssonntag).

Weitere Einzelheiten zu den Feiern von Aschermittwoch und Palmsonntag: s.u., S. 131 f.

 Weitere Vorbereitungen für die Fastenzeit und im Blick auf Ostern

(Bitte vor Beginn der Fastenzeit durchlesen und einen Zeitplan erstellen, wann was zu erledigen ist!)

Immer mehr Gemeinden greifen die alte Tradition der Hungertücher wieder auf und hängen die meist in zweijährigem Abstand von Misereor neu herausgebrachten Tücher von Künstlern aus aller Welt zu Beginn der Fastenzeit im Kirchenraum auf. Aufgabe des Küsters/der Küsterin wäre hier, eventuell in Zusammenarbeit mit dem Missionsausschuß, dafür zu sorgen, daß eine geeignete Stelle ausgesucht wird und entsprechende Aufhängevorrichtungen vorhanden sind bzw. angefertigt werden.

Auch die von Misereor zur Verfügung gestellten Meditations- und Erläuterungsblätter zu den Bildaussagen sollten im Kirchenraum ausgelegt werden (frühzeitig bestellen!).

Es ist sinnvoll, bereits zu Beginn der Fastenzeit den Zustand der Festgewänder, Altardecken usw. zu überprüfen, um sie gegebenenfalls reinigen und aufarbeiten zu lassen. In Gemeinden, in denen zwischen Gründonnerstag und Osternacht statt der Glocken „Klappern" oder „Ratschen" verwendet werden, sind diese ebenfalls zu überprüfen. Auch die liturgischen Geräte sollten alle während dieser Zeit gereinigt werden, damit sowohl der Gottesdienstraum als auch Gewänder und Geräte an Ostern wirklich in „österlichem Zustand" sind. Für die Osternacht sollten auf jeden Fall neue Kerzen aufgesteckt werden. Wenn man sich bewußtmacht, daß Ostern für uns Christen das Fest der Feste ist, erübrigt sich jede weitere besondere Aufforderung: Schließlich bringt man ja auch in der eigenen Wohnung vor einem großen Fest alles auf „Vordermann".

Für Aschermittwoch
Rechtzeitig ist dafür zu sorgen, daß für die Austeilung des Aschenkreuzes genügend Asche vorhanden ist. Sie soll aus den Palmzweigen des Vorjahres gewonnen werden.

Am 5. Fastensonntag (Sonntag vor Palmsonntag)
Die Verhüllung der Kreuze vom 5. Fastensonntag bis nach der Karfreitagslitur-

gie mit violetten Tüchern ist zwar nicht mehr vorgeschrieben, wird aber wohl in den meisten Gemeinden noch so gehandhabt.

Für Palmsonntag
Schon frühzeitig muß überlegt werden, wo genügend Zweige – meist Buchsbaum – für die Palmprozession besorgt werden können. Erfahrungsgemäß gibt es immer weniger Gärten mit Buchsbaum, so daß hier rechtzeitig die Gemeinde um Mithilfe gebeten werden muß.

Vor dem Gründonnerstag
Am Gründonnerstag vormittag oder seit der Liturgiereform auch eventuell an einem anderen Tag der Karwoche feiert der Bischof mit Priestern seines Bistums in der Bischofskirche eine Messe, in der auch die heiligen Öle geweiht werden.
Bevor die Öle eingefüllt werden, ist zuvor das restliche alte Öl mit Watte zu entfernen und anschließend die Gefäße gut zu reinigen. Falls niemand an der Chrisam-Messe teilnehmen kann, ist zu klären: Wer holt die neugeweihten Öle – z.B. in der Bischofsstadt oder beim Dekan – ab?
Die große Hostie in der Custodia sollte beim letzten Gottesdienst vor dem Gründonnerstag (Räumung des Tabernakels) konsumiert werden, damit auch die Custodia gereinigt werden kann. Die Tabernakel-Reinigung kann dann nach der Räumung erfolgen.

In unserer Gemeinde: . . . .
. . . . .
. . . . .

Für die Osternacht
Rechtzeitig vor Ostern (Lieferzeit beachten!) müssen die Osterkerze für den Gottesdienstraum sowie die kleinen Osterkerzen für die Gemeinde bestellt werden. Bei den Kerzen für die GottesdienstteilnehmerInnen sollte auch darauf geachtet werden, möglichst umweltfreundliches Material zu verwenden (Ständer, Windfang). Eventuell lassen sich Transport- und Verpackungskosten sparen, wenn mehrere Gemeinden eine gemeinsame Bestellung aufgeben und sich anteilig berechnen lassen.

Aschermittwoch

Der Aschermittwoch eröffnet die 40tägige Bußzeit. Er ist, ebenso wie der Karfreitag, ein gebotener Fast- und Abstinenztag. Sein Name beschreibt schon die liturgische Besonderheit dieses Tages: Zu Beginn des Gottesdienstes wird den Gläubigen Asche aufgelegt. Dies kann durch den Priester, den Diakon oder einen beauftragten Laien, z.B. KommunionhelferIn, geschehen, im Rahmen einer Meßfeier oder eines Wort-, eventuell auch Bußgottesdienstes (vgl.

Meßbuch II, S. 77ff). Entsprechend ist auch die liturgische Kleidung bereitzulegen. Die Austeilung des Aschenkreuzes erfolgt nach Evangelium und Homilie. Dabei spricht der Spender die Worte: „Kehre um und glaube an das Evangelium" oder: „Bedenke, Mensch, daß du Staub bist und wieder zum Staub zurückkehren wirst."
Die Asche ist ein uraltes Zeichen der Buße und Reue. Die Menschen des Alten Testaments „hüllten sich in Sack und Asche", um ihre Bußgesinnung auszudrücken, und auch die Christen der ersten Jahrhunderte trugen aus dem gleichen Grund Trauerkleidung und verzichteten auf ihre Gesichtspflege.

Ⓥ **Vorbereitungen:**
Die üblichen Vorbereitungen für Meßfeier oder Wortgottesdienst, die liturgische Farbe ist Violett; entsprechende liturgische Kleidung (s.o.).
Für die Aschenweihe und Austeilung:
(eventuell ein kleines Tischchen, darauf:) Gefäß oder Teller mit Asche; Weihwassergefäß und Aspergill.
Nach der Auflegung der Asche werden benötigt: Wasserkanne oder -schale, Seife, Handtuch.

Palmsonntag

Der Palmsonntag, eine Woche vor Ostern, leitet die Karwoche oder Heilige Woche ein. Wir gedenken des Einzugs Jesu in Jerusalem. Die Menschen jubelten ihm damals zu und streuten ihm Palmzweige, Zeichen seines Königtums (vgl. Mt 21,1–11/Mk 11,1–10/Lk 19,28–40/Joh 12,12–16).
In fast allen Gemeinden finden an diesem Tag *Palmprozessionen* statt. Diese Wiederholung des Einzugs in Jerusalem haben wir, wie auch viele Bräuche der Karliturgie, von den Christen übernommen, die an den überlieferten Orten in Jerusalem und Umgebung das Geschehen von Palmsonntag bis Ostern nacherleben wollten. Zum ersten Mal ist eine solche Prozession um 400 von der spanischen Pilgerin Aetheria (oder Egeria) bezeugt.
Versetzen wir uns einmal in das Jerusalem um 400 n.Chr. und erleben dort eine Palmprozession: „Zu Beginn der elften Stunde wird die Evangelienstelle verlesen, wo die Kinder dem Herrn mit Palmzweigen entgegengingen und riefen: ‚Hochgelobt sei, der da kommt im Namen des Herrn!' Danach stehen der Bischof und das ganze Volk auf, und man zieht den ganzen Weg zu Fuß vom Ölberg hinunter. Das ganze Volk geht vor dem Bischof her, unter dem Gesang von Hymnen und Antiphonen und dem ständig wiederholten Antwortruf ‚Hochgelobt sei, der da kommt im Namen des Herrn'. Auch alle Kinder, die dort sind, ziehen mit, selbst jene, die so jung sind, daß sie noch nicht gehen können und von ihren Eltern auf den Schultern getragen werden müssen. Alle halten Zweige von Palmen oder

Ölbäumen in der Hand, und so geleiten sie den Bischof auf dieselbe Weise, wie damals der Herr geleitet wurde. Vom Gipfel des Berges bis zur Stadt und von dort weiter zur Anastasis gehen alle den ganzen Weg zu Fuß, selbst die Matronen und die adeligen Herren, die mitunter dabei sind. So geleiten sie also den Bischof unter ständigem Antwortgesang. Es wird sehr langsam gegangen, um das Volk nicht zu ermüden, und so ist es bereits Abend, wenn der Zug zur Anastasis gelangt. Wenn man dort angekommen ist, wird das Luzernarium (Lichtfeier, Anm. d. Autorin) gefeiert, noch einmal ein Gebet am Kreuz gesprochen und danach das Volk entlassen" (Vretska, Die Pilgerreise der Aetheria, 216, Nr. 31, zit. nach: Reckinger, 1981, 108).

Doch es geht um mehr, als um eine Erinnerung an das damalige Geschehen, denn wir wissen, daß nach diesem triumphalen Einzug in Jerusalem das Leiden und Sterben Jesu, danach aber auch die Auferstehung erfolgte. Dies alles schließt das Mitfeiern des Palmsonntags mit seinen Hosanna-Rufen für uns heute bereits ein.

In der römischen Liturgie nannte man diesen Sonntag, der die Heilige Woche eröffnete, Passionssonntag. Im Mittelpunkt der Liturgie stand die *Lesung der Passion Jesu*. Erst im 11. Jahrhundert übernahm man die Palmprozession.

Unsere heutige Liturgie vereinigt diese beiden Besonderheiten:
– die Palmprozession und
– die Lesung der Passion nach Matthäus (Lesejahr A); Markus (Lesejahr B) oder Lukas (Lesejahr C).

Die der Palmprozession vorausgehende *Palmweihe* ist dabei eigentlich sekundär. Es geht nicht um die Palmzweige als solche, sondern um die Geste der Huldigung, die an diesem Tag sinnvollerweise mit palmenähnlichen Zweigen stattfindet. Die TeilnehmerInnen nehmen die Zweige zur Erinnerung an diese Feier mit nach Hause und können sie an ein Kreuz stecken oder an einem anderen sinnvollen Ort plazieren. Sie sollten jedoch spätestens dann entfernt werden, wenn sie verwelkt sind und dementsprechend nicht mehr die Bedeutung von einem „Siegeszeichen" haben, das grün und frisch sein sollte.

Für das Gedächtnis des Einzugs Jesu in Jerusalem bietet das Meßbuch drei verschiedene Formen an (vgl. Meßbuch I, [1]-[7]):

1. Versammlung der ganze Gemeinde in einer Zweitkirche oder im Freien, dann Prozession zu der Kirche, in der anschließend die Messe gefeiert wird;
2. feierlicher Einzug des Zelebranten und seiner Begleiter (sinnvoll erscheint: auch der GottesdienstteilnehmerInnen);
3. einfacher Einzug.

Der Verlauf von Palmweihe und Prozession

Hier kann natürlich nur eine mögliche Form angegeben werden. Der konkrete Ablauf muß sich an der jeweils gewählten Form (s.o.) und an den örtlichen Gegebenheiten (Prozessionsweg usw.) orientieren. Der/die KüsterIn muß sich rechtzeitig mit dem Zelebranten in Verbindung setzen, um die nötigen Vorbereitungen treffen zu können.

Prozession:
Auszug aus der Sakristei zum Ort der Palmweihe; dort Einführung, Segensgebet und Palmweihe; eventuell Beweihräucherung. Falls die Anwesenden nicht bereits die Zweige in Händen halten: Austeilung der Palmzweige (falls der Zelebrant selbst die Zweige ausgeteilt hat: Händewaschung); Evangelium, anschließend Prozession.

Prozessionsordnung:
(2 MinistrantInnen mit Weihrauch und Schiffchen)
MinistrantIn mit Vortragekreuz
2 MinistrantInnen mit Leuchtern
(eventuell hier GottesdienstteilnehmerInnen)
MinistrantInnen mit Palmsträußchen
2 MinistrantInnen mit Weihwassergefäß und Aspergill
Zelebrant

Nach der Prozession wird das Vortragekreuz auf einen Ständer in den Altarraum gestellt; auch die Leuchter werden dort abgestellt. Weihwassergefäß und Aspergill werden in die Sakristei gebracht.
Zum Einzug erfolgt feierlicher Gesang; der Bußakt entfällt.

Ⓥ **Vorbereitungen auf dem Kirchplatz (am Kirchenportal), in Sakristei und Kirchenraum:**
Für Palmweihe und Prozession ist, soweit vorhanden, die Lautsprecheranlage zu installieren und vor Gebrauch zu überprüfen.
Grundsätzlich sind alle Vorbereitungen zu treffen, die bei jeder Messe anstehen.

In der Sakristei:
Für den Priester: *rotes Meßgewand; eventuell zu Palmweihe und Prozession: roter Chormantel.*
Für den Diakon: *Albe, Querstola, eventuell Dalmatik.*
Für die MinistrantInnen: *Gewänder (rot); (wo üblich, geschmücktes, auf keinen Fall aber verhülltes) Vortragekreuz; 2 Leuchter; Weihwassergefäß und Aspergill; falls die liturgischen Bücher mitgeführt werden, sollten auch dafür MinistrantInnen zur Verfügung stehen; für die übrigen MinistrantInnen: Palmsträuße; eventuell zur Palmweihe/Prozession: Weihrauchfaß und Schiffchen (zur Passion: kein Weihrauch und keine Leuchter!).*
Liturgische Bücher: *Meßbuch I (rot), oder Meßbuch Karwoche und Osteroktav*

für die Palmweihe: eventuell die Kapellenausgabe; für den Kirchplatz: Lektionar oder Evangeliar; für die Meßfeier: Lektionar und Evangeliar.

Auf dem Kirchplatz oder am Kirchenportal
Tisch mit Tischdecke, darauf: Behälter mit Zweigen für die Gläubigen; falls sie nicht mitgetragen werden: Meßbuch und Lektionar/Evangeliar.
Falls der Priester die Palmzweige austeilt, zur anschließenden Händewaschung: Wasserschale, Seife, Tuch.

Die drei österlichen Tage vom Leiden, vom Tod und von der Auferstehung des Herrn

Hoher Donnerstag – Gründonnerstag

Abendmahl, Kreuzestod und Auferstehung Jesu gehören eng zusammen, so eng, daß man bis zum 4. Jahrhundert in der Osternacht all jener Ereignisse gedachte, die wir heute in den „drei österlichen Tagen vom Leiden, vom Tod und von der Auferstehung des Herrn", dem sog. Triduum Sacrum, feiern. Diese drei Tage, eigentlich Freitag, Samstag und Sonntag, beginnen mit der Vesper des Vorabends, also des Donnerstags, und damit in den meisten Gemeinden mit der Abendmahlsmesse am Gründonnerstag oder am Hohen Donnnerstag, wie ihn das Meßbuch nennt.

Vielleicht hat diese Umbenennung damit zu tun, daß man bis heute Herkunft und Sinn der Bezeichnung „Gründonnerstag" nicht eindeutig klären konnte. Auch die eher volkstümliche Erklärung, daß sie von dem Wort „greinen" = weinen kommt und sich auf die Todesangst am Ölberg bezieht, läßt sich kaum näher belegen.

Am Gründonnerstag darf, außer der bischöflichen Chrisam-Messe am Vormittag, kein weiterer Gottesdienst gefeiert werden. Falls mehrere Priester in der Gemeinde tätig sind, ist eine Konzelebration beim Abendmahlsgottesdienst sinnvoll. Dies ist bei den Vorbereitungen zu berücksichtigen (Sedilien, Konzelebrationshostie, Wein).

Daß die Feste des Kirchenjahrs mehr sind als nur Gedächtnisfeiern, zeigt sich bei der Gründonnerstagsliturgie besonders deutlich. Bei den Wandlungsworten: „In der Nacht, da er verraten wurde ...", fügt der Priester ein: „Das ist heute ...". Liturgie ist nicht nur etwas Vergangenes, an das wir uns erinnern, sondern die Gegenwart Jesu Christi holt uns in das Geschehen hinein und bringt es uns nahe.

Die *Einsetzung der Eucharistie* ist der eine Schwerpunkt des Festgottesdienstes; der zweite ist das *Liebesgebot*, das sich an dem *Evangelium der Fußwaschung* festmacht. Das Meßbuch nennt als drittes noch die Einsetzung des Priestertums, jedoch genießen die beiden anderen Punkte an diesem Tag sicher Priorität.

Die Fußwaschung, von der Johannes als einziger der Evangelisten berichtet, war ein Dienst, den sonst nur die Sklaven ausführten. Sie zeigt: Jesus hat sich aus Liebe zu uns erniedrigt, „zum Sklaven gemacht". Und er fordert seine Freunde auf: „Ein Beispiel habe ich euch gegeben, damit auch ihr tut, wie ich euch getan habe" (Joh 13,14). Die Fußwaschung nimmt das zeichenhaft vorweg, was Jesus dann in seinem Leiden und Sterben in aller Entschiedenheit zu Ende geführt hat. Er spricht es beim Abendmahl aus, indem er sagt: „Das ist mein Leib, der *für euch* hingegeben wird."

In der Abendmahlsmesse – nach der Predigt – kann der Priester eine solche Fußwaschung vornehmen. Sie erinnert uns an den Liebesdienst Jesu und daran, daß er uns zur Nachfolge aufgerufen hat.

Die Frage: Fußwaschung ja oder nein, ist rechtzeitig mit dem/den Zelebranten abzusprechen und dementsprechend die nötigen Vorbereitungen zu treffen (s.u.).

Falls eine solche Fußwaschung für die Gemeinde neu ist, sollte dies nicht ohne Einführung geschehen und auf jeden Fall vorab mit dem Liturgieausschuß besprochen werden. Da „liturgische Spiele" selten geworden sind, ist es möglich, daß ein solches Zeichen „nicht richtig verstanden oder gar ins Lächerliche gezogen wird. Eine zweite Schwierigkeit kann sich bei der Auswahl der „Zwölf" ergeben.

Weitere liturgische Besonderheiten

Beim *Gloria* läuten die *Glocken* und spielt die *Orgel* zum letzten Mal – bis zum Gloria in der Osternacht. Vom Beginn des Triduums bis zur Vigil ist die Zeit der Trauer, des großen Schweigens und Fastens.

Am Ende der Messe wird das Allerheiligste an einen anderen Ort getragen und der Altar abgeräumt, eine Handlung, die etwa bis zum 7. Jahrhundert nach jedem Gottesdienst stattfand und bis dahin rein praktischen Charakter hatte: Man deckte den Altar nur zu den Gottesdiensten, und Altarkerzen gab es damals nicht. Die Kerzen, die man beim Einzug trug, wurden auch am Ende wieder mitgenommen. Erst später deutete man dies in Hinblick auf die Passion. Nun konnte man auch von der *Entblößung des Altars* sprechen und dies als Leere, als Mangel empfinden. Man spürte, die beiden kommenden Tage sind etwas ganz Besonderes, ganz anderes als die übrigen. Der offene, leere Tabernakel, der Altar ohne Schmuck und Altartuch und die Stille lassen die Trauer der Kartage greifbar werden.

Der *Übertragung des Allerheiligsten* schließt sich in der Regel eine kurze Zeit der Stille, ein Gebet und ein Sakramentslied an. Nachdem der Altar abgeräumt ist und damit die Abendmahlsmesse ihren Abschluß findet, begleiten die Menschen in den anschließenden *Anbetungsstunden* Jesus zum Ölberg. Diese Zeit ist vor allem durch Ruhe und Stille gekennzeichnet; einige Gebete, die diese Stille in Abständen unterbrechen können, sollten meditativen Charakter haben.

Der Ablauf des Gottesdienstes
Feierlicher Einzug:
MinistrantIn mit Vortragekreuz, 2 MinistrantInnen mit Leuchtern, 2 MinistrantInnen für Altardienst, 2 MinistrantInnen mit Weihrauchfaß und Schiffchen, weitere MinistrantInnen, eventuell mit Flambeaus.

Zum Gloria:
Glockengeläut (Sakristeiglocken und Schellen) und Orgelspiel – dann erst wieder in der Osternacht; wenn vorhanden: Klappern (die dann auch während der Kartage verwendet werden können).

Zum Evangelium:
Leuchter und Weihrauch.

Im Anschluß an Evangelium und Predigt eventuell die Fußwaschung:
Dazu legt der Priester das Meßgewand ab und bindet sich eine weiße Schürze oder ein weißes Tuch um. Nach der Fußwaschung wäscht sich der Priester die Hände. Dann legt er das Meßgewand wieder an.

Nach dem Schlußgebet am Ende des Abendmahlsgottesdienstes:
Zunächst Beweihräucherung des Allerheiligsten auf dem Zelebrationsaltar. Umlegen des Velums, dann Übertragung des Allerheiligsten an einen Ort der Anbetung.
Bei der Prozession: MinistrantIn mit Vortragekreuz, 2 MinistrantInnen mit Leuchtern, MinistrantInnen mit Flambeaus, 2 MinistrantInnen mit Klappern, Priester mit dem Allerheiligsten.
Am Ort der Übertragung: Beweihräucherung und Anbetung.
Anschließend: Entblößung des Altars (durch MinistrantInnen oder KüsterIn? Unbedingt vorher klären!).

Vorbereitungen:
Grundsätzlich sind zunächst alle Vorbereitungen zu treffen, die bei der Messe anstehen. Die liturgische Farbe ist Weiß.

In der Sakristei:
Für den Priester: *Meßgewand; bei Konzelebration: entweder weitere Meßgewänder oder, häufiger, Alben und weiße Stolen; für die Übertragung des Allerheiligsten: Velum.*
Für den Diakon: *Albe, weiße Querstola bzw. Dalmatik.*
Für die MinistrantInnen: *entsprechende Gewänder; Vortragekreuz, Leuchter*

mit brennenden Kerzen, Weihrauchfaß und Schiffchen, eventuell Flambeaus. Falls vorhanden: Klappern bereitlegen.

Auf der Kredenz:
Bei Konzelebration: *Eventuell große Konzelebrationshostie oder mehrere große Hostien vorbereiten.*
Außerdem: *Genügend Hostien für die Gottesdienste an Gründonnerstag und Karfreitag bereitstellen!*

Auf dem Altar und am Ort der Anbetung:
Blumenschmuck, Kerzen, Altartuch und Korporale.

Vorbereitungen für die Fußwaschung:
12 Sitzplätze; Wasserkanne mit Wasser, Schüssel für die Fußwaschung, genügend Trockentücher; Seife, Wasserschale und Handtuch zur anschließenden Händewaschung.

Am Ende der Anbetungsstunden darf nicht vergessen werden, die Kirche abzuschließen!

Karfreitag

Die Karwoche und besonders der Karfreitag sind von Schmerz und Leid geprägt. Das althochdeutsche Wort „kara" bedeutet soviel wie Trauer oder Wehklage, die auch in der ganzen Liturgie der *„Feier vom Leiden und Sterben Christi"* greifbar wird.

Der Karfreitagsgottesdienst soll nach Möglichkeit um 15 Uhr stattfinden, der Überlieferung nach die Sterbestunde Jesu. An diesem Tag und auch am folgenden, dem Karsamstag, findet keine Messe statt.

Die Liturgie des Gottesdienstes ist in dieser Form einmalig. Sie besteht aus
– Wortgottesdienst
– Kreuzverehrung
– und Kommunionfeier.

Das älteste Element ist dabei der Wortgottesdienst. Die Kreuzverehrung stammt wahrscheinlich, wie schon die Palmprozession, aus Jerusalem, wo man die letzten Tage und Stunden Jesu möglichst genau nachvollziehen wollte.

Auch hiervon berichtet wieder die Pilgerin Aetheria (Egeria), die uns schon die dortige Palmprozession beschrieb. Sie erzählt von einer seltsamen Begebenheit, der wir aber verdanken, daß wir heute von einem Küssen des Kreuzes als Zeichen der Verehrung im Jerusalem des vierten Jahrhunderts wissen: „Das Kreuz wird bewacht, weil man erzählt, daß beim Küssen einmal jemand zugebissen habe, um ein Stück davon mitfortzunehmen" (Vretska, Die Pilgerreise der Aetheria, 228, Nr. 37, zit. nach: Reckinger, 1981, 106).

Von Jerusalem, wo man vermutete, das echte Kreuz zu besitzen, gelangte eine solche Verehrung nach Rom. Hier finden wir Einzelheiten seit dem 7./8. Jahrhundert bezeugt. In diese Zeit fallen dann auch die ersten Aufzeichnungen für das dritte Element der Karfreitagsliturgie: die Kommunionfeier.

Liturgische Besonderheiten und Ablauf des Gottesdienstes

Am Karfreitag werden *keine Glocken*, auch keine Altarglocken geläutet (eventuell Klappern). Ebenso *fällt das Orgelspiel aus.*

Der Einzug und die anschließende *Prostration* der/des Zelebranten (ein Niederfallen als Zeichen des Schmerzes, der Hingabe und Anbetung) zu Beginn des Wortgottesdienstes erfolgen ebenfalls schweigend. (Wo gewünscht, auf den Altarstufen Kissen bereitlegen.)

Der Wortgottesdienst weist folgende Struktur auf:
Tagesgebet
1. Lesung (Jes 52,13–53,12)
Antwortgesang
2. Lesung (Hebr 4,14–16; 5,7–9)
Antwortgesang
Evangelium nach Johannes (Passion: Joh 18,1–19,42)
Fürbitten

Die *Passion* wird üblicherweise mit verteilten Rollen gelesen. Da das Evangelium in den drei Lesejahren gleich ist, legt es sich nahe, die drei verschiedenen Lektionare zu verwenden, die mit ihrem größeren Schriftbild das Lesen vereinfachen.

Die *großen Fürbitten* finden sich, ebenso wie die anderen liturgischen Texte für den Tag, im Meßbuch I oder im Meßbuch Karwoche und Osteroktav.

Zur *Kreuzverehrung* wird ein *größeres Kreuz mit Corpus* hereingebracht (Kreuzerhebung), das verhüllt oder unverhüllt sein darf.

Die Tradition des verhüllten und dann enthüllten Kreuzes hängt sicher mit der Verhüllung der Kreuze am 5. Fastensonntag zusammen, wobei es sich ursprünglich nur um die Verhüllung von sogenannten „Herrlichkeitskreuzen" handelte, also um solche, die Christus als Sieger und König verherrlichen und die natürlich nicht in die Zeit des Leidens und Sterbens Jesu paßten. Erst später ging man dazu über, alle Kruzifixe und Bilder mit Kreuzigungsszenen zu verhüllen.

In vielen Gemeinden wird man wohl das eindrucksvolle Zeichen der *Kreuzenthüllung* beibehalten haben. Nachfolgend sind beide Möglichkeiten der sog. *Kreuzerhebung* aufgezeigt.

Das Meßbuch I (53 f) sieht folgende Möglichkeiten vor:

1. Ein (mit einem violetten Tuch) verhülltes Kreuz wird zum Altar getragen, begleitet von zwei MinistrantInnen mit brennenden Kerzen. Der Priester steht vor dem Altar, nimmt das Kreuz entgegen und enthüllt dessen oberen Teil, er hebt es empor und singt den Ruf zur Kreuzverehrung – eventuell in verschiedenen Tonlagen, zum Beispiel: „Seht das Kreuz, daran der Herr gehangen, das Heil der Welt." Alle antworten: „Kommt, lasset uns anbeten." Danach knien alle nieder zu einer kurzen Gebetsstille. Darauf enthüllt der Priester den rechten Arm des Kreuzes, erhebt es und wiederholt den Ruf zur Kreuzerhebung. Schließlich enthüllt er das Kreuz ganz, hebt es empor und wiederholt zum dritten Mal den Ruf.

2. Der Priester, der Diakon oder ein anderer Altardiener begibt sich in Begleitung von zwei MinistrantInnen zum Eingang der Kirche, wo er das unverhüllte Kreuz entgegennimmt. Er trägt es, von den MinistrantInnen mit brennenden Kerzen begleitet, in Prozession durch die Kirche zum Altarraum. Am Portal, in der Mitte der Kirche oder beim Eingang zum Altarraum bleibt er stehen, erhebt das Kreuz und singt den Ruf zur Kreuzerhebung. Alle antworten und knien zur Verehrung nieder.

Anschließend verehren zunächst Priester, Diakon und MinistrantInnen das Kreuz, dann die Gemeinde. Es ist möglich, daß das Kreuz auf die Stufen gelegt oder auch von zwei Ministranten am Querbalken gehalten wird. Die Gläubigen kommen, ähnlich wie beim Kommunionempfang, aus den Bänken und ehren das Kreuz mit einem Kuß oder einer Kniebeuge, eventuell – wo üblich – zusätzlich mit einer Blumengabe. Möglicherweise hat sich eine Form der Kreuzverehrung in Ihrer Gemeinde durchgesetzt; grundsätzlich, denke ich, sollte es aber jedem selbst überlassen bleiben, welche der beiden Formen seinem persönlichen Frömmigkeitsstil mehr entspricht.

Danach wird das Kreuz auf den Altar oder in seine Nähe gestellt. (Es muß einen guten Halt haben!)

Die Kommunionfeier besteht aus:
- Vaterunser
- Kommunionausteilung
- Segensgebet

Während der Kreuzverehrung breiten MinistrantInnen, eventuell auch der/die KüsterIn, das Altartuch über den Altar und entfalten das Korporale. Das Meßbuch I oder das Meßbuch Karwoche und Osteroktav wird an die übliche Stelle gelegt.

Am Ende der Kreuzverehrung holt der Priester oder Diakon, begleitet von zwei MinistrantInnen, das Ziborium mit den konsekrierten Hostien. Die brennenden Kerzen können anschließend auf oder in der Nähe des Altars stehen und als Altarkerzen dienen.

Am Aufbewahrungsort legt der/die KüsterIn dem Zelebranten das *Schultervelum* um.

Das *Vaterunser* leitet die Kommunionfeier ein. Nach der Kommunionausteilung bringen die MinistrantInnen Wasser und Tuch zur Händewaschung. Anschließend überträgt der Priester oder Diakon die übriggebliebenen Hostien wieder an den Aufbewahrungsort.

Nach einem besonderen *Segensgebet* verlassen alle still den Gottesdienstraum.

Vorbereitungen:

In der Sakristei:
Für den Priester: *Albe, Stola, Meßgewand. Die liturgische Farbe ist Rot.*
Für den Diakon: *Dalmatik oder Albe und rote Stola.*
Für die MinistrantInnen: *Gewänder; 2 Leuchter, größeres Kreuz mit Korpus (eventuell mit einem violetten Tuch verhüllt).*
Liturgische Bücher: *Meßbuch I oder Meßbuch Karwoche und Osteroktav, mehrere Lektionare (A–C) für die Lesung der Passion mit verteilten Rollen.*

Im Altarraum:
Auf den Sedilien: *Gotteslob.*
Auf der Kredenz: *Altartuch, Korporale, eventuell weitere leere Hostienschalen für KommunionhelferInnen, Meßbuch I oder Meßbuch Karwoche und Ostern (s.o.).*
Auf dem Ambo: *Lektionare (s.o.).*
Auf den Altarstufen: *eventuell Kissen für die Prostration von Priester und Assistenz.*

Am Aufbewahrungsort des Allerheiligsten:
2 Leuchter mit brennenden Kerzen, weißes Schultervelum für die Übertragung des Allerheiligsten.

Karsamstag

Der Karsamstag ist traditionell der Tag der Grabesruhe Jesu und ein völlig liturgiefreier Tag. Selbst die Krankenkommunion soll, außer bei Lebensgefahr, nicht gereicht werden. Um diese besonderen Stunden auch im Kirchenraum spürbar werden zu lassen, wäre es gut, wenn Sie als KüsterIn nicht zu früh mit den Vorbereitungen beginnen, obwohl natürlich in Hinblick auf die Feier der Osternacht eine ganze Menge zu tun ist:
– Der Kirchenraum ist gründlich zu *säubern*

- und anschließend festlich zu schmücken: *frische Altardecken, neue Kerzen* (eventuell auch Apostelkerzen aufstecken); *Blumenschmuck.*
- Wo es Brauch ist, wird die *Osterkerze* und eventuell der Ständer noch mit grünen Ranken (Asparagus, Buchsbaum o.ä.) umwunden, ebenso kann das Taufbecken geschmückt werden.
- *Taufbecken und Weihwasserbecken* sollten spätestens jetzt gereinigt werden.
  Wieviel Wasser für die Segnung in der Osternacht voraussichtlich benötigt wird, ist vorher abzuklären. (Welche Erfahrungswerte gibt es?) Damit die Gemeindemitglieder in den kommenden Tagen die Möglichkeit haben, Weihwasser mit nach Hause zunehmen, ist ein Schöpfgerät bereitzuhalten.
- Das *Osterfeuer* muß vorbereitet werden:
  Da der/die KüsterIn bei der Ostervigil eine Vielfalt von Aufgaben zu erledigen hat, ist es sinnvoll, die Verantwortung für das Osterfeuer an ein Gemeindemitglied zu delegieren. Rechtzeitig absprechen!
  Folgendes ist zu beachten:
  Zunächst sind die für die Sicherheit notwendigen Vorkehrungen zu treffen: ein feuerfester Untergrund; eine überschaubare Größe des Feuers, jedoch sollte es auch nicht zu klein sein, so daß noch etwas von seiner „Erhabenheit" zu spüren ist; Wasser oder Feuerlöscher in erreichbarer Nähe. Bei der Wahl des Platzes ist darauf zu achten, daß genügend Abstand zu brennbarem Material besteht.
  In der Nähe der Feuerstelle müssen bereitliegen: eine Schaufel oder Zange, mit der die im Osterfeuer entzündete Kohlen für das Rauchfaß aus der Glut geholt werden können; ein Wachsdocht oder ein Feuerstein zum Anzünden der Osterkerze; Watte mit den Resten der hl. Öle, eventuell in einer Eierschale (Zeichen des Lebens).
  Eventuell, wo noch üblich: fünf Weihrauchkörner (Wunden) und fünf Wachsnägel, die für die Gestaltung der Osterkerze als „Nägel" verwendet werden; ein Griffel zum Einzeichnen der übrigen Beschriftungen der Osterkerze.

Die Feier der Osternacht

In der Einleitung zum Kapitel über das Kirchenjahr wurde bereits betont, daß die Feier der Auferstehung Jesu das älteste jährlich wiederkehrende Fest der Christenheit überhaupt ist – und der Ursprung aller anderen Feste des Kirchenjahrs. Zum erstenmal wird die Ostervigil (Vigil = nächtlicher Gottesdienst; Nachtwache) und mit ihr eine jährliche Auferstehungsfeier überhaupt um 170 n.Chr. bezeugt, aber möglicherweise ist sie schon apostolischen Ursprungs. Ohne den Auferstehungsglauben gäbe

es das Christentum nicht; Jesus wäre bestenfalls ein großes Vorbild, ein großer Mensch gewesen. Mit seinem Tod wäre voraussichtlich alles zu Ende gewesen. Seine Auferstehung ist gleichzeitig die Bestätigung seiner Botschaft vom liebenden Gott, der uns nicht im Tod läßt: Seine Auferstehung ist auch unsere Auferstehung. Deshalb bildet auch die Tauffeier, obwohl erst später und wohl mit dem Ausbau des Katechumenats eingeführt (3. Jh.), ein wichtiges Element der Osterliturgie.

Die *Liturgie der Osternacht* umfaßt folgende *vier Hauptteile:*
- Lichtfeier
- Wortgottesdienst
- Tauffeier
- Eucharistiefeier

Die Feier der Osternacht soll nicht vor Einbruch der Dunkelheit beginnen. Dort, wo sie in den frühen Morgenstunden beginnt, ist darauf zu achten, daß zumindest die Lichtfeier noch in der Dunkelheit stattfinden kann.

Die Lichtfeier
Das Licht mit seiner großen Symbolkraft spielt in der Osternacht eine wichtige Rolle. Bereits im 4. Jahrhundert wird von einer feenhaften Beleuchtung innerhalb und außerhalb der Basiliken berichtet, und auch heute hat die sich langsam von den nacheinander entzündeten Kerzen erhellende Kirche nichts von ihrer Faszination verloren.
Zu Beginn der Feier erhalten die Gläubigen am Eingang ein kleines Osterlicht, das später beim feierlichen Einzug an der Osterkerze entzündet wird.

Die Osterkerze
Die Osterkerze ist *das* Zeichen für den auferstandenen Christus. Sie bleibt während der ganzen Osterzeit bis einschließlich Pfingsten im Altarraum stehen. Ebenso gehört sie zur Taufliturgie (vgl. S. 78), bei der die Taufkerze an ihr entzündet wird. Bei der Totenmesse brennt die Osterkerze als Zeichen der Auferstehung und der Hoffnung ebenfalls.

Das Osterfeuer
In vielen Gemeinden wird, sofern es die Witterungsverhältnisse erlauben, an einem geeigneten Ort auf dem Kirchplatz ein *Osterfeuer* entzündet (zu den Vorbereitungen: s.o.). Es ist schön, wenn möglichst viele an der Segnung und Bereitung des Feuers teilnehmen und nicht während des Geschehens in der Kirche sitzen bleiben; es sei denn, es handelt sich um alte oder gehbehinderte Menschen.
Priester, Diakon und MinistrantInnen (mit der „Kapellenausgabe" des

Meßbuchs oder dem Meßbuch „Karwoche und Osteroktav" und Weihwasser; eventuell wird auch Weihrauch mitgeführt) ziehen zum Osterfeuer.

Am Osterfeuer begrüßt der Priester die Gemeinde und führt sie kurz in den Sinn der Feier ein; anschließend segnet er das Feuer und ritzt, wo es Brauch ist, mit einem Griffel ein Kreuz in die *Osterkerze.* Darüber zeichnet er den griechischen Buchstaben Alpha, darunter das Omega (= Christus ist der Anfang und das Ende). Zwischen die Kreuzarme schreibt er die Jahreszahl.

In das eingeritzte Kreuz können fünf Weihrauchkörner eingefügt werden.

Der Priester zündet dann die Osterkerze am Feuer an und spricht dabei: „Christus ist glorreich auferstanden vom Tod. Sein Licht vertreibe das Dunkel der Herzen."

Die Gläubigen begeben sich anschließend wieder in die Kirche, die möglichst dunkel sein soll. Jedoch ist darauf zu achten, daß, zumindest während dieser Zeit so viel Helligkeit vorhanden ist, daß – vor allem ältere Menschen – ohne Gefahr ihre Plätze einnehmen können.

Die Prozession

Es folgt die feierliche Prozession durch die Kirche:

Falls Weihrauch verwendet wird, gehen zwei MinistrantInnen mit Weihrauchfaß und Schiffchen voran; ansonsten führt der Priester oder Diakon mit der Osterkerze die Prozession an. Es folgen MinistrantInnen mit noch nicht entzündeten kleinen Osterkerzen, dann MinistrantInnen mit Weihwasser und Aspergill, dann Priester (falls mehrere Priester konzelebrieren oder ein Diakon die Osterkerze trägt).

Noch vor Beginn der Prozession hat der Priester oder Diakon zum ersten Mal die Osterkerze emporgehoben und den Ruf „Lumen Christi" – „Christus, das Licht" angestimmt. Die Gemeinde antwortet „Deo gratias" – „Dank sei Gott". Zum zweiten Mal wird – eventuell in einer etwas höheren Stimmlage – in der Mitte des Kirchenraums das zweite „Lumen Christi" gesungen. Jetzt entzünden die MinistrantInnen ihre Kerzen an der Osterkerze und geben ihr Licht an die Gläubigen weiter, so daß sich langsam der ganze Gottesdienstraum erhellt. Das dritte „Lumen Christi" ertönt vor den Altarstufen. Danach wird die Osterkerze auf ihren Ständer im Altarraum gestellt. Die Osterkerze wird anschließend inzensiert.

Das Exsultet

Es folgt das Exsultet, das Osterlob, das vom Diakon, dem/der KantorIn oder vom Priester vorgetragen werden kann.

Das Meßbuch sieht eine längere und eine kürzere Form vor.

Der Wortgottesdienst

Der Wortgottesdienst der Osternacht unterscheidet sich schon durch die Zahl der Lesungen von den sonstigen Gottesdiensten. Es sind bis zu neun Lesungen vorgesehen: sieben alttestamentliche und (mit dem Evangelium) zwei neutestamentliche. Von den alttestamentlichen Texten sollen mindestens drei vorgetragen werden, darunter immer Ex 14 = Durchzug durch das Rote Meer.

Zwei MinistrantInnen mit Leuchtern stehen links und rechts vom Ambo, um so das Lesen der biblischen Texte zu erleichtern, da man nach Möglichkeit bis zum Gloria auf elektrisches Licht verzichten sollte.

Das *Gloria* wird nach der letzten alttestamentlichen Lesung angestimmt. Dabei *läuten alle Glocken*. Außerdem schaltet der/die KüsterIn nun das *elektrische Licht* an und entzündet auch die *Altarkerzen*.

Es folgen Tagesgebet und neutestamentliche Lesung.

Nach der Lesung ertönt zum ersten Mal seit Beginn der Fastenzeit wieder das feierliche *Halleluja*, das nun während der ganzen Osterzeit besonders häufig gesungen wird.

Beim Vorlesen des *Osterevangeliums* wird *Weihrauch* gespendet (keine Evangeliumsleuchter).

Die *Homilie* schließt den Wortgottesdienst ab.

Die Tauffeier

Von alters her sind in der Osternacht Taufbewerber durch das Sakrament der Taufe in die Kirche aufgenommen worden. Denn Leben, Sterben und Auferstehung Christi begründen auch unsere Taufe, in der wir zu neuem Leben auferstehen. Deshalb trägt der dritte Teil der Osterliturgie den Namen *Tauffeier*, und zwar unabhängig davon, ob Kinder oder Erwachsene in der Osternacht getauft werden oder nicht.

Eventuell ziehen jetzt Priester und MinistrantInnen (mit der Osterkerze) zum Taufbrunnen.

Im Anschluß an die *Allerheiligenlitanei*, in der wir die Heiligen um ihre Fürsprache bitten, folgt die *Segnung des Taufwassers*. (Falls keine Taufe gespendet und auch kein Taufwasser gesegnet wird, entfällt die Litanei.) Dabei kann die Taufkerze ein- oder dreimal in das Taufwasser gesenkt werden. Eventuell folgt ein Lied.

Wenn Täuflinge anwesend sind, schließt sich an dieser Stelle ihre *Taufe* an. Normalerweise wird man in der Osternacht nur Jugendliche oder Erwachsene taufen, da eine derart lange Feier einer Familie mit Kleinkind kaum zuzumuten ist und eventuell auch inhaltlich eine Überforderung darstellt. Eine Taufe von Jugendlichen oder Erwachsenen dagegen ist gerade in der Osternacht sehr sinnvoll und hat, wie gesagt, in der Kirche eine lange Tradition.

Bei jugendlichen und erwachsenen TaufbewerberInnen kann sich direkt die Spendung der Firmung anschließen.

Der/die KüsterIn hat dazu alles bereitzustellen, was für die Taufe und eventuell für die Firmung vorzubereiten ist (s. S. 80 und S. 84 f).

Nach der Taufe ziehen alle zurück in den Altarraum; die Osterkerze wird wieder auf den Leuchter gestellt.

Die Gemeinde erneuert mit ihren brennenden Kerzen, die ja auch an die Taufkerzen erinnern, ihr *Taufversprechen*. Nach der Erneuerung des Taufversprechens mit der Absage an das Böse und dem Glaubensbekenntnis besprengt der Priester die Gemeinde mit gesegnetem Wasser.

MinistrantInnen halten Weihwassergefäß und Aspergill bereit.

Eventuell füllt der/die KüsterIn jetzt die leeren Weihwasserbecken mit gesegnetem Wasser, während der Priester und der/die LektorIn die *Fürbitten* sprechen.

Die Eucharistiefeier

Die nun folgende *Eucharistiefeier* verläuft wie andere feierliche Messen.

Die Agape

In vielen Gemeinden ist es wieder Brauch, nach der Ostervigil noch gemeinsam zu feiern. Schon im frühesten Zeugnis (um 170) über die Feier der Ostervigil, das wir kennen, wird ebenfalls eine Agapefeier (= Liebesmahl) erwähnt.

Ob man ein gemütliches Beisammensein oder ein Ostereieressen im Anschluß an den nächtlichen Festgottesdienst als eine Agape bezeichnen kann oder auch sollte, wird davon abhängen, ob die TeilnehmerInnen nach der doch ungewöhnlich langen Liturgie noch fähig sind, dieser Feier eine religiöse Dimension zu geben: Segnung der Gaben, aber auch Gebete und Lieder sollten einen gewissen Stellenwert einnehmen. Wenn dies für die meisten TeilnehmerInnen eine Überforderung darstellt, ist es besser, das Ganze als das zu bezeichnen und auch wertzuschätzen, was es eben ist: ein gemütliches Beisammensein von Gemeindemitgliedern.

Eine Segnung von Osterspeisen findet in manchen Gemeinden auch am Ostersonntag nach der Vesper statt.

Dazu ist das Benediktionale, Weihwassergefäß und Aspergill bereitzuhalten.

Einen interessanten und irgendwie auch tröstlichen Einblick in eine frühchristliche Ostervigil mit anschließender Agape gibt uns eine syrische Schrift aus dem 5. Jahrhundert (Rahmani, 139–141, Nr. 19, zit. nach: Reckinger, 1981, 52):
„Die Diakone gehen zwischen den Damen hin und her, um zu sehen, ob sich nicht etwa, entgegen der Ordnung, junge Männer unter ihnen befinden ... Sie sollen die jungen Männer nicht schlafen lassen ...

Die Mühe und Müdigkeit auf sich nehmen, sollen es bis zur Hälfte der Nacht tun
...
Nach ihrer Entlassung sollen die Gläubigen in Ruhe und Ordnung nach Hause gehen und bei ihrem Mahl das Gebet nicht auslassen ...
Die Priester sollen ihren Dienst fortsetzen. Die Frauen sollen mit ihren Männern nach Hause gehen, die Witwen dagegen bis zum Morgen in der Kirche bleiben und dort ihr Mahl einnehmen. Auch die Jungfrauen bleiben in der Kirche, der Bischof soll sich ihrer annehmen und für sie sorgen, die Diakone sollen sie bedienen. Die Frauen der Priester sollen bis zum Morgen mit dem Bischof zusammenbleiben, beten und sich Ruhe gönnen; ebenso die Neugetauften. Die heiratswilligen jungen Mädchen sollen mit ihren Müttern nach Hause gehen, das ist geziemender."

Vorbereitungen:

Vieles ist bereits am Karsamstag oder früher zu erledigen: siehe unter Karsamstag.

Grundsätzlich ist alles für einen Festgottesdienst Notwendige vorzubereiten.

Falls eine Tauffeier stattfindet, sind auch die notwendigen Gegenstände am Taufstein oder wo sonst üblich bereitzustellen.

Auf dem Kirchplatz:

Soweit der/die KüsterIn diese Aufgabe nicht delegiert hat: das Osterfeuer (s. unter Karsamstag).

Kapellenausgabe des Meßbuchs (grün) oder: Meßbuch Karwoche und Osteroktav. Das Buch kann auch von einem Ministranten/einer Ministrantin mitgebracht werden.

Am Kircheneingang werden in der Regel die Osterkerzen für die GottesdienstteilnehmerInnen ausgegeben bzw. verkauft.

In der Sakristei:

Für Priester und Diakon(e): die entsprechenden Gewänder. Die liturgische Farbe ist Weiß; eventuell weißer Chormantel. (Wann wird mit dem Meßgewand getauscht? Zeitpunkt vorher absprechen!)

MinistrantInnen: Gewänder; Weihrauchfaß und Schiffchen; Weihwassergefäß und Aspergill; Flambeaus bzw. kleine Osterkerzen.

Im Altarraum:

Der Altarraum und die gesamte Kirche sind festlich geschmückt (s. unter Karsamstag); Altarschellen wieder an den gewohnten Platz stellen (die Klappern der Kartage entfernen).

Auf den Ambo: Lektionar und Meßbuch I (rot); Meßbuch Karwoche und Osteroktav oder Exsultet-Text.

An die Sedilien: kleine Osterkerzen für alle.

Falls keine Tauffeier stattfindet: eventuell nur Behälter für die Weihwasserweihe und Schöpfgefäß.

Besonderheiten in unserer Gemeinde: . . . .
. . . .
. . . .

Die Osterzeit

Die 50 Tage sind wie das Osterfest zu feiern, und sie sind alle wie ein einziger Sonntag, so etwa beschrieb Ambrosius im 4. Jahrhundert die Osterzeit. Diese Festzeit ist neben der wöchentlichen Auferstehungsfeier am Sonntag und der Osternacht der älteste Baustein des Kirchenjahrs. Sie reicht von der Osternacht bis Pfingsten.

Besondere Schwerpunkte und Besonderheiten innerhalb der Osterzeit bilden die *Osteroktav*, das *Hochfest Christi Himmelfahrt* und die durch die Neuordnung des Kirchenjahrs wieder offiziell eingeführte *Pfingstnovene* zwischen Christi Himmelfahrt und *Pfingsten* – neun Tage, in denen die Liturgie stärker das Beten um die Gaben des Geistes und das Pfingstgeschehen in den Mittelpunkt rückt.

Liturgische Besonderheiten:
Die liturgische Farbe ist Weiß. (Ausnahme: Am Pfingstfest selbst ist sie Rot.)
Die Osterkerze bleibt bis einschließlich Pfingstsonntag (s.u.) im Altarraum stehen und brennt bei jedem Gottesdienst.
Während der Osterzeit soll besonders oft das Halleluja gesungen werden.

Die Osteroktav

Die erste Woche der Osterzeit wird dabei noch einmal als *Osteroktav* besonders hervorgehoben. In ihr sind liturgisch alle Wochentage dem Osterfest gleichrangig zugeordnet, werden also im Gottesdienst wie Hochfeste behandelt und haben eigene Meßformulare. Sie können – mit Ausnahme von Begräbnismessen – nicht durch andere Anlässe verdrängt werden.

Die Osteroktav entwickelte sich ca. im 4. Jahrhundert als eine Fortsetzung der Feierlichkeiten aber auch im Rahmen der katechetisch-seelsorglichen Bemühungen um die Neugetauften der Osternacht, die täglich während dieser Zeit zu Vorträgen und zu Dankgottesdiensten zusammenkamen. Den feierlichen Abschluß dieser Tage bildete die Meßfeier am *Sonntag nach Ostern*, der wegen der weißen Kleider, die die Neugetauften die ganze Woche hindurch getragen hatten, den Namen „*Weißer Sonntag*" bekommen hat – nicht, wie man irrtümlich meinen könnte, wegen der weißen Kleider der Erstkommunikantinnen.

Zur *Feier der Erstkommunion*, die auch heute noch in vielen Gemeinden am 2. Sonntag nach Ostern gefeiert wird, siehe S. 86 ff.

Christi Himmelfahrt

Besonders in ländlichen Gebieten ist es üblich, an den drei Tagen vor Christi Himmelfahrt sog. *„Bittprozessionen"* abzuhalten, wobei die inhaltlichen Schwerpunkte recht verschieden sein können. Die liturgische Farbe ist „Violett". Näheres siehe unter „Prozessionen", S. 115 f.

Auch das *Hochfest Christi Himmelfahrt* feiert die Kirche, wie so viele andere Feste, seit dem 4. Jahrhundert, als sich das Kirchenjahr gemäß dem Ablauf des Lebens Jesu, wie ihn die Bibel darstellt, entfaltete. Die Stelle in der Apostelgeschichte: „Vierzig Tage hindurch erschien er ihnen ..." (1,3) legte es wohl nahe, das Fest zeitlich am 40. Tag nach Ostern anzusetzen. Wo „Christi Himmelfahrt" kein gebotener Feiertag ist, wird das Hochfest auf den 7. Sonntag der Osterzeit verlegt.

Die liturgische Farbe ist, wie in der übrigen Osterzeit, Weiß.

Pfingsten

Die Feier des Pfingstfestes als Vollendung des Ostergeschehens bildet den Abschluß des Osterfestkreises. Dies zeigt: Die Sendung des Geistes Jesu als Tröster und Beistand (vgl. Apg 2,1 ff) für den einzelnen und für seine Kirche läßt sich nicht unabhängig vom Erlösungsgeschehen sehen.

Vorbereitungen:

Es sind alle notwendigen Vorbereitungen für einen Festgottesdienst zu treffen. Die liturgische Farbe an beiden Pfingsttagen ist Rot.

Nach dem Festgottesdienst an Pfingstsonntag wird die Osterkerze aus dem Altarraum entfernt und an den Taufbrunnen gestellt. Sie wird für die übrige Zeit des Jahres nur noch bei Taufen und bei Totenmessen wieder in den Altarraum gestellt und entzündet.

Möglich ist aber auch, die Osterkerze zum Beispiel innerhalb einer feierlichen Pfingstvesper an den Taufbrunnen zu übertragen.

Der Montag nach Pfingsten hat nur im deutschen Sprachraum als ein zweiter Feiertag, als *Pfingstmontag*, einen besonderen Stellenwert. Normalerweise ist er der erste Tag der *Zeit im Jahreskreis*. Deshalb ist sein Meßformular auch nicht mehr im Meßbuch I, sondern in Band II enthalten (S. 207 ff).

DIE ZEIT IM JAHRESKREIS (II)

Außerhalb von Weihnachts- und Osterfestkreis bleiben noch 33 oder 34 Wochen: die „Zeit im Jahreskreis". Sie begann mit dem Fest „Taufe des Herrn" (= 1. Sonntag i.J.) und wurde dann durch den Osterfestkreis mit der Fasten- und Osterzeit unterbrochen. Nach Pfingsten beginnt dann sozusagen der zweite Teil der Zeit im Jahreskreis, der mit dem Christkönigsfest als dem 34. Sonntag i.J. seinen Abschluß findet. Der 1. Adventssonntag leitet den Weihnachtsfestkreis und das neue Kirchenjahr ein.

Die liturgische Farbe der Zeit im Jahreskreis ist Grün, sofern keine Feste oder Hochfeste eine andere Farbe vorsehen.

Am ersten Sonntag nach Pfingsten feiert die Kirche den *Dreifaltigkeitssonntag*, das „Hochfest der Heiligen Dreifaltigkeit", das 1334 allgemein eingeführt wurde. Die liturgische Farbe ist Weiß.

Hochfest des Leibes und Blutes Christi – Fronleicham

Das Fronleichnamsfest, das immer am zweiten Donnerstag nach Pfingsten gefeiert wird, bedarf besonderer Vorbereitungen von seiten des Küsters/der Küsterin, aber auch von seiten der/des Zelebranten und des Liturgieausschusses.

Fronleicham ist ein altes deutsches Wort und heißt „Leib des Herrn" oder „Herrenleib".

Da man am Gründonnerstag, am Vorabend „der Feier vom Leiden und Sterben Christi", der Einsetzung der Eucharistie nicht in so festlicher und froher Weise gedenken konnte, wurde aufgrund von Visionen der Nonne Julia von Lüttich (1209) ein neues Fest zu Ehren des heiligen Altarsakramentes eingesetzt. Einige Jahrzehnte später verband man damit auch eine feierliche Prozession.

Heute gibt es für die Gestaltung und auch für die Prozession verschiedene Formen, zum Beispiel: eine feierliche Messe im Freien mit oder auch ohne anschließende Prozession. Die Prozessionswege werden oft durch eine Statio an vier (oder auch weniger) Altären unterbrochen.

Die Prozession ist ein schönes Bild für das wandernde Gottesvolk, das gemeinsam auf dem Weg zu Gott ist, so wie das Volk Israel durch die Wüste in das Gelobte Land zog.

Bei der Gestaltung des Festes wird der Liturgieausschuß eine Form finden müssen, die sowohl die Ortstradition nicht außer acht läßt als auch die momentane Gemeindesituation mit ihren Anliegen und Möglichkeiten berücksichtigt.

Frühzeitige Überlegungen und Vorbereitungen:
Frühzeitig hat der/die KüsterIn abzuklären, ob ein Festgottesdienst im Freien und eine Prozession geplant sind. Gerade an Fronleichnam gibt es sehr viele unterschiedliche Möglichkeiten (s.o.), so daß vor allem KüsterInnen, die ein solches Amt noch nicht lange in der Gemeinde ausüben, sich früh über etwaige Besonderheiten erkundigen müssen. Hier können nur einige grundlegende Dinge genannt werden.

Für den Fall, daß es regnet, sollte eine Alternative überlegt werden. Am Tag selbst sind solche Überlegungen zu spät, und es kann leicht bei allen Beteiligten zu einer übergroßen Hektik führen.

Falls eine Prozession vorgesehen ist, muß der Weg rechtzeitig festgelegt und auch einige Tage vorher einmal begangen werden, um unliebsamen Überraschungen vorzubeugen (Baustellen o.ä.). Eventuell ist die Polizei zwecks Absperrung zu benachrichten. Weiter muß klar sein, wer den Altar oder die (meist) vier Altäre auf dem Prozessionsweg schmückt und wer den „Himmel" (Baldachin) trägt. Dabei ist zu beachten, daß sich insgesamt acht Träger bereitfinden sollten, damit die Möglichkeit zum Wechsel gegeben ist.

Sinnvoll ist es, vor allem bei größeren Prozessionen, HelferInnen als „Ordner" einzusetzen.

Es werden in der Regel mehr als die sonst üblichen Kollektanten und KommunionhelferInnen benötigt.

Soweit nicht Blumen von Gemeindemitgliedern gespendet werden, ist – wie der Feierlichkeit des Tages angemessen – für zusätzlichen Blumenschmuck *zu sorgen.*

Für den Prozessionsweg und auch für den Gottesdienst im Freien werden oft Liedblätter *erstellt und vor Beginn ausgeteilt. Auch hierzu werden Gemeindemitglieder oder auch Ministranten benötigt. Vorher fragen, damit sie rechtzeitig am Treffpunkt sind!*

Rechtzeitig zu überprüfen *ist auch der Zustand des Traghimmels und der Fahnen, ebenso sollten die* Gewänder *vorher angesehen werden, damit gegebenenfalls noch die Säuberung bzw. Reparatur der schmutzigen oder fehlerhaften Teile veranlaßt werden kann.*

Soweit vorhanden, ist auch die tragbare Lautsprecheranlage *vorab zu überprüfen (Batterien). Eine fehlerhafte Übertragung kann sich sehr störend auf Gottesdienst und Prozession auswirken.*

Wichtig ist es für den/die KüsterIn, rechtzeitig Gemeindemitglieder anzusprechen, die nach Feier und Prozession beim Ab- und Wegräumen helfen! Da in einer Reihe von Pfarreien an diesem Tag auch das Pfarrfest/Gemeindefest gefeiert wird und viele aktive Gemeindemitglieder sich dort ebenfalls engagieren, ist eine frühe Absprache, wer bei welcher Arbeit mithilft, unbedingt notwendig.

Am Tag des Festes sind vorzubereiten:
Zunächst sind alle Vorbereitungen zu treffen, die auch sonst für eine Festmesse notwendig sind. Die liturgische Farbe ist Weiß.

Die im folgenden ausschließlich für die Prozession benötigten Geräte und Gewänder sind mit einem (p) gekennzeichnet, die für einen Gottesdienst im Freien mit (f).

Auf dem Festplatz: *Kirchenfahnen (f), Lautsprecheranlage (f); eventuell sonstiger Schmuck (f), Kollektenkörbchen abstellen (f).*

Für den Priester: *Schultertuch, Albe, Stola; oder Talar, Chorrock, Stola; Chormantel, Velum, Monstranz.*

Für die MinistrantInnen: *(p) Vortragekreuz, Leuchter, Flambeaus, Fahnen, Weihrauchfaß, Schiffchen, Schellen.*

Außerdem: *(p) Baldachin, (p) Fahnen, (p) tragbare Lautsprecheranlage.*

Während der Prozession:
Während des Weges trägt der/die KüsterIn die liturgischen Bücher und legt dem Priester an den einzelnen Altären das Velum um.

Den Abschluß der Prozession bildet meist der eucharistische Segen in der Kirche. Deshalb muß der/die KüsterIn rechtzeitig zurück sein, um die Kirchentüren zu öffnen, die Kerzen anzuzünden, den Tabernakelschlüssel einzuführen und die Glocken zu läuten.

Nach Gottesdienst und Prozession:
Nach der Feier des Fronleichnamsfestes sind alle Geräte und Gegenstände wieder sorgfältig zu verpacken und wegzuräumen. Dabei sollte der/die KüsterIn möglichst mehrere HelferInnen zur Seite haben (s.o.). Wenn es geregnet hat, ist darauf zu achten, daß Fahnen und Gewänder nicht feucht weggepackt werden.

Mariä Aufnahme in den Himmel

Um 500 taucht erstmals in Jerusalem ein von den Herrenfesten unabhängiges Marienfest am 15. August auf. Das Hochfest fand ca. um 700 n.Chr. in der westlichen Kirche Eingang.

Um das Jahr 1000 n.Chr. ist erstmals in Verbindung mit diesem Tag auch eine Kräuterweihe bezeugt, die wohl in einem alten germanischen Brauch zum Erntefest wurzelt. Jetzt, so wußte man, blühen die Blumen am schönsten und duften die Kräuter am intensivsten. Und jetzt sagte man ihnen auch die stärkste Heilkraft zu.

Die Segnung der Würzbüschel oder Kräuterbuschen (hier gibt es unterschiedliche Namen) ist ein Zeichen für Gottes Segen, für die Schöpferkraft seiner Natur. Die Heilkräuter helfen den Menschen in körperlichen und seelischen Leiden.

Allerdings kam es auch zu einer Verdinglichung: So hob man die Würzbüschel auf und hängte sie unter das Dach, um Gewitter abzuhalten, oder man verfütterte sie an das Vieh. Kräuter aus dem Büschel verwandte man für Heiltees. Das gesegnete Getreide wurde unter das neue Saatgut gestreut. Gerade in ländlich-bäuerlichen Gegenden werden diese Bräuche bis heute gepflegt. Zwar sollte man nicht versuchen, sie zu unterbinden, jedoch darauf hinweisen, daß es, ähnlich wie bei der Asche am Aschermittwoch oder bei der Segnung des Buchsbaums am Palmsonntag, um die Segens*handlung* geht und nicht um die *Sache* als solche.

Die Art der Kräuter unterscheiden sich in den einzelnen Regionen sehr.

Vorbereitungen:

Zunächst ist alles für einen festlichen Gottesdienst vorzubereiten, also eventuell auch zur Weihrauchspendung.

Die liturgische Farbe ist Weiß. Falls ein blaues Meßgewand für Marienfeste vorhanden ist, ist dieses bereitzulegen.

Für die Kräuterweihe: Eventuell ein Tisch, auf dem die Kräuter abgelegt werden können.

Für die Segnung: Weihwasserkessel und Aspergill; Benediktionale.

Erntedankfest

Das Erntedankfest wird offiziell am ersten Sonntag im Oktober gefeiert. In einigen Gebieten, in denen bestimmte Produkte später geerntet werden, kann eine Verlegung sinnvoll sein (z.B. in Weinanbaugebieten).

Die Traditionen sind sehr unterschiedlich. Hier muß sich der/die KüsterIn erkundigen, was üblich ist, zum Beispiel Prozessionen oder Umzüge; ein besonders arrangierter Tisch mit Erntegaben usw. Oftmals werden die Erntegaben nach dem Gottesdienst auch an Kindergärten, Seniorenheime, Krankenhäuser o.ä. weitergegeben. Sinnvoll kann es sein, daß sich die Erstkommunionkinder hier besonders engagieren.

In vielen Gemeinden werden Erntegaben im Altarraum abgestellt und im Laufe des Gottesdienstes gesegnet. Es sollte bei der Vorbereitung darauf geachtet werden, daß sich etwa auch in städtischen Gebieten die Gottesdienstteilnehmer mit den Anliegen des Festes identifizieren können.

Besondere Vorbereitungen:

Für die Segnung der Erntegaben: Weihwasserkessel und Aspergill.

Bei Prozessionen: Vortragekreuz, eventuell Fahnen, je nach Brauch.

Allerheiligen und Allerseelen

Seit etwa dem 9. Jahrhundert feiert die römische Kirche am 1. November das Hochfest Allerheiligen (die byzantinische Kirche schon seit dem 4./5. Jh.), an dem wir uns mit allen Heiligen der Kirche, aber auch mit allen lebenden und verstorbenen Christen, die ja von Gott in der Taufe „geheiligt" wurden, besonders verbunden wissen.

Ⓥ **Besondere Vorbereitungen für den Festgottesdienst:**
Die liturgische Farbe ist Weiß.
An diesem Tag können auch die Kerzen auf den Apostelleuchtern entzündet werden.

Am Tag nach Allerheiligen, am 2. November, feiern wir das Fest *Allerseelen*, an dem traditionell Menschen die Gräber ihrer Angehörigen besuchen, sie besonders schmücken, Lichter entzünden usw. Die liturgische Farbe ist Violett oder Schwarz.

In vielen Gemeinden findet die *Gräbersegnung* bereits am Nachmittag des Allerheiligentages statt. Es ist vor allem dort sinnvoll, wo der 1. November noch ein gesetzlicher Feiertag ist, so daß voraussichtlich an diesem Tag mehr Menschen an Gottesdienst und Gräbersegnung teilnehmen können. Je nach Tradition kann nach der Messe in einer Prozession zum Friedhof gegangen werden oder aber auf dem Friedhof ein kurzer Wortgottesdienst mit anschließender Gräbersegnung stattfinden.

Ⓥ **Vorbereitungen:**
Falls eine Prozession zum Friedhof vorgesehen ist: *Vortragekreuz, Leuchter oder Flambeaus.*
Für einen Wortgottesdienst auf dem Friedhof mit anschließender Gräbersegnung:
Für den Priester oder Diakon: *Albe, Stola oder Rochett und Talar.*
Für die MinistrantInnen: *Ministrantenkleidung. Die liturgische Farbe ist Violett (auch wenn die Gräbersegnung am Nachmittag von Allerheiligen stattfindet!).*
Außerdem: *Weihwasserkessel und Aspergill; Benediktionale (S. 72–79); einige Exemplare des „Gotteslob"; Streichhölzer einstecken; nach Möglichkeit: tragbare Lautsprecheranlage.*

Weitere Herrenfeste:
Freitag nach dem 2. Sonntag nach Pfingsten: Heiligstes Herz Jesu (Herz-Jesu-Fest: Hochfest, weiß)
6. August: Verklärung des Herrn (Fest, weiß)
14. September: Kreuzerhöhung (Fest, rot)
Letzter Sonntag im Kirchenjahr: Christkönig (Hochfest, weiß)

Die jeweilige liturgische Farbe können Sie der obigen Aufstellung entnehmen.

MARIENFESTE

Es gibt insgesamt dreizehn marianische Hochfeste, Feste oder Gedenktage im Kirchenjahr. Bei unserem Gang durch das Kirchenjahr konnten Sie bisher etwas über das
Hochfest der Gottesmutter Maria am 1. Januar (s. S. 125)
sowie über das
Hochfest Mariä Aufnahme in den Himmel am 15. August (s. S. 152 f)
lesen.

Weitere Hochfeste und Feste mit marianischem Charakter sind:

25. März:	Verkündigung des Herrn (Hochfest, auch „Herrenfest")
2. Juli:	Mariä Heimsuchung (Fest)
8. September:	Mariä Geburt (Fest)
8. Dezember:	Hochfest der ohne Erbsünde empfangenen Jungfrau und Gottesmutter Maria

Die liturgische Farbe ist Weiß. Wo ein „marianisches" Meßgewand in Blau vorhanden ist, kann es statt eines weißen Festgewandes verwendet werden.
An marianischen Festen sollte der Marienaltar einen *besonderen Blumenschmuck* erhalten.

HOCHFESTE UND FESTE DER HEILIGEN IM KIRCHENJAHR

25. Januar:	Bekehrung des Apostels Paulus (Fest, weiß)
14. Februar:	Cyrill und Methodius, Glaubensboten (Fest, weiß)
22. Februar:	Kathedra Petri (Fest, weiß)
24. Februar:	Matthias, Apostel (Fest, rot)
19. März:	Josef, Bräutigam der Gottesmutter Maria (Hochfest, weiß)
25. April:	Markus, Evangelist (Fest, rot)
3. Mai:	Philippus und Jakobus, Apostel (Fest, rot)
24. Juni:	Geburt Johannes' des Täufers (Hochfest, weiß)
29. Juni:	Petrus und Paulus, Apostel (Hochfest, rot)
3. Juli:	Thomas, Apostel (Fest, rot)
11. Juli:	Benedikt von Nursia, Vater des abendländischen Mönchtums (Fest, weiß)
25. Juli:	Jakobus, Apostel (Fest, rot)
10. August:	Laurentius, Diakon, Märtyrer in Rom (Fest, rot)
24. August:	Bartholomäus, Apostel (Fest, rot)

21. September:	Matthias, Apostel und Evangelist (Fest, rot)
29. September:	Michael, Gabriel und Rafael, Erzengel (Fest, weiß)
18. Oktober:	Lukas, Evangelist (Fest, rot)
28. Oktober:	Simon und Judas, Apostel (Fest, rot)
30. November:	Andreas, Apostel (Fest, rot)
1. November:	Allerheiligen, Hochfest (s. S. 153 f)
30. November:	Andreas, Apostel (Fest, rot)
26. Dezember:	Stephanus, erster Märtyrer (Fest, rot)
27. Dezember:	Johannes, Apostel und Evangelist (Fest, weiß)
28. Dezember:	Unschuldige Kinder (Fest, rot)

Die jeweilige liturgische Farbe ist obiger Aufstellung zu entnehmen. Als Grundregel kann gelten: Bei Festen und Hochfesten ist die liturgische Farbe grundsätzlich Weiß. Bei Märtyrer- und Apostelfesten dagegen Rot. Wenn sich im Kirchenraum eine Statue des Heiligen befindet, zu dessen Ehren das Fest gefeiert wird, kann diese eventuell besonders geschmückt oder auch in den Altarraum gestellt werden.

Sofern der/die Heilige(n) gleichzeitig der/die Namenspatron(e) der Kirche und Gemeinde ist/sind, wird das Fest als Patronatsfest begangen und damit auch als Hochfest gefeiert; s.u. „Eigenfeiern".

EIGENFEIERN DER GEMEINDE

Zu den sog. Eigenfeiern zählen u.a.: das Fest des Hauptpatrons des Bistums; das Fest des Hauptpatrons der Region oder Nation; das Fest des Ordensstifters o.ä.; das Fest des Weihetags der Kirche, das Fest des Patrons der Kirche, wobei letztere sicher am stärksten im Bewußtsein der Gemeinde verankert sind. Hinzufügen möchte ich in diesem Zusammenhang auch die Tradition des „Ewigen Gebets", da diese für Sie als KüsterIn mit besonderen Vorbereitungen verbunden ist.

Kirchweih

Dieser Tag, der an die Weihe des Gotteshauses erinnert, wird je nach Tradition der Gemeinde einen besonderen Stellenwert einnehmen und sich eventuell auch im Feiern einer „Kirmes" fortsetzen.

Die inhaltlichen Aussagen sollten jedoch über das Gedenken an Bau und Weihe des Kirchengebäudes hinausgehen und auch die Kirche als Kirche der Gläubigen = „Kirche aus lebendigen Steinen" (vgl. 1 Petr 2,5) einbeziehen und deuten.

Ⓥ **Besondere Vorbereitungen:**
Zunächst sind alle Vorbereitungen für eine Festmesse zu treffen.

Die liturgische Farbe ist Weiß.
Das Meßbuch enthält mehrere Formulare für die Gedächtnistage des Kirchweihfestes (S. 877–885).
Außer den üblichen Kerzen sind an diesem Tag auch, sofern vorhanden, die Kerzen der zwölf Apostelleuchter zu entzünden.

Patronatsfest

Auch das Patronatsfest wird in besonders feierlicher Weise begangen.
Die liturgische Farbe ist die des Heiligenfestes, also Weiß oder – bei Märtyrer- oder Apostelfesten – Rot.
In den meisten Gemeinden wird eine Statue oder ein Bild des Kirchenpatrons vorhanden sein. Sofern dies möglich ist, sollte es besonders herausgestellt und geschmückt werden.
In manchen Gemeinden sind auch Kirchenfahnen mit entsprechenden Darstellungen vorhanden. Auch sie können – gut befestigt – als Kirchenschmuck dienen.

Ewiges Gebet – Immerwährendes Gebet

Dieser Brauch, entstanden aus einem vierzigstündigen Gebet in den Kartagen, wird etwa ab dem 16. Jahrhundert zu einem „Ewigen Gebet" umgedeutet: Nun wurden in den Kirchen größerer Städte innerhalb einer Diözese besondere Anbetungsstunden gehalten; tagsüber in den Pfarrkirchen, nachts in den Klöstern.
Heute beginnt der Tag des Ewigen oder Immerwährenden Gebetes, wie er auch genannt wird, normalerweise mit einer heiligen Messe (Formular „Vom heiligsten Altarsakrament"). Am Ende des Gottesdienstes erfolgt die Aussetzung in der Monstranz mit anschließender Beweihräucherung. Danach halten die verschiedenen (Alters-)Gruppen, Vereine usw. einer Pfarrei stundenweise Anbetung.
Am späten Nachmittag oder Abend beendet eine feierliche Schlußandacht mit sakramentalem Segen den Tag.

Vorbereitungen:
Zunächst ist alles für eine feierliche Messe vorzubereiten.
Für die Aussetzung am Ende der Meßfeier: Monstranz, Weihrauchfaß und Schiffchen, Chormantel, Schultervelum.
Tagsüber ist darauf zu achten, daß der Gottesdienstraum mit dem ausgesetzten Allerheiligsten nicht leer steht; gegebenenfalls sollten Sie während dieser Zeit anwesend sein.
Für die Schlußandacht sind alle Vorbereitungen zu treffen wie sonst bei einer eucharistischen Andacht.

Die wichtigsten Vorbereitungen im Kirchenjahr

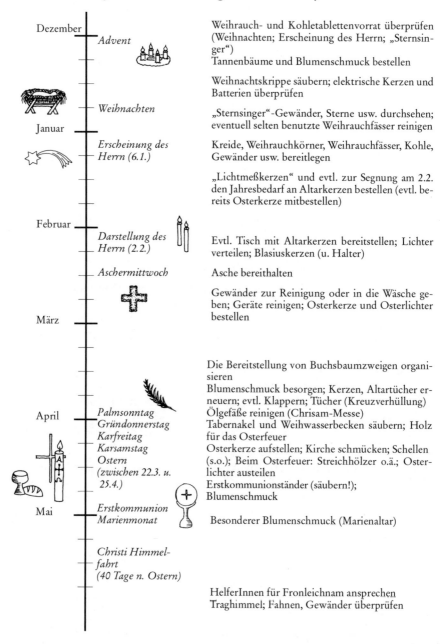

Dezember	*Advent*	Weihrauch- und Kohletablettenvorrat überprüfen (Weihnachten; Erscheinung des Herrn; „Sternsinger")
		Tannenbäume und Blumenschmuck bestellen
		Weihnachtskrippe säubern; elektrische Kerzen und Batterien überprüfen
	Weihnachten	„Sternsinger"-Gewänder, Sterne usw. durchsehen; eventuell selten benutzte Weihrauchfässer reinigen
Januar		
	Erscheinung des Herrn (6.1.)	Kreide, Weihrauchkörner, Weihrauchfässer, Kohle, Gewänder usw. bereitlegen
		„Lichtmeßkerzen" und evtl. zur Segnung am 2.2. den Jahresbedarf an Altarkerzen bestellen (evtl. bereits Osterkerze mitbestellen)
Februar	*Darstellung des Herrn (2.2.)*	Evtl. Tisch mit Altarkerzen bereitstellen; Lichter verteilen; Blasiuskerzen (u. Halter)
	Aschermittwoch	Asche bereithalten
März		Gewänder zur Reinigung oder in die Wäsche geben; Geräte reinigen; Osterkerze und Osterlichter bestellen
		Die Bereitstellung von Buchsbaumzweigen organisieren
		Blumenschmuck besorgen; Kerzen, Altartücher erneuern; evtl. Klappern; Tücher (Kreuzverhüllung)
April	*Palmsonntag* *Gründonnerstag*	Ölgefäße reinigen (Chrisam-Messe)
	Karfreitag *Karsamstag* *Ostern (zwischen 22.3. u. 25.4.)*	Tabernakel und Weihwasserbecken säubern; Holz für das Osterfeuer
		Osterkerze aufstellen; Kirche schmücken; Schellen (s.o.); Beim Osterfeuer: Streichhölzer o.ä.; Osterlichter austeilen
Mai	*Erstkommunion* *Marienmonat*	Erstkommunionständer (säubern!); Blumenschmuck
		Besonderer Blumenschmuck (Marienaltar)
	Christi Himmelfahrt (40 Tage n. Ostern)	
		HelferInnen für Fronleichnam ansprechen Traghimmel; Fahnen, Gewänder überprüfen

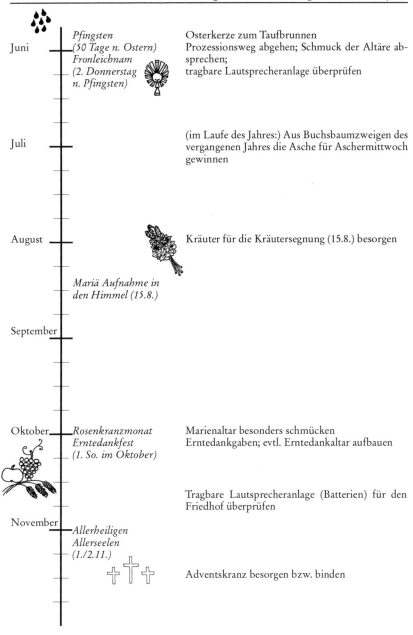

Juni   *Pfingsten*
       (50 Tage n. Ostern)
       Fronleichnam
       (2. Donnerstag
       n. Pfingsten)

Osterkerze zum Taufbrunnen
Prozessionsweg abgehen; Schmuck der Altäre absprechen;
tragbare Lautsprecheranlage überprüfen

Juli

(im Laufe des Jahres:) Aus Buchsbaumzweigen des vergangenen Jahres die Asche für Aschermittwoch gewinnen

August

Kräuter für die Kräutersegnung (15.8.) besorgen

Mariä Aufnahme in den Himmel (15.8.)

September

Oktober   *Rosenkranzmonat*
          Erntedankfest
          (1. So. im Oktober)

Marienaltar besonders schmücken
Erntedankgaben; evtl. Erntedankaltar aufbauen

Tragbare Lautsprecheranlage (Batterien) für den Friedhof überprüfen

November   *Allerheiligen*
           Allerseelen
           (1./2.11.)

Adventskranz besorgen bzw. binden

(Eine solche Übersicht kann selbstverständlich nur sehr allgemein und nie vollständig sein, zumal die beweglichen Feste nur ungefähr zeitlich eingepaßt werden können [s. jeweils auch die entsprechenden Hinweise in diesem Buch]. Eventuell kopieren [vergrößern], Besonderheiten ergänzen und in der Sakristei aufhängen.)

Kirche und Kirchenraum

Es gibt sowohl von der Architektur als auch von der räumlichen Gestaltung her sehr unterschiedliche Kirchenbauten, die sich zum einen an dem Kunstgeschmack ihrer Entstehungszeit orientiert haben, andererseits aber auch an der Art und Weise, wie Gottesdienst gefeiert wurde. Ein Kirchenraum für eine Liturgie, die die Anwesenden mehr als Zuschauende bei einer heiligen Handlung auffaßt, wird anders aussehen als einer, in dem die Gemeinde als echte Mitfeiernde und Teilnehmende in das liturgische Geschehen einbezogen ist.

Hier kann keine „Stilkunde zur Kirchenbaukunst" geliefert werden. Falls Sie sich für die verschiedenen Kunstrichtungen interessieren, kann Ihnen der Buchhandel eine ganze Reihe von entsprechender Literatur nennen. Auch größere Lexika liefern schon eine erste Information über die einzelnen Stilrichtungen und ihre Blütezeit. Im folgenden also nur

Ein kurzer Überblick

Frühchristliche Basilika (= „Königsbau"; 4. Jh.), bildet die römische Markthalle zur christlichen Kirche aus; Grundriß rechteckig; zwei Seitenschiffe und ein erhöhtes Mittelschiff mit flacher Holzbalkendecke; oder auch fünfschiffig mit einem Atrium als Vorhalle und einer Apsis mit einer bildgeschmückten Apsishalbkuppel; viele Kirchen hatten als Grundriß die Kreuzform.

Romanik (ca. 950–1250), entwickelte sich aus der altchristlichen Baukunst bzw. aus Elementen der antiken römischen Architektur: Pfeiler, Säulen und Rundbögen. Der Baustil ist wuchtig, massiv, wehrhaft („Wehrkirchen"); gleichzeitig wirkt er schlicht, ohne viel Verzierungen, jedoch mit einer Anhäufung von Türmen. Für diejenigen, die nicht lesen können, werden die Geschichten der Bibel in Wand- und Buchmalereien verständlich (z.B. Dome von Speyer, Mainz, Worms; Maria Laach; in Köln: St. Gereon, St. Maria im Kapitol; in Frankreich: Arles, Cluny).

Gotik (ca. 1190–1450) „in die Höhe strebend", verfeinerter Gliederbau; Spitzbogen, hohe, meist bunte Fenster (Rosetten). Glasmalerei ist das neue Kunstmittel der Zeit. Die Architektur will das „göttliche" Licht einfangen und ein „himmlisches Jerusalem" errichten. Nur noch zwei Türme, später nur noch einer (z.B. in Frankreich: Sainte-Chapelle und Notre-Dame in Paris, oder die Kathedrale von Chartres; in Deutschland: z.B. Kölner Dom; Altenberger Dom; Ulmer Münster.)

Renaissance (= „Wiedergeburt"; ca. 1400–1600), kehrt zu den Konstruktionen des antiken Stils zurück; kreuzförmiger Grundriß; klare Gliederung; Kassettendecken oder Kuppeln; farblose Fenster (z.B. St. Peter in Rom).

Barock (= „Perle"; ca. 1590–1720), betont das sinnliche Erlebnis mit viel Ornamenten, Stuckmarmor, Schnörkeln und Pracht; bunte Ausmalung der Decke; geschwungene Linien (z.B. in: Würzburg, Käppele; Stift Melk).

Rokoko (von Rocaille = Muschelform; 1730–1780); Weiterführung des Barock, verspielte Formen; Vorliebe für Weiß und Gold (z.B. Wieskirche; Vierzehnheiligen).

Die letzten zwei Jahrhunderte knüpften an die früheren Kunstrichtungen an: Man spricht dabei von Neo-Gotik, Neo-Romanik usw.

Der moderne Kirchenbau

Der moderne Kirchenbau, vor allem nach dem II. Vatikanischen Konzil, versucht, wie oben bereits angedeutet, die Anliegen der Liturgiereform auch im Bereich der Architektur umzusetzen. Dies bedeutet: „Die Plätze für die Gläubigen und den Sängerchor sollen so angeordnet sein, daß die tätige Teilnahme leicht möglich ist" (AEM 257; vgl. auch AEM 253). Aus diesem Grund findet man in neuen Kirchen häufig die Bänke oder Sitze für die GottesdienstteilnehmerInnen in einem Halbkreis um den Altar angeordnet. Außerdem heißt es: „Der Hauptaltar soll frei stehen, so daß man ihn ohne Schwierigkeiten umschreiten kann und an ihm, der Gemeinde zugewandt, Messe feiern kann" (AEM 262).

Die Aufwertung des Wortgottesdienstes führte dazu, daß man heute den Altar, „den Tisch des Brotes", und den Ambo, den „Tisch des Wortes", häufig aus dem gleichen Material und im gleichen Stil arbeitet, so daß hier eine Einheit erkennbar wird.

Unabhängig davon, ob Ihre Kirche kunstgeschichtlich als wertvoll gilt oder besonders interessante Kunstwerke enthält: Sie sollten als KüsterIn über die Bauzeit und über die wichtigsten Daten Bescheid wissen, ebenso welche (wertvollen) Darstellungen von Heiligen (Insignien!) der Kirchenraum birgt usw. Und auch in kleineren Gemeinden werden immer wieder einmal Gäste um entsprechende Informationen und eventuell um eine kleine Führung bitten. Auch für Fragen der MinistrantInnen in diesem Bereich sollten Sie offen sein. (Vielleicht läßt sich ein Rundgang im Rahmen einer Ministrantenrunde einmal mit einem kleinen Quiz zur Pfarrkirche verbinden!)

Im folgenden soll näher auf den Kirchenraum mit seiner Innenausstattung eingegangen werden. In den meisten Kirchen kann man folgende Bereiche unterscheiden:
- Altarraum
- Raum der Gemeinde
- mit einem Eingangsbereich
- Orgel und eventuell Empore
- eventuell ein Turm
- eventuell eine Taufkapelle
- Sakristei

Der Altarraum

„Der Altarraum soll durch eine leichte Erhöhung und durch eine besondere Gestaltung und Ausstattung vom übrigen Raum passend abgehoben sein" (AEM 258).

Zum Bereich des Altarraums gehören:
- der Altar (mit Altarkreuz, Altartuch, Kerzen, Blumenschmuck)
- der Ambo
- die Sedilien (mit Priestersitz)
- die Kredenz
- der Tabernakel (soweit er sich nicht in einer Seitenkapelle oder an einem Seitenaltar befindet) mit dem „Ewigen Licht".

Der Altar
Der Altar „soll so aufgestellt sein, daß er wirklich den Mittelpunkt des Raumes bildet, dem sich die Aufmerksamkeit der ganzen Gemeinde von selbst zuwendet" (AEM 262). Das heißt: Der Altar bildet die Mitte, sowohl der Eucharistiefeier als auch des Gottesdienstraumes. Sein Material ist nicht vorgeschrieben, meist ist er aus Naturstein; die Altarplatte (Mensa) sollte auf jeden Fall aus Naturstein gefertigt sein.
Grundsätzlich unterscheidet man zwischen feststehenden und tragbaren Altären, die meist aus Holz sind und etwa bei Prozessionen verwendet werden. Der Zelebrationsaltar ist fest verankert.
Je nach Entstehungszeit der Kirche findet man häufig noch einen Hochaltar und Seitenaltäre, darunter auch einen Marienaltar.
Der Marienaltar kann im Mai, im Oktober oder auch an Marienfesten besonders geschmückt werden. Ansonsten sollte der Kerzen- und Blumenschmuck an diesen Altären, wenn überhaupt, sehr schlicht sein. Sofern ein Hochaltar vorhanden ist, findet man bei alten Kirchen meistens dort den Tabernakel.

Das Altartuch

Der Altar ist für den Gottesdienst mit einem *Altartuch*, häufig aus weißem Leinen, versehen. Oft hat es die Maße der Altarplatte, allerdings findet man auch wieder sog. *Antependien*. Unter einem Antependium versteht man ein kunstvoll gefertigtes Tuch, eine Art „Altarkleid", das an der Sichtfront des Altars oder auch des Ambos herabhängt. Zu überlegen ist allerdings, ob dadurch der Altar als „Tisch" noch erkennbar bleibt.

Falls der Küster das Altartuch nicht nach dem Gottesdienst abnimmt, ist es sinnvoll, eine passende *Schondecke* darüber zu legen. Das Altartuch muß auf jeden Fall absolut sauber sein. Bei einfachen weißen Baumwolldecken ist das öftere Waschen und Stärken kein Problem.

Das Altarkreuz

Lange Zeit stellte oder legte man ein kleineres Kreuz auf den Altar. Heute kann sich das Altarkreuz in der Nähe des Altars befinden, das heißt an der Rückwand hinter dem Altar befestigt sein oder über dem Altar hängen. Möglich ist es auch, das Vortragekreuz als Altarkreuz zu verwenden und es nach dem feierlichen Einzug in einem Ständer im Altarraum aufzustellen.

Die Altarkerzen

Während des Gottesdienstes sollen mindestens zwei Kerzen auf oder in der Nähe des Altars brennen; es dürfen aber auch vier, sechs (bei Meßfeiern mit dem Bischof sieben) oder zwölf sein, davon bis zu vier auf dem Altar. Kerzen auf Leuchtern, die beim feierlichen Einzug verwendet werden, können anschließend als Altarleuchter dienen. (Weiteres zum Thema Kerzen: s. Kap. „Sakristei".)

Hinweise zur Reinigung: *Gerade Kerzenständer sollten öfter gereinigt werden: je nach Material mit den entsprechenden Pflegemitteln, anschließend nachpolieren.* <kbd>R</kbd>

Weitere Gegenstände auf dem Altar

Außerhalb der Bußzeiten findet man häufig auch auf dem Altar *Blumenschmuck*. Es ist jedoch darauf zu achten, daß der Altar weder durch Kerzen noch durch Blumen überladen wirkt. Weniger ist hier meistens mehr, also: ein geschmackvolles Gesteck, ein Blumenstock oder ein schön gestalteter Strauß.

In größeren Kirchen wird man zudem ein *Mikrofon* auf dem Altar finden. Häufig wird auch ein *Meßbuchpult* verwendet, das ebenfalls auf dem Altar steht. Es ist meist aus Plexiglas. Vorsicht beim Säubern, da leicht Kratzer entstehen (Staubtuch, Wolltuch).

Der Ambo

Der Ambo, ein feststehendes Lesepult, ist der Ort des Wortgottesdienstes. Man nennt ihn deshalb auch „Tisch des Wortes". Lesungen, Antwortpsalm und Evangelium werden von hier aus vorgetragen; er kann auch für die Predigt und die Fürbitten genutzt werden. Die frühere Kanzel ist zwar noch in vielen Kirchen vorhanden, wird aber kaum verwendet.

Der/die KüsterIn legt vor Beginn des Gottesdienstes das entsprechende *Lektionar* auf; eventuell auch das *Fürbittbuch* in die Ablage des Ambo. Das *Mikrofon* ist einzustecken und die Anlage kurz zu überprüfen.

In manchen Gemeinden ist es üblich, den Ambo mit einem *Antependium* zu bedecken, meist in den liturgischen Farben und passend zu Meßgewand, Stola und Kelchvelum.

Die Sedilien

Unter Sedilien versteht man die Sitze für den Priester und seine Assistenz (z.B. Diakon, konzelebrierende Priester, MinistrantInnen).

Unter den Sedilien soll der Sitz des Priesters hervorgehoben werden, um dessen Dienst als Vorsteher der Gemeinde und Leiter des Gebets zu betonen. Jedoch darf er nicht die Form eines Thrones haben. Der Priestersitz kann im Scheitelpunkt des Altarraumes stehen, der Gemeinde zugewandt. Wichtig ist der gute Blickkontakt zur Gemeinde. Die Plätze der TeilnehmerInnen, die einen besonderen Dienst ausüben, sollen sich ebenfalls an passender Stelle im Altarraum befinden, damit alle ihre Aufgaben ohne Schwierigkeiten erfüllen können (vgl. AEM 271). In der Praxis wird sich die Anordnung an den Möglichkeiten des Kirchenraums orientieren.

Die Kredenz

Unter Kredenz versteht man einen kleinen Tisch bzw. eine Ablage, auf dem der/die KüsterIn alle Gegenstände und Geräte bereitstellt, die für den Gottesdienst, vor allem für die Gabenbereitung, benötigt werden. Normalerweise wird die Kredenz mit einem weißen Tischtuch versehen. Zur Kredenz und dem Herrichten der Opfergaben, s. S. 23 f.

Der Tabernakel

Der Tabernakel (aus dem lat. tabernaculum = Zelt) ist der Aufbewahrungsort für das übriggebliebene eucharistische Brot. In einem *Ziborium* werden die Hostien
- für die Feier von sonntäglichen Wortgottesdiensten
- für die Krankenkommunion und die „Wegzehrung"
- für sonstige „Notfälle" aufbewahrt.
In einer *Custodia* eine große Hostie
- für den eucharistischen Segen.

Die Namensgebung hängt mit der Bundeslade der Israeliten zusammen. Diese war Zeichen der Gegenwart Gottes und des Bundes, den Gott mit Mose geschlossen hatte. Sie enthielt die beiden Steintafeln mit den Zehn Geboten und wurde von den Juden in einem Zelt mitgeführt. In den Gestalten von Brot und Wein ist Christus für uns zum Zeichen für Gottes neuen Bund mit den Menschen geworden.

Im Laufe der Zeit hat sich die Form des Tabernakels, wie die des übrigen Kirchenraums, stark gewandelt. So kannte man im Mittelalter einen über dem Altar hängenden taubenförmigen Behälter, in der Gotik dann die Form des kunstvollen Sakramentenhäuschens. Heute gleicht sie eher der eines reich verzierten Panzerschranks.

Vor der Meßfeier, vor dem eucharistischen Segen oder vor einem Wortgottesdienst mit Kommunionausteilung hat der/die KüsterIn den Schlüssel in die Tabernakeltür zu stecken (sofern der Tabernakel im Blickfeld liegt, sonst an einen passenden Ort legen).

An Karfreitag und Karsamstag ist eine günstige Gelegenheit, das *Korporale* zu wechseln und das Innere zu reinigen.

Außerdem hat der/die KüsterIn mit darauf zu achten, daß die Hostien in Abständen ebenfalls ausgeteilt und dadurch nicht zu alt werden.

Am Tabernakel findet man auch häufig ein *Ablutionsgefäß*, ein mit Wasser gefülltes Glasgefäß mit Deckel. Dabei liegt ein kleines Lavabotuch. Beides dient den KommunionhelferInnen zur Händereinigung und sollte von Zeit zu Zeit erneuert werden.

Das „Ewige Licht"

Das sog. „Ewige Licht" befindet sich in der Nähe des Tabernakels. Es will sagen, daß Jesus, das Licht der Welt, hier besonders nahe ist („eucharistische Gegenwart").

Heute sind im Fachhandel leicht wechselbare Ewiglicht-Leuchten erhältlich. Die meist rotfarbene Glasampel läßt sich mit warmem Wasser und Spülmittel, mit Glasreiniger oder Essigwasser leicht säubern.

Weitere Gegenstände im Altarraum

Die *Sakristeiglocke* zeigt den TeilnehmerInnen den Beginn des Gottesdienstes an.

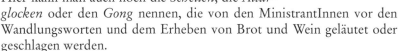

Hier kann man auch noch die *Schellen*, die *Altarglocken* oder den *Gong* nennen, die von den MinistrantInnen vor den Wandlungsworten und dem Erheben von Brot und Wein geläutet oder geschlagen werden.

Obwohl sie nach der Einführung der Landessprache als Liturgiesprache eine ihrer Funktionen, nämlich auf die Höhepunkte der Messe hinzuweisen, verloren haben, werden sie doch noch häufig verwendet.

R *Hinweise zur Reinigung: Die Altarglocken aus Messing lassen sich mit einem Metallputzmittel reinigen, ebenso die Evangelienleuchter, die beim feierlichen Einzug mitgeführt oder ansonsten auf der Kredenz abgestellt werden, bis sie bei der Verlesung des Evangeliums Verwendung finden.*

Der Raum der Gemeinde

In diesem Abschnitt sollen folgende Gegenstände des Kirchenraums näher zur Sprache kommen:
- die Kirchenbänke/die Bestuhlung
- der Taufbrunnen – der Taufstein – die Taufkapelle
- die Beichtstühle
- der Kreuzweg
- die Apostelleuchter und Apostelkreuze
- das Sakrarium
- andere Bilder und Statuen
- die Opferkerzenständer
- die Opferstöcke

„Kommunionbänke" findet man heute noch in älteren Kirchen. Sie trennen den Altarraum vom Raum der Gemeinde, üben aber ihre ursprüngliche Funktion nicht mehr aus.

Die Kirchenbänke/Die Bestuhlung
„Die Plätze für die Gläubigen sollen mit entsprechender Sorgfalt so angeordnet sein, daß sich der ganze Mensch mit Leib und Seele an der Feier der Liturgie beteiligen kann …", heißt es in der Einführung zur Meßfeier (273). Es ist also wichtig, daß Bänke oder auch Sitze so beschaffen sind und aufgestellt werden, daß sie ein solches Mittun nicht behindern. (Also: Kniebänke müssen nicht so hart sein, daß man das Ende des Hochgebets herbeisehnt!)

R *Hinweise zur Reinigung: Die Bänke und Stühle sollten in Abständen gereinigt werden. Bei einer notwendigen gründlicheren Säuberung sollte man einen Fachmann/eine Fachfrau fragen, da nicht für alle Hölzer die gleichen Mittel geeignet sind.*
Wachsflecken lassen sich vorsichtig mit einer Holzspachtel entfernen; Sitzbankbezüge kann man absaugen; je nach Material sind sie auch waschbar. Vorsicht bei eingenähtem Schaumstoff!

Taufbrunnen, Taufstein, Taufkapelle
Je nach Bauweise der Kirche befindet sich der Taufbrunnen in einer eigenen Taufkapelle (Baptisterium) oder an einer anderen Stelle innerhalb

des Kirchenraums, jedoch nicht im Altarraum. Der Ort sollte auf jeden Fall so beschaffen sein, daß die Taufgemeinde sich am Taufbrunnen versammeln kann und dieser im Blickfeld der Gläubigen liegt. In der Osternacht und der anschließenden Osterzeit soll mit dem geweihten Wasser aus der Osternacht getauft werden, ansonsten wird das Wasser vor jeder Taufe neu geweiht.

Es ist wichtig, das Taufbecken regelmäßig zu reinigen und den Wasserstein oder Kalkrückstände dabei zu entfernen. Das Taufwasser sollte leicht erwärmt werden.

Aus der Zeit, als man das geweihte Wasser der Osternacht das ganze Jahr über verwendete, stammt das Beigeben von Salz zur besseren Haltbarkeit. Da heute außerhalb der Osterzeit das Wasser neu geweiht wird, fällt der eigentliche Verwendungsgrund weg. Es kann jedoch noch beigegeben werden.

Die *Osterkerze* gehört auf ihrem Ständer außerhalb der Osterzeit ebenfalls in den Bereich des Taufbrunnens.

Sie wird nach dem Pfingstsonntag, eventuell in einer feierlichen Prozession, vom Altarraum dorthin gebracht (vgl. S. 149).

Die Beichtstühle

Je nach Alter der Kirche findet man entweder einen dreiteiligen Beichtstuhl, oft noch offen oder mit Vorhängen versehen, oder aber, in jüngerer Zeit, Beichtstühle, die in kleine Beichtzimmer „umgerüstet" wurden und auch dem Beichtenden erlauben zu sitzen.

Alte Beichtstühle sind nicht immer in gutem Zustand und werden nach eigener Erfahrung auch schon einmal zweckentfremdet. Hier müßten sich aber eigentlich bessere Lösungen finden lassen.

In Beichtstühlen, die ihrem eigentlichen Zweck dienen, sollte immer eine violette Stola (die Reinigung nicht vergessen!) hängen. Falls ein Mundschutz vorhanden ist, sollte er in Abständen gewechselt werden. Wie frühzeitig im Winter zu Beichtzeiten die Heizung einzuschalten ist, hängt von der Größe der Kirche ab (das Ausschalten nicht vergessen!). Beichtzimmer mit einer verschließbaren Tür müssen außerhalb der Beichtzeiten regelmäßig gelüftet werden.

Apostelkreuze und Apostelleuchter

An die Apostel als Fundament der Kirche erinnern die zwölf Kreuze und die sog. Apostelleuchter an den Wänden oder an Säulen im Kirchenraum. Die Kerzen werden am Weihefest der Kirche entzündet; sie können aber auch an Hochfesten, besonders auch an Apostelfesten, brennen.

Das Sakrarium

Besonders in älteren Kirchen findet man häufig ein Sakrarium. Darunter versteht man eine Öffnung im Fußboden, eventuell im Altarraum – bei älteren Kirchen oft hinter dem Hochaltar, beim Taufbrunnen, in der Sakristei oder sonst einem Ort innerhalb des Kirchenraums. Das Sakrarium dient dazu, Reste von altem Taufwasser oder Wasser aus dem Ablutionsgefäß (s. S. 165) hineinzugießen. Es ist heute nicht mehr vorgeschrieben.

Kreuzweg, Bilder, Statuen, Wandbehänge

In den meisten Kirchen befindet sich ein Kreuzweg, sei es in Form von Bildern oder Reliefs (s. S. 112 f).

Je nach Baustil und Geschmack wird die Kirche eine kleinere oder größere Anzahl von Heiligenstatuen beherbergen, in der Regel mindestens eine Marienstatue – sofern es nicht einen eigenen „Marienaltar" gibt – und ein Bild oder eine Statue des Kirchenpatrons.

Zu bestimmten Zeiten zählten auch Wandbehänge zum beliebten Kirchenschmuck.

R *Hinweise zur Reinigung: Hier sollte man grundsätzlich nicht mit chemischen Reinigungsmitteln arbeiten. Zum Entstauben von Statuen, Reliefs oder Bilderrahmen eignet sich ein „Staubwedel" oder, für Feinarbeiten, Pinsel unterschiedlicher Stärke.*
Bei Bildern und Wandbehängen sollte man sich von Fachleuten beraten lassen.

Der Opferkerzenständer

In vielen Kirchen gibt es vor Heiligenfiguren oder Marienstatuen einen Opferkerzenständer, um GottesdienstteilnehmerInnen oder Kirchenbesuchern das Anzünden von Kerzen zu ermöglichen. Die Opferkerzen werden mittlerweile mit verschiedenen Haltern angeboten.

Der/die KüsterIn sollte darauf achten, daß diese umweltfreundlich sind, das heißt nach Möglichkeit wiederverwendet werden können.

Die Opferstöcke

Falls sich mehrere Opferstöcke in der Kirche befinden, sollte der jeweilige Verwendungszweck vermerkt sein. Die Leerung gehört normalerweise nicht in den Bereich des Küsterdienstes, sondern in den des Verwaltungsrates. Die Leerung der Opferstöcke sollte in regelmäßigen Abständen erfolgen.

Der Eingangsbereich

Im Eingangsbereich einer Kirche befindet sich
- das Weihwasserbecken
- eventuell ein Gebetbuchständer/Gebetbuchablage
- eventuell ein Schaukasten
- eventuell ein Schriftenstand

Auch der Eingangsbereich und die darin befindlichen Anlagen und Gegenstände sind sehr von der Gestaltung und dem Baustil der Kirche abhängig. Hier können nur einige grundsätzliche Dinge genannt werden. Das Auf- und Abschließen der Kirche ist eine der ureigensten Aufgaben des Küsterdienstes. Dazu gehört aber auch die Sorge für ein einwandfreies Funktionieren der Schlösser; ebenso müssen bei Bedarf die Türangeln geschmiert oder auch die Türen durch Draht oder Unterlegscheiben angehoben werden, falls diese am Boden schleifen.
Als KüsterIn sollten Sie darüber informiert sein, wer außer Ihnen noch Schlüssel für das Kirchengebäude besitzt.
Viele Kirchen haben eine getrennt zu schaltende Eingangslampe, die, um Unfälle zu vermeiden, vor allem in den Wintermonaten von Ihnen sofort nach Eintreffen eingeschaltet werden muß.

Weihwasserbecken – Weihwasser
Am Eingang bzw. an den Eingängen der Kirche ist ein *Weihwassergefäß* angebracht. Das Kreuzzeichen mit Weihwasser beim Eintreten erinnert uns daran, daß wir seit unserer Taufe „im Namen des Vaters und des Sohnes und des Heiligen Geistes" zu Christus gehören.
Der/die KüsterIn hat zunächst darauf zu achten, daß immer genügend frisches und sauberes Weihwasser in den Becken ist. Ein schmutziger Rest Weihwasser pervertiert die eigentliche Aussage: Zeichen für das neue Leben zu sein.
Häufig steht im Eingangsbereich oder an einem anderen Ort der Kirche auch noch ein größerer Vorratsbehälter (z.B. mit einem „Zapfhahn"), aus dem sich Gemeindemitglieder Weihwasser mit nach Hause nehmen können.

Gebetbuchständer/Gebetbuchablage
Nach Einführung des „Gotteslob" haben sich viele Gemeinden eine gewisse Zahl von neuen Gebet- und Gesangbüchern angeschafft. Es ist in der Regel eine eigens gedruckte Ausgabe (mit dem Vermerk „Eigentum der Kirche"). Zur Aufbewahrung bieten Hersteller sog. Gebetbuchständer in verschiedenen Ausführungen an. Der/die KüsterIn hat diese –

sofern sie verschließbar sind – vor dem Gottesdienst aufzuschließen; nach dem Gottesdienst sind herumliegende Bücher wieder in die vorgesehenen Fächer oder Ständer einzuordnen. In Abständen ist deren Zustand zu überprüfen: Herausgefallene Seiten müssen eingeklebt, Buchrücken mit Klebeband verstärkt werden usw. Bestellwünsche von neuen Büchern sind dem Pfarrbüro mitzuteilen (Bestellungen über das Bischöfliche Ordinariat).

Der Schaukasten

In den Schaukästen vor der Kirche oder im Eingangsbereich kann man finden:
- Gottesdienstordnung
- Mitteilungen über Todesfälle (und Eheaufgebote)
- Lektoren- und Ministrantenplan
- Hinweise auf besondere Veranstaltungen, Aktionen, Sammlungen, entsprechende Plakate.

Der oder die Kästen sollten – besonders außerhalb des Gebäudes – beleuchtbar sein und müssen öfter gereinigt werden, wobei natürlich der im Freien stehende Schaukasten schmutzanfälliger ist. Aber auch innen muß vor allem das Glas gesäubert werden.

Der Schriftenstand

Viele Kirchen besitzen einen Schriftenstand, wobei nicht alle einen solchen Namen verdienen: Zu häufig findet man hier nur einige wenige angestaubte und zerknitterte Relikte aus der vorigen Bücher- oder Schriftenstandgeneration, dazu einige Zeitschriften zum Verkauf oder als Probehefte und eventuell noch Prospekte mit Einladungen für religiöse Veranstaltungen. Ein solcherart bestückter Schriftenstand bietet einfach nur ein schlechtes Bild. Und da er meist im Eingangsbereich plaziert ist und daher besonders ins Auge sticht, ist er auch für den Gesamteindruck von entscheidender Bedeutung.

Auch wenn der Schriftenstand normalerweise nicht zum Arbeitsbereich des Küsters gehört, sollte er ihn doch im Blick behalten und gegebenenfalls die zuständigen MitarbeiterInnen um eine Aktualisierung bitten. Auch ist darauf zu achten, daß Außenstehende nicht ungefragt Einladungen, Werbeschriften oder Zeitschriftenexemplare auslegen, die von der Gemeindeleitung nicht vertretbare Anschauungen propagieren.

Orgel und Empore

In vielen älteren Kirchen befindet sich die Orgel auf einer Empore, die früher auch dem Chor als Podium diente. Heute sollte der Chor nur noch von einer Empore aus singen, wenn sich wirklich keine andere räumliche Lösung finden läßt.

Gerade wenn Emporen nur noch selten benutzt werden, ist ab und zu ein Sicherheitscheck durchzuführen. Dies gilt auch für andere, ähnlich schwer zugängliche Bereiche. Treppen, Leitern u.ä. müssen ebenfalls den Sicherheitsbestimmungen entsprechen.

Die Orgel gehört nur sehr beschränkt zum Aufgabenbereich des Küsters/der Küsterin. Allerdings ist darauf zu achten, daß die Raumtemperatur möglichst konstant ist. Auch benötigt das Instrument eine gewisse Luftfeuchtigkeit. Beim Verlassen der Kirche sollte man noch einmal überprüfen, ob die Orgel wirklich ausgeschaltet ist. Darüber hinaus sind folgende Informationen wichtig:

– Wo wird der Orgelschlüssel aufbewahrt?
– Wer besitzt eventuell weitere Schlüssel?
– Wie funktioniert die Stromversorgung der Orgel; wo befinden sich die Sicherungen?

Ohne vorhergehende Absprachen bzw. Auftrag sollte der Orgelschlüssel normalerweise nicht vergeben werden (z.B an OrgelschülerInnen, an Fremde, die gerne einmal spielen möchten, usw.).

Der Kirchturm

Ein typisches „Turmproblem" sind Tauben, die sich gerne dort häuslich niederlassen und sowohl an den Außenwänden als auch im inneren Bereich große Verschmutzungen verursachen können. Engmaschiger Draht an den diversen Öffnungen kann hier helfen.

Es ist dafür zu sorgen, daß Glocken, Läuteanlagen und Uhr regelmäßig gewartet werden. Hier müssen entsprechende Unterlagen vorhanden sein.

Technische Anlagen

Nur kurz sei auf die übrigen technischen Anlagen hingewiesen, die in den Kirchen, je nach Größe und Ausstattungsmöglichkeiten, sehr unterschiedlich sein können. Vor der ersten Benutzung eines Gerätes sollte man – sofern man bei der Installation und der meist damit verbundenen Vorführung (noch) nicht anwesend war –, wie in anderen Bereichen auch, die Betriebsanleitung lesen. Es ist sinnvoll, in der Sakristei einen Ordner mit den diversen Unterlagen, wie Betriebsanleitungen, Adressen der Lie-

ferfirmen mit Telefonnummern für dringliche Reparaturen, Wartungster-
minen usw., zusammen mit der Inventarliste aufzubewahren.
In der Sakristei befindet sich auch die Schalttafel mit den Schaltern,
Sicherungen und dem Hauptschalter für alle elektrischen Installationen.
Dringend empfohlen ist hier die Anfertigung eines übersichtlichen Plans,
vor allem für Sicherungen und Lichter.

Blitzschutzanlage und Alarmanlage

Eine Blitzschutzanlage ist für alle öffentlichen Gebäude, in denen sich
Menschen versammeln, Pflicht. Sie sollte in Abständen überprüft werden
(Wartungsvertrag).
In Kirchen mit wertvollen Kunstgegenständen ist es sinnvoll, eine Alarm-
anlage zu installieren. Hier muß der/die KüsterIn über die Betriebnahme,
Abschaltmöglichkeit usw. genau Bescheid wissen.

Beleuchtung

Die technischen Anlagen für die Beleuchtung befinden sich meist in der
Sakristei (s.o.). Das Außenlicht hat häufig einen getrennten Schalter.
Ersatzlampen in den benötigten Stärken und Formen sollten immer vor-
rätig sein, so daß Birnen umgehend ausgetauscht werden können (Vorsicht: Leiter sichern). Der Staub muß in Abständen von den Glasschirmen
entfernt werden, da sonst zuviel Leuchtkraft verlorengeht.

Heizung und Heizungsraum

Es gibt verschiedene Heizungsformen, wie Warmluftheizungen oder
Fußbodenheizungen. Gerade bei ehrenamtlichen Küsterinnen und Küstern wird in der Regel die Wartung der Heizung durch einen Wartungsvertrag mit der Lieferfirma geregelt sein.
Dort sollte man sich auch erkundigen, welche kleineren Arbeiten zwischen den einzelnen Wartungen zu erledigen sind. Bei Warmluftheizungen etwa sollten, je nach Verschmutzungsgrad, ein- oder zweimal im Jahr
die Luftfilter gereinigt werden.
Bei Ölbrennern sind, ähnlich wie im Wohnbereich, die geltenden feuerpoli-
zeilichen Vorschriften einzuhalten, also z.B. feuerhemmende Eisentür; Feuerlöscher in der Nähe; keine brennbaren Gegenstände abstellen usw.
Die Heizung wird meist durch Thermostate geregelt und auch per Zeit-
schaltuhr automatisch eingeschaltet. Ein Eingreifen für besondere Anlässe usw. ist möglich (Bedienungsanleitung). Die diözesanüblichen Rege-
lungen bezüglich der Höchsttemperaturen sind zu beachten. (Die obere
Grenze dürfte hier bei ca. 16 Grad liegen.) Für die Orgel ist es wichtig,
daß es zu keinen großen Temperaturschwankungen kommt.
Um Heizkosten zu senken, ist im Winter ein gezieltes Lüften notwendig.

Die Lautsprecheranlage

Die allermeisten Kirchen besitzen heute eine Lautsprecheranlage, die von der Sakristei aus bedient wird. Der/die KüsterIn steckt vor dem Gottesdienst die Mikrofone an den vorgesehenen Plätzen – meist Ambo, Priestersitz und Altar – ein. Vor Beginn des Gottesdienstes ist die richtige Lautstärke und optimale Aussteuerung einzustellen. Die Mikrofone sollten kurz überprüft werden. Eine fehlerhafte Übertragung oder Übersteuerung kann den Gottesdienst stark beeinträchtigen. Falls etwa ein Lektor oder eine Kantorin vergißt, die Höhe des Mikrofons zu korrigieren, sollte der Küster helfend eingreifen.

Ein Kontrolllautsprecher befindet sich in der Sakristei. Am Verstärker läßt sich auch ein Kassettenrecorder o.ä. anschließen, um Feiern oder Kirchenmusik aufzunehmen oder auch in den Gottesdienstraum zu übertragen.

Häufig findet man heute *tragbare Lautsprecheranlagen*. Neuen MinistrantInnen, die Lautsprecherboxen bei Prozessionen mitführen, sollte man vorher die nötigen Informationen und Hinweise für das richtige Tragen geben. Es ist kaum etwas so störend, wie beim gemeinsamen Gesang nur in Abständen einmal einen Liedfetzen durchs Mikrofon zu hören. Da diese tragbaren Anlagen vielleicht seltener benutzt werden, ist hier vor jedem Gebrauch dringend eine Überprüfung erforderlich. Häufig sind die Batterien leer!

Läuteanlagen und Turmuhr

Auch das Einschalten der Glocken und das Einstellen der Turmuhr geschieht heute in der Regel mit den entsprechenden elektronischen Anlagen von der Sakristei aus.

Das Glockenläuten

„Das Läuten gehört zum gottesdienstlichen Leben der Kirche. Die Glocken rufen zum Gottesdienst und zum Gebet. Sie weisen hin auf die Feste der Kirche und auf besondere Ereignisse im Leben der Gemeinde und der Menschen."

Je nach Größe des Geläutes sind für die verschiedenen Anlässe unterschiedliche Zusammenstellungen von Glocken (Läutemotive) möglich. Man unterscheidet ein Einzel-, Teil- oder Vollgeläute. So, wie man auch sonst in der Liturgie des Kirchenjahres unterschiedliche Akzente setzt, ist es hier ebenfalls sinnvoll, durch festliches (Osterzeit, Weihnachtszeit) bzw. reduziertes Geläute und eventuell eher einen Moll-Akkord (Advent und Fastenzeit) Unterschiede zu machen. Auch sollte man etwa Festgottesdienste oder Sonntagsmessen im Geläute von einer Andacht o.ä. unterscheiden.

Der „Beratungsausschuß für das deutsche Glockenwesen" hat Grundlagen für kirchliche Läuteordnungen erarbeitet, die u.a. Vorschläge für eine solche Differenzierung z.b. für drei- oder fünfstimmige Geläute anbieten (vgl. z.b. Kirchenmusikalische Mitteilungen für die Erzdiözese Freiburg 2/1990, 40 ff).

Wie bereits erwähnt, sollten Sie sich vor Beginn Ihrer Tätigkeit beim zuständigen Pfarrer über die bestehende Läuteordnung informieren. Das Läuten zu bestimmten Uhrzeiten kann meist programmiert werden.

Das Läuten beginnt in der Regel mit der kleinsten Glocke, die weiteren Glocken folgen jeweils in einem Abstand von mindestens fünf Sekunden. Das Ausläuten geschieht in gleicher Weise.

Bei der Läutedauer kann man folgende Richtwerte zugrunde legen: 1–2 Glocken: 2–3 Minuten; 3 Glocken: ca. 5 Minuten; ab 4 Glocken: 7–10 Minuten.

Die Glockenanlage bedarf einer fachmännischen Wartung und Pflege.

Die Turmuhr

Auch die Turmuhr läßt sich meist von der Sakristei aus steuern. Häufig ist sie mit dem Geläute verbunden. Bevor man Veränderungen – z.b. Umstellen auf die Sommer- bzw. Winterzeit – vornimmt, sollte man sich genau anhand der Bedienungsanleitung oder bei der Herstellerfirma informieren.

Der Liedanzeiger und andere technische Hilfsgeräte

Es werden vom Fachhandel sehr verschiedene Liedanzeiger angeboten, z.B. Projektoren, Apparate mit Speichermöglichkeiten usw. Das Gerät sollte für alle GottesdienstteilnehmerInnen gut sichtbar, der Bedienungsteil so in der Nähe der Orgel installiert sein, daß der oder die OrganistIn ihn vom Platz aus gut erreichen kann. Der/die KüsterIn sollte Grundkenntnisse über die Anlage besitzen und z.b. eine Projektionsbirne auswechseln können (Ersatzlampe!).

Dia-Projektoren, Tageslichtprojektoren, Filmvorführgeräte, Kassettenrecorder, CD-Player – solche Geräte können in dem einen oder anderen Gottesdienst Verwendung finden. Sie werden sicher einige Geräte aus eigener Erfahrung bedienen können. Aber grundsätzlich gilt: Wer vorführt, muß auch die entsprechenden Kenntnisse über das Gerät besitzen. In der Sakristei sollten für solche Fälle immer Verlängerungskabel und Verteilersteckdosen bereitliegen.

Die Reinigung der Kirche und die Pflege des Kirchengeländes

Von der Häufigkeit der Benutzung wird es abhängen, wie oft eine Kirche gereinigt wird. Meist wird dies wohl einmal in der Woche geschehen. In vielen Gemeinden haben sich ehrenamtliche HelferInnen für diesen Dienst zur Verfügung gestellt. Meist sind entsprechende Reinigungsmaschinen in den Gemeinden vorhanden.

Inwieweit der Vorplatz, mit Kehren, Instandhaltung der Rasen- oder Blumenanlagen, Streuen bei Glatteis usw., noch zu Ihrem Aufgabenbereich gehört, ist zu Beginn der Tätigkeit zu klären. Der/die hauptamtliche KüsterIn ist in der Regel für die Pflege des Kirchplatzes mitverantwortlich.

Die Sakristei – das ureigenste Reich von Küster und Küsterin

Da sich das ganze Buch bisher ausschließlich um Ihren Dienst als Küster oder Küsterin drehte, war natürlich auch schon häufig von der Sakristei die Rede. Besonders in den Kapiteln über die liturgischen Geräte und Gewänder, aber auch in dem „Schnellkurs" wurde schon vieles über dieses, Ihr „ureigenstes Reich", geschrieben, so daß dieses Kapitel relativ kurz ausfallen kann, obwohl es eigentlich sehr umfangreich sein müßte. Die Sakristeien sind sehr unterschiedlich: einmal von ihrer Größe her und den damit verbundenen Möglichkeiten zur Aufbewahrung der Gegenstände und der Verrichtung Ihrer Küsterarbeiten, aber auch hinsichtlich ihrer räumlichen Anordnung. Es gibt einfache Sakristeien, die aus einem Raum bestehen, andere haben eine Abtrennung für die Ministranten und vielleicht noch weitere Räume für Geräte, Vorräte, einen Heizungskeller oder sogar einen eigenen Werkraum. Bei neueren Kirchenbauten ist häufig zusätzlich ein Beicht- bzw. Sprechzimmer angegliedert.

Der Grundbestand

Zum Grundbestand einer jeden Sakristei aber sollte gehören:
- ein Tresor für die wertvollen Geräte (Kelche, Monstranz, Sakristeischlüssel, evtl. Öle)
- Paramentenschränke für die Priester-, Diakonen- und Ministrantenkleidung
- ein Ankleidetisch mit diversen Schubladen (für kleinere Paramente)
- ein Bücherschrank (Regal) für die liturgischen Bücher
- Ständer für Vortragekreuz, Weihrauchfaß und Flambeaus
- ein Waschbecken mit Handtuch, Seife und möglichst einer Aufhängemöglichkeit zum Trocknen von Kelch- und Lavabotüchern
- ein Spiegel
- Sitzgelegenheiten
- Vorratsschränke (s.u.)
- eine Garderobe
- ein Erste-Hilfe-Kasten, Wasserglas, Löffel
- ein Schrank mit Reinigungsgeräten und -mitteln
- eine Grundausstattung an Geräten (s.u.).

Nachfolgend einige Hinweise zum Bestellen und Aufbewahren von

Hostien und Wein

Heute werden zunehmend die sogenannten *Brothostien* verwendet, etwas dickere Hostienscheiben, die der Bezeichnung „Brot" eher gerecht werden als die dünneren „*Oblatenhostien*".
Hostienbäckereien liefern die Hostien meistens in Packungen zu 500 Stück.
Daneben gibt es noch die größeren *Priesterhostien* (ca. 65 mm).
Die sogenannten *Konzelebrationshostien*, die nochmals um ein Vielfaches größer sind, wird man nur in wenigen Gemeinden häufiger benötigen.
Die Hostien sind absolut trocken aufzubewahren; dazu eignen sich gut verschließbare Metall-, Silber- oder Porzellangefäße. Auf jeden Fall sollte man die einzelnen Lieferungen genau auseinanderhalten, so daß die Hostien bei Gebrauch nicht alt und miefig schmecken. Hier ist es ähnlich wie beim schmutzigen Weihwasser: Wie kann ein solcher Geschmack etwas von dem Geschenk Gottes an uns Menschen ausdrücken?

Meßwein ist, wie jeder Wein, kühl und liegend zu lagern. Sofern das in der Sakristei nicht möglich ist, sollte jeweils nur die gerade in Gebrauch befindliche sowie eine „Ersatzflasche" dort aufbewahrt werden.
Die „Verordnung über den Gebrauch von Wein bei der Eucharistiefeier (Meßwein) für alle (Erz-)Bistümer in der Bundesrepublik Deutschland" von 1976 enthält genaue Vorschriften, welcher Wein als Meßwein verwendet werden kann. So soll, etwa als Grundregel, kein Tafelwein, sondern nur Qualitätswein Verwendung finden.

Kerzen

Kerzen spielen in der gesamten Liturgie eine große Rolle. Die Botschaft des Lichtes ist: Jesus, das Licht der Welt, will auch unser Leben hell machen. Das Licht ist Zeichen der Auferstehung (Osterkerze; Taufkerze) oder Symbol für die Erwartung (Advent; das Gleichnis von den törichten und klugen Jungfrauen).

Hier noch einmal die wichtigsten in der Liturgie benötigten Kerzen:
– die Osterkerze (in verschiedenen Ausführungen mit unterschiedlicher Symbolik, verschiedener Größe und Länge)
– Osternachtskerzen (mit Jahreszahl, Alpha und Omega, auch mit Ständer und Windschutz)
– Lichtmeßkerzen (Angebote wie Osterlichter, ohne Beschriftung)

- Taufkerzen, Kommunionkerzen, Brautkerzen (werden meist zur Sakramentenspendung mitgebracht)
- Altarkerzen (Stumpenkerzen und schmale, hohe Ausführungen für Hoch- und Seitenaltäre)
- Kerzen für den Blasiussegen (schmal)
- Ewiglichtleuchten
- Opferlichter (verschiedene Ausführungen)
- Sparkerzen für Flambeaus (= Kerzen mit imitierter Kerzenhülle; dünnere Kerzen werden eingeschoben und dann mit einer Feder nach oben gedrückt)

Es gibt sehr verschiedene *Kerzenqualitäten:* von der reinen Bienenwachskerze über bienenwachshaltige Kerzen bis zu Paraffin- oder Stearinkerzen. Herstellerfirmen geben hier gerne Auskunft, auch, welche Wachsart für welchen Verwendungszweck angebracht ist.

Tropffreien Kerzen ist auf jeden Fall der Vorzug zu geben. Obwohl man – gerade wegen ihrer Symbolkraft – an Kerzen nicht sparen sollte, gibt es hier natürlich auch erhebliche Preisunterschiede, die man nicht ganz unberücksichtigt lassen sollte.

Die meisten Firmen nehmen Kerzenreste wieder zurück und erteilen auf der Basis eines Kilo-Preises eine Gutschrift. Häufig macht es MinistrantInnen aber auch Spaß, aus alten Stumpen neue Kerzen zu gießen, sie zu verzieren und etwa bei einem Basar zu verkaufen.

In vielen Gemeinden werden die Altarkerzen im Januar für das ganze Jahr eingekauft und am Fest „Darstellung des Herrn" gesegnet (vgl. S. 127 u. „Benediktionale").

Dochte für die Anzündstange sind ebenfalls bei den Kerzenfirmen mitzubesorgen.

Einige „Kerzen-Tips"

- Kerzen unbedingt kühl lagern.
- Kerzen nicht zu dicht nebeneinanderstellen, da sich durch die Wärme die anderen Kerzen verbiegen können.
- Kerzen auch nicht in die Nähe von Strahlern stellen, s.o.
- Kerzen, die im Windzug stehen (müssen), öfter einmal drehen, damit sie möglichst gleichmäßig abbrennen.
- Nachglimmen des Dochtes verhindert man durch ein kurzes Eintauchen in das Wachs.
- Dochte mit der Dochtschere immer kurz halten (ca. 0,5 cm).
- Bei Dochten, die „ertrinken", heißes Wachs abschütten.
- Vorsicht beim Löschen mit dem Löschhorn: Falls es zu fest aufgelegt wird, gibt es unschöne Verformungen.

- Verformte Kerzen kann man bis zu einer Stunde nach Löschen nachformen.
- Bei Kerzen, die ein zu großes Dornloch haben, ein wenig heißes Wachs hineingießen, etwas abkühlen lassen und dann die Kerze auf den gewünschten Ständer stellen.
- Wachsflecken auf Paramenten oder Kleidung entfernt man dadurch, daß man ein Löschblatt oder auch Seidenpapier auf die Stelle legt und mit einem Bügeleisen (Hitzegrad je nach Stoffart) darüberbügelt. Das Blatt saugt das Fett auf.

Weihrauch und Kohle

Weihrauch und Kohle sind meist bei den Firmen zu besorgen, die auch die Kerzen liefern.
Bei *Weihrauch* (vgl. S. 32) gibt es sehr verschiedene Qualitäten. Hier sollte man auf beste Qualität achten. Weihrauch ist gut verschlossen aufzubewahren.
Kohletabletten sind in zwei Größen lieferbar – und je nach Länge des Gottesdienstes einzulegen; außerdem sind sog. „Schnellzünderkohlen" erhältlich.

Weitere Gegenstände und Geräte

Gegenstände und Geräte, die zusätzlich zu den für die Liturgie benötigten Dingen in jeder Sakristei vorhanden sein sollten:

Als Grundbestand für den „täglichen Gebrauch":
Streichhölzer, Docht, Kohlezange, Schere, Schreibzeug, Tesafilm Kleiderbürste, Schuhputzzeug, Nähzeug, Sicherheitsnadeln.

Mindestbestand an Werkzeug:
(Für einen hauptamtlichen Küster, eventuell verbunden mit einer Hausmeistertätigkeit, ist diese Ausstattung natürlich nicht ausreichend.)
(Leichter und schwerer) Hammer; Zange, Elektrozange, verschiedene Schraubenzieher, Metallspachtel, Holzspachtel, kleine Säge, Schraubenschlüssel in verschiedenen Größen, verschiedene Schrauben und Dübel.
Für größere Arbeiten läßt sich sicher von „Heimwerkern" etwas ausleihen.

Für die Reinigung:
Schrubber o.ä., Eimer, Handfeger mit Kehrblech, Staubsauger, Staubtücher, Handtücher, Seife, Fensterleder, diverse Reinigungsmittel, u.a. Silberputzmittel, Messingputzmittel, Glasreiniger, Essig ...

Für den Blumenschmuck:
Vasen in verschiedener Größe und Breite, verschiedene Blumentöpfe, Steckschalen, kleine Gießkanne, Pflanzen- und Blumendünger; Messer, Blumenschere, Steckmoos; kleine Schalen zum Einstellen in Übertöpfe; Stöckchen, Bast, Blumendraht.

Weitere Geräte:
Wäschekorb o.ä.; Leiter, Abfalleimer, Verlängerungsschnur, Verteilersteckdosen, Taschenlampe.

Der Küsterdienst – einer von vielen Diensten

Selbst wenn Sie erst neu mit dem Küsterdienst beginnen, wissen Sie als GottesdienstteilnehmerIn und als Gemeindemitglied um die vielen haupt- und ehrenamtlichen MitarbeiterInnen, die z.B. bei der Gottesdienstgestaltung, bei der Sakramentenkatechese, im Caritasausschuß oder als gewähltes Mitglied des Pfarrgemeinderates in Ihrer Gemeinde mithelfen. „In einer Gemeinschaft gibt es viele Aufgaben", so habe ich vor einigen Jahren einmal ein Kapitel in einem kleinen Buch für MinistrantInnen überschrieben, denen ich die vielen haupt- und ehrenamtlichen Tätigkeiten in einer Pfarrgemeinde erläutert habe.

Auch bei Ihrem Küsterdienst haben Sie direkt oder indirekt mit einer Reihe von MitarbeiterInnen und HelferInnen zu tun, besonders natürlich mit allen, die einen liturgischen Dienst übernommen haben. Im folgenden wird deshalb diesem Bereich mehr Platz eingeräumt, doch soll auch ein kurzer Überblick über die kirchlichen Berufe und die sonstigen Gremien in der Gemeinde helfen, Ihren eigenen Dienst besser in das Gesamt einer lebendigen Gemeinde einordnen zu können.

Kirchliche Berufe

Der *Pfarrer* leitet kraft seiner Weihe und vom Bischof seiner Diözese beauftragt die Gemeinde. Die Pfarrgemeinde ist die unterste rechtlich selbständige pastorale Einheit innerhalb des Bistums. Als Ortspfarrer ist er für die Seelsorge, die Sakramentenspendung und die Liturgie verantwortlich. Er nimmt die Leitungsaufgabe im Zusammenwirken mit dem Pfarrgemeinderat wahr. Je nach Größe der Pfarrei stehen ihm andere Priester, Diakone und hauptamtliche MitarbeiterInnen zur Seite, die entsprechend ihrem spezifischen Auftrag Anteil an der Leitung der Pfarrgemeinde haben (vgl. Synodenbeschluß „Rahmenordnung für die pastoralen Strukturen und für die Leitung und Verwaltung der Bistümer in der Bundesrepublik Deutschland", 1.1–1.2.3).

In der Regel ist der Ortspfarrer auch als „Vorgesetzter" dem/der KüsterIn gegenüber weisungsbefugt. Da heute häufig Priester für mehrere Gemeinden zuständig sind und in kleineren Gemeinden die Gottesdienstleiter des öfteren wechseln oder „Vertretungen" den Gottesdienst leiten, ist es für Sie wichtig zu klären, wer weisungsberechtigt ist (vgl. S. 19). Auch in Gemeinden, in denen regelmäßig an Sonntagen von Laien geleitete Wortgottesdienste gefeiert werden, kann dies unter Umständen eine wichtige Frage sein.

Eine kleine Anmerkung am Rande:
Je nach Temperament aller Beteiligten und der Bereitschaft des Pfarrers zu einem partnerschaftlichen Leitungs- und Arbeitsstil kann es – wie auch sonst in allen Lebensbereichen – zu Konflikten kommen. Wichtig ist dabei, die Sachebene und die emotionale Ebene zu trennen. Also: Ist die Sache entscheidend, um die es hier geht, die mir wichtig ist, um die ich „kämpfen" möchte, oder ist der konkrete Anlaß vielleicht (wenn ich ehrlich bin) lächerlich klein, und ich benutze ihn nur als „Aufhänger", um meinen ganzen „Frust", der sich vielleicht schon lange aufgestaut hat, loszuwerden. Eine solche Unterscheidung ist zunächst wichtig, um mir selbst klarzuwerden, was ich eigentlich will. Erst dann kann ich im Grunde genommen sinnvoll argumentieren, und erst dann ist es auch möglich, den Konflikt wirklich zu lösen. Auf jeden Fall sollte ich versuchen, mit meinem Gegenüber – und dies gilt selbstverständlich für alle Konfliktsituationen in der Gemeinde, am Arbeitsplatz, in der Familie – zu sprechen (nichts in sich „hineinfressen"!) und sachlich zu einer Lösung zu kommen.

Meist nur noch in großen Pfarreien findet man heute den *Kaplan* oder, noch seltener, den *Vikar*. Unmittelbar nach der Weihe werden die Priester meist zunächst als Kapläne eingesetzt, bevor sie eine eigene Pfarrei übernehmen. Der Pfarrvikar ist zur Unterstützung des Pfarrers eingesetzt und kann diesen bei Abwesenheit vertreten.

Priester, die nicht hauptamtlich in einer Gemeinde, sondern zum Beispiel als Religionslehrer oder Professor, als Rektor eines Heimes oder Krankenhausseelsorger tätig sind und daneben noch mit einer bischöflichen Beauftragung in einer Pfarrei mithelfen, nennt man *Subsidiare*. Sie unterstützen den Pfarrer.

Auch der *Diakon* empfängt das Weihesakrament. Vom Ursprung seines Amtes her liegt der Schwerpunkt seiner Arbeit besonders im sozialen Bereich. Aufgrund seiner Weihe kann er die Taufe spenden, die Feier der Trauung leiten und natürlich auch beerdigen. Bei der Meßfeier zählt zu seinen Aufgaben u.a. das Verlesen des Evangeliums und die Predigt. In den verschiedenen Kapiteln dieses Buches haben Sie immer wieder über die einzelnen Aufgaben des Diakons gelesen (vgl. auch S. 95).

Der/die *PastoralreferentIn* und der/die *GemeindereferentIn* arbeiten in vielen Bereichen der Gemeinde mit. Ihre Aufgaben sind, ebenso wie die Berufsbezeichnungen, in den einzelnen Diözesen nicht einheitlich geregelt. Während in den einen Bistümern PastoralreferentInnen eher übergemeindliche Aufgaben wahrnehmen, sind sie in anderen Gebieten in der Pfarrgemeinde tätig, vielfach als einzige/r SeelsorgerIn am Ort.

Zu den Aufgabenbereichen gehören meist: Kinder- und Jugendpastoral, Sakramentenvorbereitung, Religionsunterricht, Haus- und Krankenbesuche, Leitung von Gesprächsgruppen, Gottesdienstgestaltung; mittlerweile auch, mit besonderem Auftrag, Beerdigungen.

Die *Pfarrsekretärin* leitet das Pfarrbüro und ist für die Verwaltungsarbeit der Gemeinde zuständig.

Der/die KüsterIn hat vor allem mit ihr und den sonstigen MitarbeiterInnen im Pfarrbüro bei Terminabsprachen zu tun, auch die Bestellungen für Kerzen, Weihrauch, Wein, Hostien werden in der Regel über die Pfarrsekretärin getätigt. Die Gottesdienstordnung und sonstige Veröffentlichungen oder Plakate für den Schaukasten der Kirche kommen meist vom Pfarrbüro. Opfertütchen, Liedblätter und andere Informationsschriften zum Auslegen ebenfalls.

Der *Organist oder die Organistin* ist für die musikalische Gestaltung des Gottesdienstes verantwortlich. Auch diese Stelle ist – ähnlich wie beim Küsterdienst – heute nur noch in großen Gemeinden hauptamtlich besetzt.

Der Organist oder die Organistin gehört neben den LektorInnen, KantorInnen und MinistrantInnen zu den Personen, die vor dem Gottesdienst zu einer kurzen Absprache in die Sakristei kommen. Auch für ihn/sie ist es wichtig, möglichst früh dazusein, um eventuell noch Änderungen besprechen zu können.

Krankenschwestern, KrankenpflegerInnen, ErzieherInnen, SozialarbeiterInnen, AltenpflegerInnen und alle, die in einer kirchlichen Einrichtung arbeiten, sind ebenfalls an dieser Stelle zu nennen.

Hauptamtliche KüsterInnen sind natürlich gleichfalls den kirchlichen Berufen zuzuordnen.

Ehrenamtliche Dienste bei der Feier der Liturgie

Das 2. Vatikanische Konzil (1962–1965) sprach von der tätigen Teilnahme der Gläubigen bei der Liturgie. Die im Anschluß an das Konzil stattfindende Liturgiereform konkretisierte diese Aussage in vielen Bereichen, u.a. durch die Schaffung neuer liturgischer Dienste.

Zu ihnen gehört *der/die LektorIn*. Er/sie trägt die Lesung (wo üblich: alttestamentliche und neutestamentliche) vor und nennt die Fürbitten. Sofern der Antwortpsalm oder Meditationstexte gesprochen werden, kann dies ebenfalls vom Lektor übernommen werden.

Auch die Lektoren finden sich vor dem Gottesdienst in der Sakristei ein.

Über die Zusammenarbeit von *MeßdienerInnen* und KüsterIn wurde bereits zu Beginn des Buches gesprochen. Zwar muß natürlich eine gewisse Ordnung herrschen, jedoch sollte die Freude an der Liturgie und am gemeinschaftlichen Tun für die Kinder und Jugendlichen im Vordergrund stehen. Wo es üblich und möglich ist, ist es schön, in der Sakristei ein gemeinsames Vorbereitungs- und Nachbereitungsgebet zu sprechen.

Der/die KommunionhelferIn hilft, wie der Name schon sagt, beim Austeilen der Kommunion. Er/sie kann auch den Kranken die Kommunion ins Haus bringen und dort einen kurzen Wortgottesdienst gestalten (vgl. S. 91). Die KommunionhelferInnen erhalten für ihre Aufgabe eine besondere Beauftragung.

KantorIn nennt man den/die VorsängerIn im Gottesdienst. Er/sie trägt den Antwortpsalm nach der Lesung vor, kann das Halleluja anstimmen oder, wo sonst Orgelspiel vorgesehen ist, einen meditativen Gesang vortragen.

Zur musikalischen Gestaltung trägt auch der *Chor* bei. Dies kann ein Kirchenchor, aber zum Beispiel auch ein Kinder- oder Jugendchor sein. Eventuell werden die SängerInnen von einem *Instrumentalkreis* unterstützt. (Hierbei hat der/die KüsterIn zu überprüfen, ob ein zusätzliches Mikrofon oder eine weitere Steckdose notwendig ist.)

Schön ist es, wenn eine oder mehrere *Gruppen* interessierter Christen sich zur *Gottesdienstvorbereitung* treffen: zum Beispiel Eltern, die helfen, Kindergottesdienste zu gestalten; Jugendliche, die Jugendgottesdienste vorbereiten; ein Liturgiekreis, der Gestaltungsvorschläge für die verschiedenen Gottesdienste, zu besonderen Festen oder Prozessionen macht.

Weitere ehrenamtliche Dienste

Bei den ehrenamtlichen Diensten sei zunächst die Arbeit der Frauen und Männer in Pfarrgemeinderat und Verwaltungsrat genannt.

Der *Pfarrgemeinderat* wird in den Diözesen alle vier Jahre von den Gemeindemitgliedern gewählt, die mindestens 16 Jahre alt sind. Der PGR, wie er meist kurz genannt wird, ist für alle Fragen zuständig, die in der Pfarrgemeinde anfallen, also zum Beispiel Sakramentenvorbereitung, caritative Tätigkeiten, Besuche und Kontakte zu den Neuzugezogenen, Feste und Feiern und vieles mehr.

Der Pfarrgemeinderat wird unterstützt durch verschiedene *Sachausschüsse*. In vielen Gemeinden gibt es einen *Sachausschuß Liturgie*, der selbstverständlich für Sie als KüsterIn von besonderer Bedeutung ist, dann die Sachausschüsse: Caritas, „Eine Welt" oder „Entwicklung, Frieden und Bewahrung der Schöpfung", Ökumene, Kinder- und Jugendarbeit und andere mehr – je nach Gemeindesituation werden die Akzente hier unterschiedlich sein.

Das zweite wichtige Gremium, der *Verwaltungsrat*, trifft Entscheidungen in allen finanziellen Fragen, die in irgendeiner Weise die Pfarrei betreffen, zum Beispiel: Haushaltsplan, Kosten für Neu-, Umbauten, Restaurierungen, Einstellungen usw.

Die Mitglieder des Verwaltungsrates werden vom Pfarrgemeinderat vorgeschlagen und gewählt.

Dekanat und Bistum

Mehrere Pfarreien werden zu einem größeren Verwaltungsbezirk, dem *Dekanat* zusammengefaßt, dem ein *Dekan/Dechant* oder, bei einer Zusammenfassung von mehreren Dekanaten zu einer Region, der Bezirks- oder Regionaldekan vorsteht. Man spricht beim Dekanat von einer mittleren pastoralen Ebene, im Unterschied zur Pfarrei (untere Ebene) und dem Bistum. Der Dechant oder Dekan wird für eine bestimmte Zeit ernannt.

Jede Pfarrei ist einem *Bistum* eingegliedert. Der *Bischof* als Leiter des Bistums ist gleichzeitig oberster Dienstherr der Priester seiner Gemeinden. Meist stehen ihm ein oder mehrere *Weihbischöfe* zur Seite. Sein Stellvertreter im Bistum ist der *Generalvikar*.

Anhang

Worterklärungen

Advent: (lat. adventus = Ankunft) Zeit zwischen dem 1. Adventssonntag und dem 24. Dezember

Agape: geschwisterliches Liebesmahl mit Gebetsteilen

Agnus Dei: (lat. „Lamm Gottes") Gesang oder Gebet innerhalb der Eucharistiefeier, vor der Kommunionausteilung

Akklamation: sprechchorartiger Ruf oder Gesang

Albe: weißes oder grautöniges knöchellanges liturgisches Grundgewand

Alleluja, Halleluja: (hebr. „Lobet Gott") ein Freudenruf, der in der Liturgie, besonders in der Osterzeit, verwendet wird

Ambo: Stehpult, liturgischer Ort der Verkündigung (Wortliturgie)

Andacht: eine Form des Wortgottesdienstes

Angelus: „Engel des Herrn", Mariengebet (häufig verbunden mit einem Angelusläuten, 3 × täglich)

Antependium/Antependien: schmückender Behang oder Verkleidung aus Stoff oder auch anderen Materialien, z.B. an der Vorderseite des Altars, des Ambos o.ä.

Antiphon: Kehrvers/Leitvers beim Psalmengesang (Stundengebet)

Apostelkreuze: zwölf Kreuze, an die Weihe der Kirche und an die Apostel als „tragende Säulen" der Kirche erinnernd

Apostelleuchter: zwölf Leuchter an den Innenwänden einer Kirche

Apsis: halbkreisförmiger oder viereckiger Altarraum am Ende des Mittelschiffs einer Kirche

Askese, Aszese: (griech. = Übung) Frömmigkeitsübung der Enthaltsamkeit

Aspergill: Weihwasserwedel, Weihwassersprenger

Assistenz: Personen, die den Zelebranten liturgisch unterstützen

AT = Abkürzung für: Altes Testament

Baldachin: Traghimmel über dem Allerheiligsten bei der Prozession

Benedictus: a) zweiter Teil des Sanctus; b) Lobgesang des Zacharias in der Laudes (kirchl. Morgengebet)

Benediktion: Segnung (lat. benedicere = segnen)

Benediktionale: liturg. Buch mit Gebeten für Segnungen und Weihen

Bittage: Tage, an denen Bittgebete und Prozessionen abgehalten werden, heute vor allem vor Christi Himmelfahrt

Blasiussegen: bes. Segen mit zwei gekreuzten Kerzen am Gedenktag des hl. Blasius (3.2.), wird auch am Vorabend (Darstellung des Herrn) gespendet

Burse/Bursa: (lat. = Beutel) Stoffetui für das Korporale oder für die Krankenkommunion

Casel: s. Kasel
Chor: a) Sängergruppe; b) Altarraum
Choral: alter lat. Gesang beim Gottesdienst
Chormantel: auch Rauchmantel, Pluviale oder Vespermantel genannt, meist reich verziertes, knöchellanges Gewand, das für die Segnung mit der Monstranz verwendet wird
Chorrock: weißes, meist etwa bis an die Knie reichendes liturgisches Gewand, wird mit dem Talar getragen
Chrisam: hl. Öl für Taufe, Firmung und Priesterweihe
Chrisam-Messe: Messe, in der am Gründonnerstag (oder in der Karwoche) der Bischof in der Bischofskirche die hl. Öle weiht
Custodia: (auch Kustodie) Aufbewahrungsgefäß für die zur Aussetzung oder für den sakramentalen Segen bestimmte Hostie

Dalmatik: Obergewand des Diakons
Dekanat: Verwaltungsbezirk mehrerer Pfarreien unter einem Dekan (Dechanten)
Diakonat: eines der Weiheämter
Direktorium: von der jeweiligen Diözese herausgegebener liturgischer Jahreskalender
Dispens: Befreiung von einer Verpflichtung
Doxologie: feierlicher Lobpreis der Dreifaltigkeit, z.B. „Ehre sei dem Vater …"

Ecclesia: Kirche Gottes, Versammlung der christlichen Gemeinde
Epiklese: Herabrufung des Heiligen Geistes vor der Wandlung
Episkopat: Gesamtheit der Bischöfe
Epistel: Lesungen aus den neutestamentlichen Briefen
Eucharistie: (griech. = Danksagung) a) für verwandelte Gaben von Brot und Wein; b) Bezeichnung für die Meßfeier, genauer: den zweiten Teil der Meßfeier
Evangelium: (griech./lat. = Frohe Botschaft) die vier Bücher des Neuen Testaments nach Matthäus, Markus, Lukas und Johannes
Exegese: Auslegung; ein Bereich der Bibelwissenschaft
Exerzitien: Geistliche Übungen
Exsultet: feierlicher Lobgesang auf die Osterkerze in der Osternacht

Gaudete: Bezeichnung für den dritten Adventssonntag
Generalvikar: Stellvertreter des Bischofs in der Bistumsleitung
Gloria: (lat. =) „Ehre sei Gott in der Höhe"
Gregorianik: liturgischer, einstimmiger Gesang (benannt nach Gregor d.Gr.)

Hochgebet: Teil der Eucharistiefeier von der Präfation bis zur Doxologie „Durch ihn und mit ihm ..."
Homilie: Auslegung der Schrift in der Predigt
Hymnus: an den Psalmengesang angelehnter Lobgesang

Initiationssakramente: Aufnahmesakramente: Taufe, Eucharistie, Firmung
Inkarnation: Menschwerdung (des Gottessohnes)
Intention: Meßanliegen
Interkommunion: Eucharistiegemeinschaft; Abendmahlsgemeinschaft zwischen Christen verschiedener Bekenntnisse
Introitus: Eingangsvers bei der Eröffnung der Meßfeier
Inzensieren: beweihräuchern

Kanon: s. Hochgebet
KantorIn: VorsängerIn
Karwoche: (ahd. kara = Trauer) auch Hl. Woche, Woche vor Ostern mit Palmsonntag, Gründonnerstag, Karfreitag und Karsamstag
Kasel: Obergewand des Priesters bei der Messe
Katechumenat: Vorbereitungszeit auf die Taufe
Katechumene: TaufbewerberInnen
Katechumenenöl: hl. Öl, wird in Zusammenhang mit der Taufe verwendet
Kelchvelum: s. Velum
Kerygma: Verkündigung
Kollekte: a) Sammlung der Opfergaben während der Messe (zur Gabenbereitung); b) zusammenfassendes Gebet
Komplet: Nachtgebet der Kirche
Konsekration: Wandlung
Konventmesse: Messe der ganzen Klostergemeinschaft
Konversion: Übertritt zu einer anderen Glaubensgemeinschaft
Konzelebration: gemeinsame Eucharistiefeier mehrerer Priester mit einem Hauptzelebranten
Korporale: zusammenfaltbares, kleines weißes Tuch zum Abstellen von Kelch, Hostienschale und Monstranz auf dem Altar

Kredenz: kleiner Tisch, auf dem die liturgischen Geräte bereitgestellt werden
Kustodie: vgl. Custodia
Krypta: Unterkirche
Kyrie eleison: (griech. =) Herr, erbarme dich

Laetare: vierter Sonntag in der österlichen Bußzeit
Laudes: Morgengebet der Kirche
Lavabo: Händewaschung
Lavabotuch: kleines Handtuch für die Händewaschung
Lektionar: liturg. Buch mit Lesungen, Antwortgesängen, Hallelujaversen und Evangelien
Lunula: mondsichelförmiges Gerät zum Einführen und Halten der Hostie in der Monstranz

Magnificat: Lobgesang Mariens; Höhepunkt der Vesper
Martyrologium: Heiligenverzeichnis
Matutin: Nachtgebet der Kirche (meist in Klöstern)
Mensa: Altartisch(-platte)
Meßstipendium: der für die Feier einer hl. Messe gegebene Betrag
Mette: Nachtgottesdienst, bes. an Weihnachten
MinistrantIn: („Dienende") andere Bezeichnung für MeßdienerIn
Missa chrismatis: s. Chrisam-Messe
Missale: Meßbuch
Mitra: Amtszeichen und liturg. Kopfbedeckung des Bischofs
Monstranz: Zeigegerät oder Schaugefäß für das eucharistische Brot (auch für Reliquien)
Motette: mehrstimmiger religiöser Gesang
Motivmesse: Messe in einem bestimmten Anliegen

Navicula: Schiffchen mit Weihrauchkörnern
Navicular: MinistrantIn, der/die den Dienst mit dem „Schiffchen" ausübt
Non: Zeit des Stundengebets (15.00 Uhr)
Novene: neuntäge Andacht, häufig vor dem Pfingstfest
NT = Abkürzung für Neues Testament

Oktav: acht Tage, Festzeit im Anschluß an höhere kirchliche Feste
Ökumene: Bemühen um eine möglichst große Einheit der verschiedenen christlichen Kirchen
Oleum infirmorum: Krankenöl
Oleum catechumenorum: Katechumenenöl

Oranten-Haltung: Gebetshaltung mit erhobenen, ausgebreiteten Händen

Oration: Amtsgebet des Priesters bei der Liturgie

Ornat: feierliche Amtskleidung

Palla: quadratisches, verstärktes Tuch zur Bedeckung des Kelches

Paramente (lat.: paramenta = das Bereitete) die liturgischen Gewänder; auch: alle Textilien für Gottesdienst und Gottesdienstraum

Partikel: Teilchen, z.b. der Hostie oder auch einer Reliquie

Pascha-Mysterium: Ostergeheimnis

Passion: das Leiden/die Leidensgeschichte Jesu

Patene: vergoldeter Teller für das eucharistische Brot

Paternoster: (lat. =) Vaterunser

Patrozinium: Patronatsfest des Kirchen-, Ordens- oder Diözesanpatrons

Perikope: Abschnitt aus der Hl. Schrift

Pluviale: Chormantel, auch Rauch- oder Vespermantel genannt

Präludium: (Orgel-)Vorspiel

Primiz: erste Messe eines Neupriesters in der Heimatgemeinde

Profeß: feierliches Versprechen in einer Klostergemeinschaft

Proprium: a) Eigentexte der Tagesfeier (z.b. bei Diözesanheiligen); b) kleines liturgisches Buch mit den Eigenfesten der Diözese

Purifikatorium: Kelchtuch

Pyxis: kleiner flacher Behälter zur Aufbewahrung der Eucharistie (im Tabernakel, Krankenkommunion)

Quatember: Bittage der Kirche; Quatemberwochen sind häufig: erste Adventwoche, erste Woche der Fastenzeit, Woche vor Pfingsten, erste Oktoberwoche

Rauchfaß: s. Weihrauchfaß

Reliquiar: Gefäß zur Aufbewahrung der Reliquien

Rendant: Verwalter der Kirchenkasse

Requiem: Messe zum Gedächtnis Verstorbener (Totenmesse, Begräbnismesse)

Responsorium: Wechselgesang

Rituale: liturgisches Buch mit Riten für die gottesdienstlichen Handlungen

Rochett: engärmeliger Chorrock (für Chorherren)

Rorate: Votivmesse im Advent

Rubriken: (rot gedruckte) Anweisungen in liturgischen Büchern

Sakramentalien: gottesdienstliche Zeichen wie Segnungen, Weihen usw., die nicht zu den Sakramenten zählen

Sakrarium: Bodenöffnung in der Nähe des Altars zur Aufnahme von Überresten aus der Liturgie (z.B. von geweihtem Wasser)

Sanctus: (lat. =) Heilig

Schematismus: Buch mit Angaben über jede Pfarrei der Diözese, der Priester und Ordensangehörigen

Schiffchen: liturgisches Gefäß für Weihrauchkörner

Schultervelum: s. Velum

Sedilien: Sitzbänke oder Hocker für die Liturgen

Sepulcrum: Reliquienschrein

Sequenz: zusätzlicher Zwischengesang zwischen den Lesungen, vor allem an Ostern und Pfingsten vorgesehen

Sext: Zeit des Stundengebets (12.00 Uhr)

Stola: Amtszeichen von Priester und Diakon

Stolgebühren: Gebühren in Zusammenhang mit liturgischen Handlungen, wie z.B. Trauung und Begräbnis

Tabernakel: tresorartiger Behälter für das eucharistische Brot

Talar: (lat. talus) langes schwarzes Gewand für in der Liturgie Tätige (Priester, Diakone, in abgewandelter Form MinistrantInnen)

Te Deum: Hymnus „Großer Gott, wir loben dich ...“

Terz: Zeit des Stundengebets (9.00 Uhr)

Theophanie: Gotteserscheinung

Thuriferar: Rauchfaßträger

Triduum: dreitägige liturgische Feiern, z.B. die drei österlichen Tage vom Leiden, vom Tod und von der Auferstehung des Herrn

Velum: liturgisches Tuch, wird verwendet als Schultervelum beim eucharistischen Segen; als Kelchvelum: Tuch zum Verhüllen des Kelches, oder anderer Gegenstände im liturgischen Bereich

Vesper: Teil des Stundengebets, Abendgebet der Kirche (häufig um 18.00 Uhr)

Vigil: nächtliches Gebet (Nachtwache); nächtliche liturgische Versammlung; heute vor allem: die Feier der Ostervigil

Visitation: Überprüfung der Pfarrei durch den Bischof oder Dekan

Votivmesse: Messe aus bestimmtem Anlaß, für besondere Anliegen, für Verstorbene usw.

Votivtafeln: eine zum Andenken an eine Gebetserhörung angebrachte Tafel

Weihrauchfaß: liturgisches Gerät zum Beweihräuchern

Zelebrant: Vorsteher der Liturgie
Zelebret: Bescheinigung der zuständigen kirchlichen Behörde, mit der
  Erlaubnis, bestimmte gottesdienstliche Handlungen, wie etwa die
  Messe, vorzunehmen
Zelebrieren: die heilige Messe feiern
Zereferar: Fackelträger; Kerzenträger
Ziborium: Speisekelch
Zingulum: Gürtel zur Schürzung der Albe

Literaturhinweis und verwendete Literatur

Neben den im gleichnamigen Kapitel aufgeführten liturgischen Büchern:

Die Allgemeine Einführung in das Römische Meßbuch, in: Das Meßbuch
für die Bistümer des deutschen Sprachgebiets. Teil I: Die Sonn- und
Feiertage deutsch und lateinisch. Die Karwoche deutsch. Authentische
Ausgabe für den liturgischen Gebrauch, hg. im Auftrag der Bischofskonferenzen Deutschlands, Österreichs und der Schweiz und der Bischöfe
von Luxemburg, Bozen-Brixen und Lüttich (enthalten auch in der Kapellenausgabe)

Christ werden – heute. Der Katechumenat. Herausgegeben vom Liturgischen Institut in Zusammenarbeit mit der Zentralstelle Pastoral der Deutschen Bischofskonferenz, Trier 1994

Gemeinsame Synode der Bistümer in der Bundesrepublik Deutschland.
Offizielle Gesamtausgabe 1, Freiburg [4]1978

Gottes Volk – neu gekleidet. Ein Versuch. Herausgegeben vom Deutschen Liturgischen Institut, Trier 1994

Gottesdienst. Information u. Handreichung der Liturgischen Institute
Deutschlands, Österreichs und der Schweiz. Herausgegeben von den
Liturgischen Instituten Trier, Salzburg und Zürich, Freiburg 22/1993

Romano Guardini, Von heiligen Zeichen (Topos plus 365), Mainz,
5. TB-Aufl. 2002

Anton Hellmann, Der Sakristan. Das Handbuch für die Praxis, Freiburg
1983

Anneliese Hück, Ministrieren – kein Problem. Kleines Handbuch für
den Dienst am Altar, Mainz [2]2002 (daraus auch die Angaben zum
Ministrantendienst bei der Messe, bei Taufe, Trauung und Beerdigung)

Lexikon für Theologie und Kirche, Art. Mesner u. Art. Ostiarier, Freiburg 1957 ff

Die liturgischen Bücher im deutschen Sprachgebiet. Verzeichnis für die pastoralliturgische Arbeit, die liturgische Bildung und das liturgiewissenschaftliche Studium, hg. vom Deutschen Liturgischen Institut, Trier 1995

François Reckinger, Da bin ich mitten unter euch. Gelebtes Kirchenjahr, Freiburg 1981

François Reckinger, Gott begegnen in der Zeit. Unser Kirchenjahr, Paderborn 1986

Hermann Reifenberg/Adalbert Müller, Küster – Mesner – Sakristan. Handbuch für den kirchlichen Dienst, Stuttgart 1982

Franz-Rudolf Weinert, Der Weihnachtsfestkreis. Liturgie und Brauchtum, Mainz 1993

Stichwortverzeichnis